生态环境资源案件审理指引

主　编　余冬爱
副主编　肖伟琦

人民法院出版社

图书在版编目（CIP）数据

生态环境资源案件审理指引 / 余冬爱主编；肖伟琦副主编. -- 北京：人民法院出版社，2025.5. -- ISBN 978-7-5109-4513-7

Ⅰ.D922.685

中国国家版本馆CIP数据核字第2025MS0064号

生态环境资源案件审理指引

余冬爱　主编　肖伟琦　副主编

责任编辑	马海莹
执行编辑	高　晖
出版发行	人民法院出版社
地　　址	北京市东城区东交民巷 27 号（100745）
电　　话	（010）67550673（执行编辑）　67550558（发行部查询）
	65223677（读者服务部）
客服 QQ	2092078039
网　　址	http://www.courtbook.com.cn
E – mail	courtpress@sohu.com
印　　刷	河北鑫兆源印刷有限公司
经　　销	新华书店
开　　本	787 毫米×1092 毫米　1/16
字　　数	273 千字
印　　张	17.25
版　　次	2025 年 5 月第 1 版　2025 年 5 月第 1 次印刷
书　　号	ISBN 978-7-5109-4513-7
定　　价	60.00 元

版权所有　侵权必究

《生态环境资源案件审理指引》编辑委员会

主　编：余冬爱

副主编：肖伟琦

编　辑：王战资　周　华　孙焕焕　徐美娟　尹康妮
　　　　盖宇佳　周　琪　杨建军　李艳杰　宋廷津
　　　　靳先德　陈　红　陆彦蓉　李胜卡　陈佳音
　　　　金亚倩　田洋洋　王亚萌　王　灿　赵霖昕

前　言

自 2020 年 1 月 1 日起，上海铁路运输法院（以下简称上铁法院）集中管辖上海市青浦、金山、崇明三区以外的全市其他应由基层法院审理的环境资源民事、行政、刑事案件及根据级别管辖规定审理的上海海警机关办理的涉及海洋、通海可航水域破坏环境资源的刑事案件，重点保障东海海域湿地生态功能区以及黄浦江生态廊道、吴淞江生态廊道。管辖范围涵盖上海市 13 个行政区，面积达 3700 余平方公里，约占上海市面积的 60%。自承担集中管辖任务以来，上铁法院始终以习近平生态文明思想和习近平法治思想为指引，坚持以人民为中心，将司法审判职能深度融入生态环境保护大局。其间，共审结生态环境资源案件近千件，案件类型从传统污染治理拓展至绿色低碳转型、生物多样性保护、助力推进碳达峰碳中和等新兴领域，逐步构建起全类型、全链条的审判体系，20 余起案件入选人民法院案例库或最高人民法院、长三角、上海法院典型案例。《生态环境资源案件审理指引》的编撰，旨在对司法经验进行系统梳理，同时对审判规则创新探索，为同类案件的裁判提供参考样本。

立足规则导向，不断完善环境资源裁判规则指引。上铁法院充分发挥生态环境资源民事、行政、刑事案件"三合一"集中审理机制优势，公正高效审理好涉环境污染、生物多样性保护、气候变化应对、资源开发利用等类型案件，在多个环境资源具体领域案件审理中提炼裁判规则，强化环境资源审判的规则指引。例如，在某镇城市运行管理中心诉陈某东等 9 被告环境污染责任纠纷案中，10 名当事人层层转包将来自上海的生活垃圾倾倒在外省市某区域，判决明确非法处置固体废物污染环境共同侵权中，连带责任人承担生态环境损害赔偿责任后，内部责任划分应当充分考虑各连带责任人在非法处置链条中的地位和作用，由处于源头控制环节的侵权人承担主要责任。在某食品公司因超标排放水污染物被行政处罚系列案中，积极与生态环境主管部门协调，寻求案件化解方案，最终在调解协议中降低罚款数额，企业则主动完成环保治理设施升级改造和完善相关管理制度。惩戒不是目的，引导企业走生态优先、节约集约、绿色低碳高质量发展道路才是根本。在王某平危害国家重点保护植物案中，作出全国首例"送野生植物回家"的环境恢复性判决，考虑到案涉金毛狗蕨因土壤条件等因素不适合在上海自然生长，将涉案200余株野生金毛狗蕨送回福建原生生境进行原地保护。再次明确生态环境公益诉讼的核心目标是最大程度最优化修复生态环境。在上海市首例涉违规销售消耗臭氧层物质行政处罚案中，原告某化工科技发展有限公司作为消耗臭氧层物质销售单位，向未进行销售备案的下游经销商销售消耗臭氧层物质，被生态环境主管部门予以行政处罚，判决明确经销消耗臭氧层物质应提前办理销售备案，完善了"气候变化应对类案件"的裁判规则。

促进法律适用统一，为长三角生态绿色一体化发展提供司法保障。上铁法院坚持系统保护思维和恢复性司法理念，不断增强推动建设绿色美丽长三角的使命感、责任感，依法严惩损害长江流域生态环境资源的违法犯罪行为。例如，在顾某、陈某官非法狩猎案中，被告人身为上海市面积最大的国家级自然保护区、长江口地区唯一基本保持原生状态的河口湿地——九段沙湿地自然保护区的自然保护管理工作人员，本应依法履行职责，却利用志愿工作者身份便利以非法目的狩猎，将捕获的野生鸟类偷运外售，行为恶劣，处以较重刑罚，对于预防和控制人为活动对湿地及其生物多样性的不利影响具有示范意义。在文某甲等盗伐林木刑事附带民事公益诉讼案中，作为上海市首例该类案件，明确了认购碳汇替代修复方式适用规则；在芮某国非法采矿案中统一了长三角区域非法采矿罪的矿产品价值认定标准；依托长三角环资审判适法统一研讨实质化解涉固体废物行政处罚争议。还与多部门共同签署《长三角环境资源司法保护协作备忘录》《长江口生态环境保护司法协同崇明共识》《太浦河清水绿廊环境资源保护司法协同十项措施》等，多次召开实务研讨会，统一法律适用，提高专业化审判水平。

深化协同治理，持续提升生态环境多元共治成效。生态环境治理是一项系统工程，离不开多方主体的协同共治。上铁法院通过创新工作机制，推动司法裁判与社会治理深度融合。在某区绿化损毁生态环境损害赔偿协议司法确认案中，创设"三角桌法庭"模式，在上海市首次引入检察机关作为支持磋商机关参与司法确认程序，贯彻和合共生的生态修复理念。在蔡某波、彭某祥等污染环境案中，通知鉴定人出庭作证及有专门知识的人出庭就鉴定意见、专业问题提出意见，准确认定环资专业性事实。为贯彻上海市"十四五"规划提出的"南北转型"战略和"上海2035"宝山空间转型升级推进规划，强化目标协同、区域协同，与辖区生态环境局等签署工作备忘录，在吴淞工业区展示馆、创新城成立生态环境法治教育基地、环境保护"枫桥经验"实践基地，发布典型案例，助推建设全市绿色低碳转型样板区。为汇聚生态环境保护合力，服务保障积极稳妥推进碳达峰碳中和，与辖区生态环境局等签署工作备忘录，在全国首家低碳生活新时尚体验中心——上海碳秘馆成立"双碳"目标生态司法实践基地暨环资案件巡回审判点。为提升行政机关执法规范化水平，常态化开展环资行政案件庭审、旁听、讲评"三合一"活动，并多次组织疑难法律问题研讨、发布典型案例、发送综合治理类司法建议等。这些协同机制将司法裁判的职能从单纯定分止争延伸到社会治理层面，彰显了司法在生态环境治理现代化中的重要作用。

《生态环境资源案件审理指引》的编撰，凝结了上铁法院多年的审判实践成果，为法官提供操作指南，为行政机关提供执法参考，为企业与社会公众划定行为红线。随着碳排放权交易、绿色金融、生态产品价值实现等新兴领域的不断涌现，环境资源审判将面临更加复杂的挑战。未来，上铁法院将在实践中不断探索完善裁判规则指引，为绘就人与自然和谐共生现代化的法治图景持续贡献司法智慧与力量。

二〇二五年五月

凡 例

1.《中华人民共和国刑法》[1979年7月1日通过，1997年3月14日修订，根据1998年12月29日《全国人民代表大会常务委员会关于惩治骗购外汇、逃汇和非法买卖外汇犯罪的决定》、1999年12月25日《中华人民共和国刑法修正案》、2001年8月31日《中华人民共和国刑法修正案（二）》、2001年12月29日《中华人民共和国刑法修正案（三）》、2002年12月28日《中华人民共和国刑法修正案（四）》、2005年2月28日《中华人民共和国刑法修正案（五）》、2006年6月29日《中华人民共和国刑法修正案（六）》、2009年2月28日《中华人民共和国刑法修正案（七）》、2009年8月27日《全国人民代表大会常务委员会关于修改部分法律的决定》、2011年2月25日《中华人民共和国刑法修正案（八）》、2015年8月29日《中华人民共和国刑法修正案（九）》、2017年11月4日《中华人民共和国刑法修正案（十）》、2020年12月26日《中华人民共和国刑法修正案（十一）》、2023年12月29日《中华人民共和国刑法修正案（十二）》修正]，以下简称《刑法》；

2.《中华人民共和国民法典》（2020年5月28日通过），以下简称《民法典》；

3.《中华人民共和国环境影响评价法》（2002年10月28日通过，2016年7月2日第一次修正，2018年12月29日第二次修正），以下简称《环境影响评价法》；

4.《中华人民共和国行政复议法》（1999年4月29日通过，2009年8月27日第一次修正，2017年9月1日第二次修正，2023年9月1日修订），以下简称《行政复议法》；

5.《中华人民共和国行政诉讼法》(1989年4月4日通过,2014年11月1日第一次修正,2017年6月27日第二次修正),以下简称《行政诉讼法》;

6.《中华人民共和国环境保护法》(1989年12月26日通过,2014年4月24日修订),以下简称《环境保护法》;

7.《中华人民共和国固体废物污染环境防治法》(1995年10月30日通过,2004年12月29日第一次修订,2013年6月29日第一次修正,2015年4月24日第二次修正,2016年11月7日第三次修正,2020年4月29日第二次修订),以下简称《固体废物污染环境防治法》;

8.《中华人民共和国长江保护法》(2020年12月26日通过),以下简称《长江保护法》;

9.《中华人民共和国侵权责任法》(2009年12月26日通过,已废止),以下简称《侵权责任法》;

10.《中华人民共和国行政处罚法》(1996年3月17日通过,2009年8月27日第一次修正,2017年9月1日第二次修正,2021年1月22日修订),以下简称《行政处罚法》;

11.《中华人民共和国水污染防治法》(1984年5月11日通过,1996年5月15日第一次修正,2008年2月28日修订,2017年6月27日第二次修正),以下简称《水污染防治法》;

12.《中华人民共和国野生动物保护法》(1988年11月8日通过,2004年8月28日第一次修正,2009年8月27日第二次修正,2016年7月2日第一次修订,2018年10月26日第三次修正,2022年12月30日第二次修订),以下简称《野生动物保护法》;

13.《中华人民共和国渔业法》(1986年1月20日通过,2000年10月31日第一次修正,2004年8月28日第二次修正,2009年8月27日第三次修正,2013年12月28日第四次修正),以下简称《渔业法》;

14.《中华人民共和国森林法》(1984年9月20日通过,1998年4月29日第一次修正,2009年8月27日第二次修正,2019年12月28日修订),以下简称《森林法》;

15.《中华人民共和国大气污染防治法》(1987年9月5日通过,1995年8月29日第一次修正,2000年4月29日第一次修订,2015年8月29日第二次修订，2018年10月26日第二次修正），以下简称《大气污染防治法》；

16.《中华人民共和国民事诉讼法》(1991年4月9日通过，2007年10月28日第一次修正，2012年8月31日第二次修正，2017年6月27日第三次修正，2021年12月24日第四次修正，2023年9月1日第五次修正），以下简称《民事诉讼法》；

17.《中华人民共和国土壤污染防治法》(2018年8月31日通过），以下简称《土壤污染防治法》；

18.《中华人民共和国海洋环境保护法》(1982年8月23日通过，1999年12月25日第一次修订，2013年12月28日第一次修正，2016年11月7日第二次修正，2017年11月4日第三次修正，2023年10月24日第二次修订），以下简称《海洋环境保护法》；

19.《中华人民共和国环境噪声污染防治法》(1996年10月29日通过，2018年12月29日修正），以下简称《环境噪声污染防治法》。

目　录

第一章　服务打好污染防治攻坚战 …………………………………… 1

1. 场地使用权人明知他人向场地非法倾倒"毛垃圾"而未予制止的，构成污染环境罪的共犯并承担生态环境损害赔偿责任
   ——童某宝、徐某涛等污染环境刑事附带民事公益诉讼案 ………… 1

2. 单位内部人员实施的犯罪行为体现了单位整体意志且非法收益归单位所有的，应认定为单位犯罪
   ——某金属制品有限公司及应某达、王某波等污染环境案 ………… 7

3. 环评审批的合法性认定具有独立性，不受后续施工过程中违法行为的影响
   ——武某赟等诉某区生态环境局、某区人民政府环评审批及行政复议案 … 11

4. 建设项目生产工艺等发生重大变动而未报环评审批的，可根据环保设施未经验收的规定予以处罚
   ——某船舶科技有限公司诉某区生态环境局、某区人民政府行政处罚及行政复议案 …………………………………………………………… 21

5. 行政机关针对检察建议仅回复整改方案而未消除生态环境损害后果的，属于"不依法履行职责"
   ——某区人民检察院诉某街道办事处行政公益诉讼案 ……………… 28

6. 固体废物处理流程多环节主体共同造成环境污染的，源头控制环节侵权人应承担主要责任
   ——某镇城市运行管理中心诉陈某东等环境污染责任纠纷案 ……… 35

第二章　服务发展方式绿色低碳转型 ·· 43

7. 污染环境罪中的"其他有害物质"应综合来源追溯、形成过程及专业鉴定
   意见等予以认定
   ——某环保公司、崔某祥、钱某琴等污染环境案 ························ 43

8. 跨省转移固体废物利用的，应向移出地生态环境主管部门备案
   ——某废旧物资有限公司诉某区生态环境局行政处罚案 ·············· 49

9. 为实现行政管理或公共服务目标签订的涉城市生活垃圾分类处理宣传合作
   协议，属于行政协议
   ——某投资咨询有限公司诉某市资源利用和垃圾分类管理事务中心、某市
   绿化和市容管理局未按约定履行行政协议案 ····························· 57

10. 开展节能降碳技术改造，助推困境企业绿色低碳转型重生
    ——某食品公司诉某区生态环境局、某区人民政府行政处罚及行政复议
    系列案 ·· 67

第三章　维护生态系统多样性稳定性持续性提升 ······················· 72

11. 为恢复原状，可判令违法行为人将国家二级保护野生植物金毛狗蕨送回
    原生生境进行保护修复
    ——王某平危害国家重点保护植物刑事附带民事公益诉讼案 ········· 72

12. 行为人经事前通谋非法采砂的，应认定为非法采矿罪的共犯并承担生态
    环境损害赔偿责任
    ——陈某保、陈某付等非法采矿刑事附带民事公益诉讼案 ············ 80

13. 非法捕捞及运输、出售国家二级保护野生动物鲸鲨尸体的，仍应依法追
    究刑事责任
    ——谢某丰、杨某通等危害珍贵、濒危野生动物及非法捕捞水产品案 ··· 86

14. 矿产品价值应以到岸价（泊水价）为认定标准
    ——芮某国非法采矿案 ··· 90

15. 收购、运输、出售野生海马制品行为人与捕杀方既无事前通谋又无固定
    合作模式的，对捕杀所造成的生态环境损害后果不承担赔偿责任
    ——蔡某胜非法出售珍贵、濒危野生动物制品刑事附带民事公益诉讼案 ··· 96

16. 禁渔期内使用禁用渔具在东海海域捕捞水产品的，应依法追究刑事责任
　　——代某甲、丁某新等非法捕捞水产品案 ………………………… 103

第四章　助力推进碳达峰碳中和 …………………………………… 109

17. 不适宜在原地修复或者不能完全修复受损生态环境的，可以认购碳汇方
　　式替代修复
　　——文某甲、文某喜等盗伐林木刑事附带民事公益诉讼案 ……… 109

18. 往公益林中倾倒建筑泥浆导致林地丧失生态功能的，应依法追究刑事责任
　　——陆某、黄某贵等非法占用农用地案 …………………………… 116

19. 销售消耗臭氧层物质的，销售企业应核实经销企业是否已办理备案
　　——某氏化工科技发展有限公司诉某区生态环境局行政处罚案 … 122

20. 企业在生产经营中应依法采取措施防止排放恶臭气体
　　——某废弃物处置公司诉某市生态环境局、某市人民政府行政处罚及行政
　　复议案 ………………………………………………………………… 130

21. 违法排放大气污染物造成损害的，可以种植绿化方式替代修复
　　——某区生态环境局与某石材公司生态环境损害赔偿协议司法确认案 … 138

22. 餐饮企业超标排放油烟废气污染环境的，除被行政处罚外，还可以生态
　　环境保护公益宣传方式替代修复
　　——某区生态环境局与汇某百货有限公司生态环境损害赔偿协议司法
　　确认案 ………………………………………………………………… 143

第五章　服务保障长三角生态绿色一体化发展 …………………… 153

23. 环志采样人员以合法身份掩护将猎捕野生鸟类带离自然保护区（九段沙
　　湿地）出售的，应依法追究刑事责任
　　——顾某、陈某官非法狩猎案 ……………………………………… 153

24. 对非法狩猎野生鸟类造成国家经济损失具体数额的认定，应在鉴定到具
　　体"种"的基础上进行价格评估
　　——顾某法非法狩猎刑事附带民事公益诉讼案 …………………… 160

25. 对长江流域非法采矿犯罪，应从开采、收购、运输、出售江砂等环节全链条打击

　　——蒋某云、胡某军等非法采矿刑事附带民事公益诉讼，潘某扣、张某彬掩饰、隐瞒犯罪所得案 ………………………………………… 167

26. 适用赔礼道歉责任应综合考量环境侵权人的过错程度、行为损害结果与社会影响等并由其本人向社会公众作出

　　——李某来、王某得等非法捕捞水产品刑事附带民事公益诉讼案 …… 174

27. 禁渔期内在长江流域重点水域非法捕捞水产品的，应依法追究刑事责任

　　——廖某甲、廖某乙等非法捕捞水产品，徐某、严某兰等掩饰、隐瞒犯罪所得案 ……………………………………………………………… 185

第六章　探索生态环境资源案件专业化审判 ……………………… 191

28. 对于无力承担生态环境损害赔偿责任的刑事附带民事公益诉讼被告，可以劳务代偿方式替代修复

　　——王某泉非法捕捞水产品刑事附带民事公益诉讼案 ……………… 191

29. 为准确认定污染环境专业性事实，可通知鉴定人出庭作证或有专门知识的人出庭提出专业意见

　　——蔡某波、彭某祥等污染环境案 …………………………………… 199

30. 对宣告缓刑的污染环境犯罪被告人，可同时判处禁止令

　　——瞿某军、连某涛等污染环境案 …………………………………… 205

31. 行政机关认定被处罚人具有逃避改正的主观故意的，应提供充分证据证明

　　——某重工机械有限公司诉某区生态环境局行政处罚案 …………… 212

32. 环境行政公益诉讼中诉讼请求全部实现的，可裁定终结诉讼

　　——某区人民检察院诉某镇人民政府不履行环境监管职责行政公益诉讼案 ……………………………………………………………… 219

33. 创设"三角桌法庭"，贯彻和合共生的生态修复理念

　　——某区生态环境局与星某贸易公司某处分公司生态环境损害赔偿协议司法确认案 ……………………………………………………… 227

34. 创新执行方式，通过助力企业恢复经营保障判决履行

　　——某门窗公司污染环境刑事附带民事公益诉讼执行案 …………… 233

第七章 深化生态环境协同治理 ····· 237

35. 非诉解纷机制挺在前面，依托专业调解高效化解环保纠纷
——某工业公司诉某区城市管理行政执法局、某区人民政府行政处罚及行政复议案 ····· 237

36. 依托环境保护"枫桥经验"实践基地巡回审判化解环保行政纠纷
——舒某球诉某区生态环境局行政处罚案 ····· 240

37. 法院协同多部门疏通历史保护建筑污水排入排水管网许可证办理堵点，根本上解决排水造成的行政纠纷
——某发餐饮有限公司诉某水务局行政处罚案 ····· 243

38. 通过长三角环境资源审判适法统一机制实质化解涉固体废物行政处罚争议
——某汽车服务公司诉某区生态环境局、某区人民政府行政处罚及行政复议案 ····· 247

39. 通过厘清行政机关法定职责并督促履职整改，确保国家利益、社会公共利益得到完全维护
——某区人民检察院诉某镇人民政府履行环境监管职责行政公益诉讼案 ··· 251

40. 发挥多元合力实质化解地铁噪声污染纠纷
——陈某余、袁某华诉某投资有限公司、地铁某运营有限公司噪声污染责任纠纷案 ····· 255

后 记 ····· 259

第一章　服务打好污染防治攻坚战

1. 场地使用权人明知他人向场地非法倾倒"毛垃圾"而未予制止的，构成污染环境罪的共犯并承担生态环境损害赔偿责任
——童某宝、徐某涛等污染环境刑事附带民事公益诉讼案

【规则提要】

场地使用权人明知他人向场地非法倾倒"毛垃圾"而未予制止的，应认定其为污染环境犯罪行为人提供帮助，构成共同犯罪，并承担生态环境损害赔偿责任。

【基本案情】

被告人董某官长期占有使用总面积约12亩的两个鱼塘。2019年2月下旬，当张某（另案处理）得知董某官有将鱼塘复耕的需求后，即与董某官约定由其负责联系回填工作，并约定由张某分期向董某官支付鱼塘回填款人民币9万元（以下币种均为人民币）及处理在回填过程中的相关事务。随后，张某联系了被告人童某宝，以12万元的价格将回填工程转包童某宝。

童某宝在查看现场后，要求董某官、张某至村委会书面提出鱼塘复耕申请。2019年2月下旬，董某官、张某至鱼塘所在村村委会提出鱼塘复耕申请，

并承诺不使用垃圾进行复耕。童某宝在取得上述复耕申请文件后，又将该工程以18万元的价格委托给被告人徐某涛、王某保（另案处理）。在施工过程中，童某宝指示徐某涛、王某保采用"毛垃圾"（生活垃圾为主，混有部分建筑垃圾）与建筑渣土混合倾倒的方式在鱼塘边搭建车辆通道，并指示将"毛垃圾"填埋入鱼塘。后因倾倒"毛垃圾"车次较多，童某宝再次与徐某涛、王某保约定在扣除施工机械等费用后，按倾倒车次进行提成结算。

2019年2月底至3月上旬，徐某涛、王某保联系土方车、挖掘机、推土机，并租赁钢板至涉案鱼塘边小河浜处开设便道，继而联系载有"毛垃圾"及工程渣土的土方车进场分层交替填埋。填埋好一个鱼塘后，徐某涛、王某保即根据童某宝的指示将第二个鱼塘先用"毛垃圾"填满后另行覆土。在此期间，徐某涛联系工程渣土207车次、"毛垃圾"212车次；王某保联系工程渣土98车次、"毛垃圾"48车次。"毛垃圾"每车次收取卸点费800元至900元，工程渣土每车次收取卸点费300元至400元；徐某涛在扣除挖掘机、推土机相关费用后，每车次抽取50元，非法获利8万余元；王某保每车次抽取50元，非法获利5万余元；其他非法所得均交予童某宝。

施工期间被告人童某宝、董某官均数次至现场查看鱼塘回填施工情况，对上述违法倾倒填埋"毛垃圾"情况未予制止。村民围堵通道及索要青苗费，由张某至现场处理。童某宝分多次通过微信支付给张某共计12万元；董某官根据施工进度，分三次通知张某向其支付钱款9万元。

2019年7月，该村村委会在接到举报后，对涉案两个回填鱼塘进行开挖后发现，从表层至深层混杂着大量废布、废尼龙袋、废饮料瓶等未经分拣和处理的生活垃圾并伴有大量废砖块、废弃木材、废保温材料等建筑垃圾，周围水体散发恶臭。

根据某环境科学研究院对上述涉案鱼塘出具的司法鉴定意见书，认定涉案地块内填埋垃圾组成以生活垃圾为主，已致使地下水及地表积水中五日生化需氧量、氨氮、总磷、总氮、化学需氧量等特征污染物检测数据均远超过基线水平，造成严重环境污染；涉案地块地下水及地表积水环境损害与垃圾填埋行为之间存在因果关系。已清运填埋生活垃圾费用及应急监测费用共计100万元以上。

公诉机关作为公益诉讼起诉人向法院提起刑事附带民事公益诉讼，认为童某宝、徐某涛、董某官、张某、王某保的行为造成周边环境损害和公私财产损失,损害了社会公共利益,请求判令五名被告共同承担尚未清运及已清运填埋生活垃圾处置费用、应急检测费用、鉴定费用共计300余万元。

【裁判】

法院生效裁判认为:被告人童某宝、徐某涛、董某官伙同张某、王某保共同违反国家规定,倾倒、处置有害物质,致使公私财产损失100万元以上,后果特别严重,其行为均已构成污染环境罪,公诉机关指控的罪名成立,法院予以确认。

在共同犯罪中,被告人童某宝从张某处承接回填工程交予徐某涛、王某保实施,指导徐某涛、王某保二人填埋有害物质的方法,并收取卸点费用,起主要作用,系主犯;童某宝及其辩护人在庭审中关于其在共同犯罪中作用的辩解、辩护意见即童某宝未参与现场管理,也未按倾倒车次进行提成结算,在共同犯罪中起次要作用,与查明的事实不符,且徐某涛、王某保均在庭审中指认童某宝的主导作用,故相关辩解、辩护意见法院不予采信。被告人徐某涛按照童某宝的指使实施了污染环境行为,在共同犯罪中起次要作用,系从犯,应当减轻处罚。被告人董某官作为涉案鱼塘的使用人,在村委会明确告知不得使用垃圾填埋鱼塘的情况下,未制止童某宝、徐某涛、王某保的行为,导致污染环境的后果发生;关于其辩解对垃圾填埋行为不知情的供述,从庭审中张某、徐某涛的供述可知董某官多次到过施工现场,从其要求张某分期给付钱款的事实亦可知董某官了解施工进度情况,从张某拍摄的视频可证实在施工通道中"毛垃圾"等物裸眼可见,故董某官关于自己毫不知情的辩解意见,法院不予采信;但根据本案查明的事实,董某官并未直接实施倾倒垃圾的行为,在共同犯罪中也未起主要作用,应当认定为从犯,并对其减轻处罚,公诉机关关于此节的指控意见法院不予采纳。被告人徐某涛归案后认罪认罚,且有一定的悔罪表现,可以予以从轻处罚,其辩护人关于此节的辩护意见,法院酌情予以采纳。

综合本案的犯罪事实、性质、情节及社会危害程度,判决被告人童某宝、徐某涛、董某官犯污染环境罪,分别判处有期徒刑一年三个月至三年不等,并处罚金；禁止被告人徐某涛在缓刑考验期限内从事与排污或者处置危险废物有关的经营活动；违法所得予以追缴。刑事附带民事公益诉讼部分，判处五被告连带赔偿清运处置费用、应急监测费用、司法鉴定费用共计300余万元，并就污染环境行为向社会公众公开赔礼道歉。被告人童某宝不服，提起上诉，二审法院判决予以维持。该案判决已经发生法律效力。

【评析】

"毛垃圾"是业内俗称，指混合着生活垃圾的建筑垃圾，具有可利用价值低、处置费用高的特点，属于《刑法》第三百三十八条规定的"有害物质"。填埋未经分拣的"毛垃圾"，对水、土壤、大气都会产生污染，危害人民群众的生命健康安全。本案系一起打击填埋"毛垃圾"污染环境的刑事附带民事公益诉讼案件，其特殊之处在于除污染环境的直接行为人外还存在未实施填埋行为的场地使用权人、承包人等帮助行为人，对该类行为人构成污染环境共同犯罪及相应责任承担的认定可为类似案件提供参考。

一、客观犯罪行为认定

帮助行为是指看似中立无害客观上却又对他人犯罪行为起到帮助作用的日常生活行为或者业务行为。在环境污染刑事案件中，确认某一帮助行为是否应入罪归责，应从该行为是否具有刑事可罚性入手分析，关键在于行为人对污染的生态环境是否具有保护义务。若行为人具有保护义务，有条件制止污染环境行为但不制止，则应认定其为环境污染犯罪行为人提供帮助，二者在客观层面构成共同犯罪。

本案中，被告人童某宝等用"毛垃圾"填埋鱼塘的实际行为，违反国家法律规定，倾倒、处置有害物质，致使公私财产损失100万元以上，后果特别严重，其行为均已构成污染环境罪。董某官作为鱼塘使用人，具有保护鱼塘所在地生态环境不被污染的义务，将鱼塘交给张某进行回填后，具有监督、阻止使用垃圾填埋鱼塘的义务，但其未加以制止，导致污染环境的后果发生，应认定董某官为污染环境犯罪行为人提供帮助，客观层面构成共同犯罪。

二、主观上共同故意的判断

根据《刑法》第二十五条的规定，共同犯罪要求各行为人具有共同犯罪故意，即对危害结果的发生存在明知且希望或放任其发生的主观心态。故要想帮助行为入罪归责，除要实质上促进和强化侵犯法益的可能性和现实性外，还需有共同犯罪的故意。根据《刑法》第十四条的规定，犯罪故意包括认识及意志两个因素。

（一）认识因素方面

从认识因素的层面讲，帮助行为入罪归责需明知他人正在或将要实施犯罪，仍提供实质性帮助。"明知"的内容主要包括对正犯犯罪意图及协助行为将促成侵犯法益后果，"明知"的程度必须达到"明确"，帮助行为人的"猜测""模糊性认知"不能作为共犯成立的依据。帮助行为人通常主张自己对犯罪行为不知情为自己出罪，故而对于帮助行为人"明知"的推定，可从是否有知晓的客观条件、是否存在异常交易条件等综合判断。

本案中，董某官作为鱼塘实际使用人，具有知晓童某宝等人"毛垃圾"填埋行为的客观条件及已知晓的客观表象。从客观条件上讲，董某官在村委会明确告知不得使用垃圾填埋鱼塘，可能会污染环境的情况下，多次至施工现场，而施工通道中"毛垃圾"等物裸眼可见，有知晓之可能。从客观表象上讲，董某官作为鱼塘填埋的需求方，按照常理应给填埋人支付相应报酬，而本案中，董某官不仅未支付报酬，反而根据施工进度，要求张某分期向其支付钱款，有知晓的客观表象。故而可推定董某官对童某宝等人"毛垃圾"填埋行为及其后果的"明知"。

（二）意志因素方面

从意志因素的层面讲，帮助行为入罪归责需希望或放任犯罪结果的发生。本案中董某官在明知童某宝等人的犯罪行为及可能发生污染环境后果的情形下，未制止童某宝等人"毛垃圾"填埋行为，放任污染环境的后果发生，对违法填埋行为存在间接故意。因此，本案符合污染环境罪的认定要件。

三、余论

对于帮助行为是否应入罪归责主要从客观层面和主观层面两个维度判断：客观层面主要考虑帮助行为人对污染的生态环境是否具有保护义务；主观层面主要考虑帮助行为人是否明确认识到污染环境犯罪行为人所具备的犯罪意图以及行为人是否认识到自己的行为会对犯罪结果产生助益，且希望或放任犯罪结果的发生。若帮助行为人构成共同犯罪，还应承担相应的生态环境损害赔偿责任。

【相关法律规范】

★《中华人民共和国刑法》

第十四条 明知自己的行为会发生危害社会的结果，并且希望或者放任这种结果发生，因而构成犯罪的，是故意犯罪。

故意犯罪，应当负刑事责任。

第二十五条 共同犯罪是指二人以上共同故意犯罪。

二人以上共同过失犯罪，不以共同犯罪论处；应当负刑事责任的，按照他们所犯的罪分别处罚。

第三百三十八条 违反国家规定，排放、倾倒或者处置有放射性的废物、含传染病病原体的废物、有毒物质或者其他有害物质，严重污染环境的，处三年以下有期徒刑或者拘役，并处或者单处罚金；情节严重的，处三年以上七年以下有期徒刑，并处罚金；有下列情形之一的，处七年以上有期徒刑，并处罚金：

（一）在饮用水水源保护区、自然保护地核心保护区等依法确定的重点保护区域排放、倾倒、处置有放射性的废物、含传染病病原体的废物、有毒物质，情节特别严重的；

（二）向国家确定的重要江河、湖泊水域排放、倾倒、处置有放射性的废物、含传染病病原体的废物、有毒物质，情节特别严重的；

（三）致使大量永久基本农田基本功能丧失或者遭受永久性破坏的；

（四）致使多人重伤、严重疾病，或者致人严重残疾、死亡的。

有前款行为，同时构成其他犯罪的，依照处罚较重的规定定罪处罚。

2. 单位内部人员实施的犯罪行为体现了单位整体意志且非法收益归单位所有的,应认定为单位犯罪
——某金属制品有限公司及应某达、王某波等污染环境案

【规则提要】

单位实际经营人明知他人无危险废物经营许可证,为了单位利益,通过决策程序,决定将本单位的危险废物委托他人处置,最终致使大量危险废物直接进入外环境,严重污染环境,该单位及单位直接负责主管人员、其他直接责任人员构成污染环境罪。

【基本案情】

被告单位某金属制品有限公司主要生产加工金属制品、小五金、不锈钢制品等,生产过程中产生的废液被收集在厂区储存桶内。被告人应某达系该公司实际经营人,被告人王某波系该公司生产部门负责人,被告人何某瑞此前因处理废液事宜通过王某波与应某达相识。

2017年12月,被告人应某达决定将储存桶内的废液交予何某瑞处理,并约定向其支付7000元,由王某波负责具体事宜。后何某瑞联系了被告人徐某鹏,同月22日夜,徐某鹏伙同被告人徐某平驾驶槽罐车至公司门口与何某瑞会合,经何某瑞与王某波联系后进入公司抽取废液,三人再驾车至本市某区某路西100米处,先后将约6吨废液倾倒至该处市政窨井内。当晚23时50分许,被告人徐某鹏、徐某平被当场抓获,被告人应某达、何某瑞、王某波于同月23日、26日和29日分别到案。

经测试,窨井内水样pH值为1.61、槽罐车内水样pH值为1.04、危废仓

库最西侧桶内废液 pH 值 <1，属于危险废物，三份水样所含重金属成分相同。

【裁判】

法院生效裁判认为：被告人何某瑞、徐某鹏、徐某平违反国家规定，共同倾倒危险废物，严重污染环境；被告单位某金属制品有限公司明知他人无危险废物经营许可证，委托其处置危险废物，严重污染环境；被告人应某达、王某波系被告单位直接负责的主管人员和其他直接责任人员，被告单位及五被告人均已构成污染环境罪。公诉机关的指控成立，予以确认。被告人应某达作为单位主管人员为单位利益放任他人非法处置生产废液，致使大量危险废物直接进入外环境；被告人何某瑞、徐某鹏在倾倒废液过程中积极组织、共同实施，对犯罪行为的实施均起到关键作用；被告人王某波、徐某平虽在犯罪实施中分工不同，但均积极参与，在共同犯罪中的作用、地位基本相当；故各辩护人有关适用缓刑、构成从犯、辅助犯罪等辩护意见均不能成立，不予采纳。被告单位某金属制品有限公司犯罪以后自动投案，被告单位及其直接负责的主管人员和其他直接责任人员应某达、王某波系自首，依法可以从轻处罚；被告人何某瑞、徐某鹏、徐某平到案后如实供述并自愿认罪，依法可以从轻处罚。各辩护人有关从轻处罚的辩护意见，均酌情予以采纳。

据此，法院判决被告单位某金属制品有限公司犯污染环境罪，判处罚金 10 万元；被告人应某达、王某波、何某瑞、徐某鹏、徐某平犯污染环境罪，分别判处有期徒刑九个月至一年不等，并处罚金。

宣判后，被告人应某达、何某瑞提出上诉。二审审理期间，上诉人应某达、何某瑞申请撤回上诉。二审法院裁定准予上诉人应某达、何某瑞撤回上诉。本案判决已发生法律效力。

【评析】

本案系首批入选人民法院案例库的案例，同时也是最高人民法院、最高人民检察院、公安部、司法部、生态环境部环境污染刑事案件典型案例。准确认定单位犯罪并追究刑事责任是办理环境污染刑事案件中的重点问题之一。

在司法实践中,从单位意志体现、违法所得归属等方面分析评判,对于准确界定单位犯罪具有积极意义。

一、污染环境罪单位犯罪的主体必须是公司、企业、事业单位、机关、团体等

《刑法》第三十条规定:"公司、企业、事业单位、机关、团体实施的危害社会的行为,法律规定为单位犯罪的,应当负刑事责任。"单位犯罪的主体必须是公司、企业、事业单位、机关、团体等单位。这一规定确立了单位作为犯罪主体的地位。同时,要注意单位犯罪并不是单位与直接负责的主管人员和其他直接责任人员的简单相加,而是一个整体犯罪。对单位犯罪的认定,同样应当坚持主客观相统一原则。对于单位污染环境罪的认定,要求单位不仅在客观方面违反国家规定,实施污染环境行为,而且应当在主观上具有犯罪故意。主观见之于客观,对于单位犯罪的主观故意,也应当结合客观行为进行判定。

本案中,被告单位系主要生产加工金属制品、小五金、不锈钢制品等的某金属制品有限公司,符合单位犯罪主体要件。

二、行为人行为体现了单位意志

单位犯罪是单位的整体犯罪,但其中又需要作为单位成员的自然人来实施。作为单位成员的自然人,一方面具有单位成员的身份,受制于单位意志;另一方面又具有个人的独立意志。本案被告人王某波系被告单位生产部门的负责人,其因公司生产过程中产生的废液积压在厂区,影响生产进度而向公司领导应某达汇报。应某达系被告单位的股东之一和实际控制人,被告单位的法定代表人并不参与公司的实际经营。应某达根据王某波的汇报,决定将涉案废液交予他人处置,并指示王某波负责处理具体事宜。后续王某波根据应某达的指示,开展了具体对接处理工作。上述行为系基于个人在单位中的具体职务,按照单位的一定决策程序实施完成。通过决策程序的转化,将单位成员的个人意志上升为单位的整体意志,故应认定是单位意志的体现。类似情形存在于十堰市某工贸公司、古某污染环境案[1]中,被告单位的生产管理

---

[1] 参见人民法院案例库参考案例:十堰市某工贸公司、古某污染环境案;入库编号:2023-11-1-340-009。

负责人，明知生产经营产生的污水未经处理径行排放会污染环境，仍安排工人从事生产作业，放任了被告单位排放污水污染环境的行为，应当认定主观上具有犯罪故意，可以构成污染环境罪。

三、违法所得归被告单位所有

是否为单位牟取非法利益，是区分单位犯罪还是个人犯罪的重要标准之一。如果单位成员实施犯罪行为完全是为个人牟取非法利益，即便是以单位名义实施，仍应认定为个人犯罪。案发前被告单位与相关职能单位签订了《工业废弃物处理合同》，公司生产过程中产生的废液处理费用为每吨数千元。而此次应某达、王某波以低廉的价格将涉案数吨废液交予何某瑞等人非法处置，降低被告单位的运营成本，犯罪行为所产生的非法收益亦将归被告单位所有，故应认定为系为单位牟取非法利益。

综上，被告人应某达、王某波实施的犯罪行为，体现了被告单位的整体意志，犯罪行为所产生的非法收益归被告单位所有，应认定本案为单位犯罪，对被告单位某金属制品有限公司及其直接负责的主管人员和其他直接责任人员被告人应某达、王某波同时追究刑事责任。

四、余论

准确认定单位犯罪并追究刑事责任是办理环境污染刑事案件的重点问题，司法实践中确实存在单位犯罪认定相对较难的情况。本案中，单位实际经营人明知他人无危险废物经营许可证，为了单位利益，通过一定的决策程序，决定将本单位的危险废物委托其处置，最终致使大量危险废物直接进入外环境，严重污染环境，应当以污染环境罪追究被告单位及单位直接负责主管人员和其他直接责任人员的刑事责任。

【相关法律规范】

★《中华人民共和国刑法》

第三百三十八条 违反国家规定，排放、倾倒或者处置有放射性的废物、含传染病病原体的废物、有毒物质或者其他有害物质，严重污染环境的，处三年以下有期徒刑或者拘役，并处或者单处罚金；情节严重的，处三年以上七年以下有期徒刑，并处罚金；有下列情形之一的，处七年以上有期徒刑，

并处罚金:

(一)在饮用水水源保护区、自然保护地核心保护区等依法确定的重点保护区域排放、倾倒、处置有放射性的废物、含传染病病原体的废物、有毒物质,情节特别严重的;

(二)向国家确定的重要江河、湖泊水域排放、倾倒、处置有放射性的废物、含传染病病原体的废物、有毒物质,情节特别严重的;

(三)致使大量永久基本农田基本功能丧失或者遭受永久性破坏的;

(四)致使多人重伤、严重疾病,或者致人严重残疾、死亡的。

有前款行为,同时构成其他犯罪的,依照处罚较重的规定定罪处罚。

第三百四十六条 单位犯本节第三百三十八条至第三百四十五条规定之罪的,对单位判处罚金,并对其直接负责的主管人员和其他直接责任人员,依照本节各该条的规定处罚。

3. 环评审批的合法性认定具有独立性,不受后续施工过程中违法行为的影响

——武某赟等诉某区生态环境局、某区人民政府
环评审批及行政复议案

【规则提要】

建设过程中是否存在违法行为,不应成为评判环评审批行为合法性的要件。确实存在未按规定施工等情况的,可由环境保护部门依法处理,被侵害人亦可另寻法律途径保护其合法权益。

【基本案情】

武某簪等30名原告系某小区业主或实际使用人,该小区西侧临近某公路。2017年12月4日,第三人某监理有限公司作为建设单位,向某区环境保护和市容卫生管理局(以下简称原区环卫局,因机构改革,2019年2月,原某区环境保护和市容卫生管理局职责由某区生态环境局承担)提交了环境影响评价审批申请表、某环境科技发展有限公司(以下简称某环境公司)编制的环境影响报告表报批稿、环境影响专项评价等环评审批申请材料。原区环卫局收到申请后,于当日出具受理通知书,并自2017年12月7日起在网站进行了受理公示,公示期间未收到反馈意见。原区环卫局于12月5日委托某科学研究院对涉案报告表开展技术评估。2017年12月15日至2018年1月26日,建设单位提出延期申请。2018年1月29日,某科学研究院出具技术评估报告,认为报告表质量合格,基本符合环评技术导则要求,评价结论总体可信,同意报告表中从环境保护角度分析工程建设可行的结论意见。2018年2月8日至2月13日,环评审批单位对涉案工程项目进行建设项目环境影响评价拟审批公示,公示期间无反馈意见。原区环卫局对第三人提交的申请材料进行审查,于2018年2月22日作出被诉环评审批意见,并进行审批后公示,次日向第三人送达。原告武某簪等30人不服,向被告某区人民政府(以下简称某区政府)申请行政复议,被告某区政府于2020年3月11日作出被诉行政复议决定,并向原告、被告某区生态环境局(以下简称某生环局)送达。原告仍不服,提起本案诉讼,请求撤销环评审批意见及行政复议决定。

【裁判】

法院生效裁判认为:根据《环境影响评价法》(2016年7月2日修正,下同)第二十三条[1]等规定,原区环卫局有权作出环境影响报告表审批意见。根据《行政复议法》[2](2017年9月1日修正,下同)第十二条第一款的规定,

---

[1] 对应2018年修正的《环境影响评价法》第二十三条。
[2] 已被2023年修订的《行政复议法》废止。

被告某区政府有权受理涉案行政复议申请并作出复议决定。

关于被诉环评审批意见的认定事实，法院认为，环境影响评价技术评估是专业技术问题，依赖专业部门的专业判断。涉案报告表系具有环境影响评价技术服务资质的某环境公司编制，后原区环卫局又委托某科学研究院技术评估，该院评估认为前述报告表质量合格，基本符合环评技术导则要求，评价结论总体可信。同时，某科学研究院及某环境公司工作人员也出庭对相关技术问题进行了说明。法院对相关技术评估报告的专业性予以认可。审批部门依据环境影响报告表、技术评估报告等材料作出被诉环评审批意见，证据确凿，事实清楚。

关于被诉环评审批意见的审批程序，法院认为，根据《环境影响评价法》第二十二条第三款的规定，审批部门收到环境影响报告表之日起三十日内作出审批决定。同时，《上海市环境保护条例》（2017年12月28日修正，下同）第三十条第二款规定："环保部门受理建设项目环境影响评价申请后，需要对环境影响评价文件进行技术评估的，可以委托相关机构进行技术评估。技术评估的时间最长不超过三十天，不计入审批期限。"原区环卫局2017年12月4日收到涉案环评审批申请材料后，于12月5日委托某科学研究院进行技术评估。评估期间，第三人提出延期申请，后某科学研究院于2018年1月29日出具了技术评估报告，审批单位经公示于2018年2月22日作出被诉环评审批意见。扣除评估期间，环评审批期限符合三十日内作出审批决定的规定。同时，原区环卫局收到环境影响报告表等申报材料后相关环节也依法进行了公示，审批程序并无不当。

至于原告提出施工导致房屋损害等问题，法院认为，本案审理的原行政行为是环评审批意见，环境影响评价系对建设项目实施后可能造成的环境影响进行分析、预测和评估，提出预防或减轻不良环境影响的对策和措施，以施工损害断然否定前期环境影响预测评估科学性及其审批意见合法性缺乏充分依据。当然，如认为施工行为违反法律规定或造成损害可依相应法定途径进行反映、处理。

被告某区政府在法定延长期限内依法作出予以维持的被诉行政复议决定，并无不当。

综上，被诉环评审批意见程序合法，认定事实清楚，证据确凿，符合

《建设项目环境保护管理条例》第七条第一款第二项、第九条第二款及第三款等环境保护法律规范的规定。复议机关某区政府根据《行政复议法》第二十八条第一款第一项规定予以维持，亦无不当，遂判决驳回原告诉讼请求。原告不服，提起上诉，二审法院判决驳回上诉，维持原判。该案判决已经发生法律效力。

【评析】

随着群众环保意识的提升与环境法治的加强，因环境影响评价引发的行政诉讼逐渐增多。然而环境影响评价制度专业技术性较强，加之涉案建设项目涉及众多利益主体，易引发群体性矛盾，法院在审理此类案件时面临着一系列难题。尤其是当事人往往以建设单位获得环评审批后的事后施工行为违法为由，要求认定环评审批违法。本案裁判围绕这一问题展开分析、论证，并给出了明确裁判意见。

一、环境影响评价具有较强预测性、技术性

根据《环境影响评价法》第二条的规定，环境影响评价是指对规划和建设项目实施后可能造成的环境影响进行分析、预测和评估，提出预防或者减轻不良环境影响的对策和措施，进行跟踪监测的方法和制度。

（一）预防规制是环境影响评价的本质

面对日益严峻的生态环境问题和逐渐显现的人体健康风险，以事后救济为主的公权力规制模式已经力所不逮，环境管理从损害救济转向风险预防才能有效应对环境问题，控制环境污染。[①] 在这一背景下，以事前调查与历史数据为基础，运用科学技术进行预测并评价建设项目环境可行性的环境影响评价制度应运而生，并成为实现预防规制环境风险的关键制度。

首先，环评需在建设项目实施之前进行，这是环评制度能够发挥预防规制功能的关键所在。在一定区域内进行开发建设活动，建设单位应当根据分类管理原则编制环境影响报告书、环境影响报告表或者填报环境影响登记表，

---

① 参见吕忠梅：《从后果控制到风险预防 中国环境法的重要转型》，载《中国生态文明》2019年第1期。

即环境影响评价文件。环境影响评价文件一般包括建设项目概况,建设项目周围环境现状,建设项目对环境可能造成影响的分析、预测和评估,建设项目环境保护措施及其技术、经济论证,建设项目对环境影响的经济损益分析,对建设项目实施环境监测的建议,环境影响评价的结论等。可以说,环境影响评价文件是建设项目可行性的重要佐证材料,编制环境影响评价文件是建设项目环境准入的必要前提。

其次,环评制度的"否决"功能可预先规制对生态环境污染破坏较大的建设项目。《环境影响评价法》第二十五条明确规定:"建设项目的环境影响评价文件未依法经审批部门审查或者审查后未予批准的,建设单位不得开工建设。"可见环评制度作为环境准入把关,对于建设项目具有"一票否决"的功能。建设单位只有在其编制的环境影响评价文件被有审批权的环境主管部门审批通过后方能开工建设。据此,建设单位未按规定在项目可行性研究阶段前报批环境影响评价文件即擅自开工建设,生态环境主管部门应依据《环境影响评价法》第三十一条有关规定对其进行处罚。

最后,建设单位落实审批意见中提出的环境保护措施是减轻不良环境影响的重要一环。本案中,原区环卫局在审批意见中明确提出"项目在设计、施工、运行期间应按《报告表》提出的要求,落实环保设施和污染防治措施,保护环境。具体有:1.项目在建设中应高度重视道路交通噪声影响控制,应改进施工工艺,提高工程质量,确保路面的平整度。应按照《报告表》要求,落实铺设低噪声路面、安装声屏障、安装隔声窗等综合性措施……"只有建设项目严格执行配套建设的环保设施与主体工程同时设计、同时施工、同时投产使用的环保"三同时"制度,环境影响评价的预防功能才能发挥出来,建设项目对环境的不良影响才有可能真正减轻。

(二)科学技术是环境影响评价的手段

从科学技术的角度看,"环境影响评价是指对自然系统和自然资源的潜力、容量和功能进行评估并形成书面报告的系统方法,其目的是从可持续发展的角度对提议的开发计划和决策的不利环境影响和后果进行预测和控制。"[①]分析建设项目对环境的可能污染种类、数量、形态和排放量,并制定出一个

---

① 谢华生、朱坦:《环境影响评价理论体系的建设》,载《农业环境科学学报》2004年第4期。

合理可靠的防治污染的方案，都离不开各种技术方法、理论方法。譬如，通过各种环境质量监测手段，通过资料收集、现场调查法、遥感技术等环境现状调查技术，[①]通过流体力学、大气扩散模型、声传播模型、土壤和地下水扩散模型等预测体系，分析项目可能对环境造成的近期和远期影响，选择出技术上可行、布局上合理、对环境的有害影响较少的最佳方案。

综上，环境影响评价是环境管理体系中的第一道"绿色阀门"，将对环境影响较大的建设项目阻拦于门槛之外，同时通过科技手段的运用从源头上减轻建设项目对环境的不良影响。进一步而言，环境影响评价、施工建设许可、环境监管执法构成科学管理建设项目的一套有机衔接的体系，能实现从污染预防到污染控制的全过程监管。

二、环评审批系对环境影响评价文件的认可

在环境执法实务中，环评审批决定多以"某建设项目环境影响报告的批复意见"等表现形式存在，其本质上系对环境影响评价文件的认可。基于环评制度具有科学性、预测性等特点，只有环境影响评价文件质量高，才能确保环境影响分析评价的准确性及减缓不良影响的对策措施的可行性，为环评制度源头预防环境污染和生态破坏的功能实现提供条件。

围绕环境影响评价文件，环境影响评价程序可以分为两个阶段：

（一）环境影响评价文件的编制与申报

我国环境影响评价实行的是分类管理制度。建设项目所处环境的敏感性质和敏感程度，是确定建设项目环境影响评价类别的重要依据。对环境可能造成重大影响的编制环境影响报告书；对环境可能造成轻度影响的编制环境影响报告表；对环境影响较小、不需要进行环境影响评价的填报环境影响登记表。建设单位在编制环境影响评价文件时，需要进行建设工程分析和环境现状调查、监测与评估，作出各环境要素环境影响预测与评价或专题环境影响与评价，提出环境保护决策措施，全面客观公正地反映建设项目对环境的影响评价，为审批部门决策提供依据。本案中，环境影响评价文件系由具有环境影响评价技术服务资质的某环境公司编制，噪声、振动检测报告系具有专业资质的某环境保护压力容器监测总站作出。

[①] 谢华生、朱坦：《环境影响评价理论体系的建设》，载《农业环境科学学报》2004 年第 4 期。

（二）环境影响评价文件的审批

作为环评法律制度实施的主要工具和成果，依法编制的环评文件是规划和建设项目环境可行性的基础。行政主体在审批环境影响评价时往往以环境影响评价文件质量为核心，组织征求意见、听证论证、技术评估，对于存在《建设项目环境保护管理条例》第十一条规定的五种情形的，则作出不予批准的决定。此外，环境影响评价文件记载了建设项目涉及的环境管理要求、环境标准和技术规范等各项规定，依法经过有关部门审批通过的环评文件是后续环境管理法律制度的重要基础和法定依据，也是建设单位依法落实"三同时"要求的重要依据。

三、环评审批行为合法性的判断不应以事后施工行为正当性为依据

环境影响评价审批程序是一环扣一环的链条式多阶段行为，本质上属于行政许可行为，是一个独立的、可诉的行政行为。[①] 法院在对环评审批行为合法性进行司法审查时仅需对审批权限、审批程序、对环境影响评价文件的认定以及适用法律进行评判，事后施工行为当否不是环评审批行为合法性的判断标准。

（一）事后施工行为不属于环评审批的对象

环评审批行为发生在建设项目实施之前，审批的对象也是项目实施之前编制的环境影响评价文件，事后施工行为与审批行为在时间上不具有同一性。具体而言，审批部门在收到环境影响评价文件后，其审查内容仅仅是环境影响评价文件是否科学合理，至于建设单位如何具体实施项目是审批部门作出审批行为时所不能预测、不能确定的，也不属于其审查的对象。在作出同意批复后，其审批工作已经结束，后续出现的申领施工许可证、环境主管部门执法检查等行为都与先前的环评审批行为没有必然的联系。建设单位未根据环境影响评价文件落实"三同时"要求属于环境行政执法评价的范畴。本案中，原区环卫局作出的审批意见主要内容为："（1）根据《报告表》的结论意见，从环境保护角度同意项目建设。（2）项目在设计、施工、运行期间应按《报告表》提出的要求，落实环保设施和污染防治措施，保护环境。"其仅需对审批结论"从环境保护角度同意项目建设"负责。

[①] 参见陆阳：《论建设项目环境影响评价的司法审查》，载《法律适用》2020年第23期。

（二）出现施工损害与环评审批行为之间不存在直接因果关系

建设项目在施工过程中出现污染环境或侵犯周边居民权益等损害现象时，若施工行为与损害结果之间具有直接因果关系，建设单位需承担相应的责任。在上述因果关系链条中，并未出现环境影响评价行为，因此，出现施工损害不能反推环评审批不合法。

（三）预测与结果并不必然具有同一性

如前文所述，环境影响评价的制度价值在于通过模型分析、数据分析等科技手段预测建设项目施工过程中、施工完成后可能对环境产生的不良影响，并确定针对性的环境保护措施以减轻环境损害。基于其预测性特征，施工实际产生的对环境、人体的不利影响并不必然与预测相吻合。一方面，环境影响评价是运用科学技术进行预测、分析和评估，然而，随着科技发展带来的社会复杂性提升，诸如新化学物质合成、温室气体排放等复杂命题，科学上亦无法给出定论。以新化学物质为例，据统计，目前世界上大约有700万种化学物质，并且每年还有千余种新化学物质问世，很多化学物质的毒性效应在短期内很难显现，因而也就难以确定项目建设过程中产生的一些化学物质是否会对环境、人体产生不利影响。[①]另一方面，建设项目落地施工过程中各种现实因素的影响具有复杂性、不确定性。以本案为例，被告某区生态环境局在审批意见中明确提出"应按照《报告表》要求，落实铺设低噪声路面、安装声屏障、安装隔声窗等综合性措施"，但法院在审理过程中发现第三人建设单位在公路项目建设过程中未落实"三同时"要求，未安装声屏障等，上述"不作为"是行政机关作出审批行为时所不能预测的。

综上，环评影响文件的重点是现状评价和未来风险预测，但预测与结果之间并不必然一致。施工行为造成的损害结果与环评审批行为之间不具有因果关系。

四、余论：事后施工不当的法律救济

生态环境主管部门作出环评审批后，建设单位即获得了项目环境准入，在取得施工许可证后便进行施工。若建设项目造成了环境污染、生态破坏，

[①] 参见张宝：《从危害防止到风险预防：环境治理的风险转身与制度调适》，载《法学论坛》2020年第1期。

损害了公众的人身、财产权益，生态环境主管部门可对建设单位进行相应行政处罚。同时，《环境影响评价法》第二十六条要求建设单位在建设过程中应同时实施环境影响报告书、报告表及环评审批部门审批意见提出的环保对策措施，该法第二十八条也要求生态环境主管部门应当对建设项目投入生产或使用后的环境影响进行跟踪检查，对于环境影响报告书、报告表存在资料明显不实，内容存在重大缺陷、遗漏或虚假的，依法追究建设单位及其相关责任人员的法律责任。因此，对于环评审批后的施工监管体系是完整的。当事人认为存在违法施工情形时，可向生态环境主管部门反映、举报，要求其在职责范围内对建设单位进行检查、处理。此外，当事人还可就违法施工导致的噪声污染、水污染等提起民事侵权之诉。根据《民法典》第一千二百二十九条的规定，因污染环境、破坏生态造成他人损害的，侵权人应当承担侵权责任。本案中，30名原告提出建设单位施工导致其房屋震裂等损害，也可据此提起环境侵权民事诉讼，以维护自身合法权益。因此，对于环评审批后建设过程中的违法行为，既可要求生态环境主管部门进行查处，也可向法院提起环境侵权民事诉讼，追究建设单位民事侵权责任，既无须又无必要通过起诉在先环评审批行为予以救济。

【相关法律规范】

★《建设项目环境保护管理条例》

第七条 国家根据建设项目对环境的影响程度，按照下列规定对建设项目的环境保护实行分类管理：

（一）建设项目对环境可能造成重大影响的，应当编制环境影响报告书，对建设项目产生的污染和对环境的影响进行全面、详细的评价；

（二）建设项目对环境可能造成轻度影响的，应当编制环境影响报告表，对建设项目产生的污染和对环境的影响进行分析或者专项评价；

（三）建设项目对环境影响很小，不需要进行环境影响评价的，应当填报环境影响登记表。

建设项目环境影响评价分类管理名录，由国务院环境保护行政主管部门在组织专家进行论证和征求有关部门、行业协会、企事业单位、公众等意见的基础上制定并公布。

第九条 依法应当编制环境影响报告书、环境影响报告表的建设项目，建设单位应当在开工建设前将环境影响报告书、环境影响报告表报有审批权的环境保护行政主管部门审批；建设项目的环境影响评价文件未依法经审批部门审查或者审查后未予批准的，建设单位不得开工建设。

环境保护行政主管部门审批环境影响报告书、环境影响报告表，应当重点审查建设项目的环境可行性、环境影响分析预测评估的可靠性、环境保护措施的有效性、环境影响评价结论的科学性等，并分别自收到环境影响报告书之日起 60 日内、收到环境影响报告表之日起 30 日内，作出审批决定并书面通知建设单位。

环境保护行政主管部门可以组织技术机构对建设项目环境影响报告书、环境影响报告表进行技术评估，并承担相应费用；技术机构应当对其提出的技术评估意见负责，不得向建设单位、从事环境影响评价工作的单位收取任何费用。

依法应当填报环境影响登记表的建设项目，建设单位应当按照国务院环境保护行政主管部门的规定将环境影响登记表报建设项目所在地县级环境保护行政主管部门备案。

环境保护行政主管部门应当开展环境影响评价文件网上审批、备案和信息公开。

4. 建设项目生产工艺等发生重大变动而未报环评审批的，可根据环保设施未经验收的规定予以处罚
——某船舶科技有限公司诉某区生态环境局、某区人民政府行政处罚及行政复议案

【规则提要】

1. 企业在贯彻环境保护"三同时"制度时，不仅要在建设项目启动时配备相应的环保措施，更要在企业实际生产过程中根据相应变动及时进行调整。对于发生重大变动的，企业需要重新履行环评审批手续，确保环保措施有效落实。

2. 建设项目的性质、规模、地点、采用的生产工艺或者防治污染、防止生态破坏的措施发生重大变动而未再报环评审批，生态环境部门根据"需要配套建设的环境保护设施未经验收"的规定予以行政处罚的，人民法院应予支持。

【基本案情】

2021年6月15日，被告某区生态环境局对原告某船舶科技有限公司（以下简称某船舶科技公司）的生产场所进行现场检查，发现该企业从事游艇制造，主要生产工艺包含项目研发、船体固化、内饰材料制造、喷涂、项目总成组装。检查时，该企业正在生产。企业生产车间共三层，发现一层、三层车间内有明显异味，使用手持式VOCs测试仪测试，数值异常。企业地面上有明显喷漆痕迹，喷漆房未在作业，内有溶剂型油漆，且已开封并接入喷涂设施，喷漆房外有一稀释剂空桶。企业一层车间内还有7个大稀释剂空桶和2

个小稀释剂空桶，有开封和未开封的大宝漆、稀释剂、固化剂。但依据企业环境影响评价手续，其仅可使用水性漆和紫外光固化漆，不涉及溶剂型涂料。

某区生态环境局认为，该企业在未新建相匹配的废气处理设施的情况下，擅自投入溶剂型油漆喷涂加工，遂进行立案调查，并询问原告。某船舶科技公司无法说明为何三层喷漆房内有溶剂型油漆（大宝漆）且已接入喷涂管路及溶剂型油漆、稀释剂空桶的来源。某区生态环境局拟对某船舶科技公司处以罚款。听证过程中，某船舶科技公司申辩称，检查当天油漆车间并没有在生产，环境保护设施已于2020年11月经过验收，并非配套建设的环保设施未经验收。经集体讨论，某区生态环境局于2021年10月11日作出被诉处罚决定，对某船舶科技公司处以罚款，并送达某船舶科技公司。某船舶科技公司收悉后不服，向某区人民政府（以下简称某区政府）申请行政复议。某区政府经审查，于2022年1月26日作出被诉复议决定，维持被诉处罚决定。某船舶科技公司收悉后仍不服，诉至法院，请求撤销被诉处罚决定及行政复议决定。

【裁判】

法院生效裁判认为：本案的争议焦点在于，一是被诉处罚决定查明某船舶科技公司使用溶剂型油漆喷涂加工，使用过程中有废气产生，认定事实是否清楚。二是被诉处罚决定关于某船舶科技公司违法行为构成配套建设的环境设施未经验收，建设项目即投入生产或使用的情形，定性是否准确，适用法律是否正确。

针对第一个争议焦点，某区生态环境局对某船舶科技公司作出行政处罚，应基于以下事实要件：一是建设项目正投入生产或者使用；二是需要配套建设的环境保护设施未经验收。具体而言，对应上述事实要件，本案的基础事实就是某船舶科技公司在车间内使用溶剂型油漆喷涂加工，使用过程中有废气产生，配套建设的环境保护设施未经验收。基于此，法院需要进一步判断承担举证责任的某区生态环境局提供的证据能否证明该基础事实存在。

某区生态环境局提供了信访处理单、现场检查笔录、现场照片、调查询问笔录及行政处罚程序中某船舶科技公司提交的环境影响报告表、告知承诺决定、竣工环境保护验收意见等证据。证据已经较为充分，可以证明某船舶科技公司已将溶剂型油漆用于生产。

法定事实要件中的"需要配套建设的环境保护设施未经验收"与本案第二个争议焦点密切相关，故法院一并进行评判。某船舶科技公司认为其通过了水性漆排放废气环保设施的验收，不存在需要配套建设的环境保护设施未经验收的情况。法院认为，根据某船舶科技公司在行政处罚程序中提交给某区生态环境局的环境影响报告表、告知承诺决定、竣工环境保护验收意见可知，某船舶科技公司通过的环境保护设施验收针对的是涂装工序中的水性底漆、水性面漆、固化剂等，并未提及溶剂型油漆，且不使用溶剂型油漆，只使用水性漆和UV漆，目的在于从源头控制污染物的排放。根据《建设项目环境保护管理条例》第十二条第一款的规定，建设项目环境影响报告书、环境影响报告表经批准后，建设项目的性质、规模、地点、采用的生产工艺或者防治污染、防止生态破坏的措施发生重大变动的，建设单位应当重新报批建设项目环境影响报告书、环境影响报告表。重新报批后，亦有验收的相关程序要求。本案中，某船舶科技公司使用溶剂型油漆进行生产，该变化情况符合项目生产工艺变化导致污染物增加的情形，属于重大变动。但某船舶科技公司并未重新报环保审批，相应的环境保护设施也未经验收合格就将建设项目投入生产，违反了《建设项目环境保护管理条例》第十九条第一款的规定。某区生态环境局据此认定某船舶科技公司配套建设的环境保护设施未经验收，有充分事实根据和法律依据。某船舶科技公司上述意见缺乏依据，法院不予采纳。

通过以上分析可知，某区生态环境局根据《建设项目环境保护管理条例》第二十三条第一款的规定作出被诉处罚决定，认定事实清楚，适用法律正确。某区生态环境局根据经核实的投诉举报、排放污染物等情况，在法定幅度内进行裁量，作出罚款处罚，裁量适当。

某区政府经审查，及时作出被诉复议决定，认定事实清楚，适用法律正确，程序合法，并无不当。综上，某船舶科技公司的诉讼请求均缺乏事实证据及法律依据，法院不予支持。据此，判决驳回某船舶科技公司的诉讼请求。该公司不服，提起上诉。二审法院判决驳回上诉，维持原判。该案判决已经发生法律效力。

【评析】

生态环境保护既是"国之大者",也与每个人息息相关。《环境保护法》第五条明确规定了环境保护的基本法律原则,即保护优先、预防为主、综合治理、公众参与、损害担责。其中最为重要的为保护优先原则。保护优先原则是《环境保护法》的核心原则,其在《环境保护法》中的地位类似于诚信原则之于民法,罪刑法定之于刑法。保护优先确立了环境法律体系的核心价值理念,即生态环境价值的保护和促进。[1] 而行政处罚是环境规制的基础性手段,能够有效遏制各类违法行为。在实践中,有些企业的建设项目在建设过程中确实有相应的污染防治措施,但是生产中所采用的原材料、生产工艺或者污染防治措施发生了重大变化,超越了原批准的范围。对于该类违法问题如何选择适用法律予以规制,值得深入分析。

一、建设项目中防治污染的措施应当遵循与主体工程"三同时"制度

《环境保护法》第四十一条规定:"建设项目中防治污染的设施,应当与主体工程同时设计、同时施工、同时投产使用。防治污染的设施应该符合经批准的环境影响评价文件的要求,不得擅自拆除或者闲置。"这就是贯彻保护优先、预防为主原则的"三同时"制度。"预防原则从法律的程序上保障了生态环保价值的优先性,即不能以风险不确定性为由而不采取避免生态环境价值损害的行动或措施。"[2] "三同时"制度是我国在总结环境保护实践经验过程中创造出的一项控制新污染源的法律措施,即要求建设项目防治污染设施与主体工程同时设计、同时施工、同时投产使用。具体而言,"同时设计"是指建设项目的初步设计,应当按照环境保护设计规范的要求,编制环境保护篇章,并依据经批准的建设项目环境影响报告书或者环境影响报告表,在环境保护篇章中落实防治污染设施的投资概算。"同时施工"是在建设项目施工阶段,建设单位应当将防治污染设施的施工纳入项目的施工计划,保证其建设进度和资金落实。"同时投产使用"是指建设单位必须把防治污染设施与主体工程同时投产运转,不仅指正式投产使用,还包括建设项目试生产和试运行

---

[1] 参见徐以祥:《论我国环境法律的体系化》,载《现代法学》2019年第3期。
[2] 徐以祥:《论我国环境法律的体系化》,载《现代法学》2019年第3期。

过程中的同时投产使用。这一制度旨在将环境保护措施融入项目的全过程，从源头预防环境污染和生态破坏。

实践中的争议点在于，企业在建设项目中确实有相应的污染防治措施，但是实际生产中，所采用的原材料、生产工艺或者防治污染措施发生了变化，超越了原批准的范围，其配套的防治污染措施是否足以应对新的变化，成为判断其是否需要重新进行报批、验收的关键。我们认为，企业在贯彻环境保护"三同时"制度时，不仅要在建设项目启动时配备相应的环保设施，更要在企业实际生产过程中根据相应变化及时进行调整。对于可能导致重大环境影响的变化，企业需要重新履行环评审批手续，确保环保措施有效落实。这一要求体现了"预防为主"的原则，能够确保企业在生产过程中始终符合环保要求。

二、生产工艺或者防治污染、防止生态破坏的措施发生重大变动的判断

《建设项目环境保护管理条例》第十二条第一款规定："建设项目环境影响报告书、环境影响报告表经批准后，建设项目的性质、规模、地点、采用的生产工艺或者防治污染、防止生态破坏的措施发生重大变动的，建设单位应当重新报批建设项目环境影响报告书、环境影响报告表。"建设项目内容发生重大变动的情形包括：建设项目的性质、规模、地点、采用的生产工艺或防治污染、防止生态破坏的措施。只要其中的一项发生重大变动，建设单位就应当重新报批。何谓"重大变动"，具体而言，包括生产工艺的变更，如原材料、生产设备、工艺流程等发生变化，可能影响污染排放或生态破坏；环保措施的变更，如原定的污染防治设施、生态保护措施等发生重大调整，可能影响环保效果；项目规模或性质的变更，如项目规模扩大、产品种类变化等，可能导致环境影响超出原来的评估范围。

当有重大变动发生时，法律规定建设单位应当重新报批建设项目环境影响报告书、环境影响报告表。这样规定是考虑到，其中任何一项发生重大变动都可能会对环境和生态产生新的或更大的影响，例如，污染物排放的增加、生态破坏的加剧以及环境风险的加大。在这种情况下，如果不重新报批建设项目环境影响评价文件，很可能使环境影响评价制度的执行流于形式，难以起到防止环境污染和生态破坏的作用。这里的"重新报批"，应当理解为针对建设项目发生的重大变动，对原来的环境影响报告书（表）重新进行补充完

善后，再报环保部门审批。

本案中，根据某船舶科技公司在行政处罚程序中提交给某区生态环境局的环境影响报告表、告知承诺决定、竣工环境保护验收意见，某船舶科技公司通过的环境保护设施验收针对的是涂装工序中的水性底漆、水性面漆、固化剂等，并未提及溶剂型油漆，且不使用溶剂型油漆，只使用水性漆和UV漆，目的在于从源头控制污染物的排放。而某区生态环境局经调查认定其在车间内使用溶剂型油漆喷涂加工，使用过程中有废气产生，已经构成生产工艺的重大变化，属于应当重新报批建设项目环境影响报告书、环境影响报告表的情形。

三、生产工艺等构成重大变动而未再申报环评审批违法情形的认定

根据《建设项目环境保护管理条例》第十九条第一款、第二十三条第一款的规定，编制环境影响报告书、环境影响报告表的建设项目，其配套建设的环境保护设施经验收合格，方可投入生产或者使用；未经验收或者验收不合格的，不得投入生产或者使用。违反该条例规定，需要配套建设的环境保护设施未经验收，建设项目即投入生产或者使用，由县级以上环境保护行政主管部门责令限期改正，处20万元以上100万元以下的罚款。若企业在生产过程中，生产工艺或者防治污染、防止生态破坏的措施发生重大变动但没有重新进行环评报批，之前的环境保护措施已经通过验收，是否还构成配套建设的环境保护设施未经验收之违法情形呢？

在企业实际生产过程中，已经验收合格的环保设施仅适用于原来的工艺或防治污染、防止生态破坏的情况。如果其发生了重大变化，原有的环保设施可能无法有效处理新变化带来的污染物或生态影响。因此，企业应当重新报批建设项目环境影响报告书、环境影响报告表，进而对环境保护设施再进行验收。若未履行这一程序，即使原有环保设施已通过验收，也可能被视为未经验收的情形，因为新的环保要求未得到满足。因此，发生重大变动而未进行重新报批或者验收，则可由"需要配套建设的环境保护设施未经验收"的违法情形一并吸收，行政机关可据此作出相应处罚。

本案中，某船舶科技公司称其环境保护设施已经验收，不构成该种违法情形。但是其获得验收并不意味着可以一劳永逸，若生产工艺、防治污染、防止生态破坏的措施发生重大变动的，还是要重新进行报批、验收的。环保

部门因其未进行报批、验收而作出处罚的，法院应予支持。

【相关法律规范】

★《建设项目环境保护管理条例》

第十二条　建设项目环境影响报告书、环境影响报告表经批准后，建设项目的性质、规模、地点、采用的生产工艺或者防治污染、防止生态破坏的措施发生重大变动的，建设单位应当重新报批建设项目环境影响报告书、环境影响报告表。

建设项目环境影响报告书、环境影响报告表自批准之日起满5年，建设项目方开工建设的，其环境影响报告书、环境影响报告表应当报原审批部门重新审核。原审批部门应当自收到建设项目环境影响报告书、环境影响报告表之日起10日内，将审核意见书面通知建设单位；逾期未通知的，视为审核同意。

审核、审批建设项目环境影响报告书、环境影响报告表及备案环境影响登记表，不得收取任何费用。

第十九条　编制环境影响报告书、环境影响报告表的建设项目，其配套建设的环境保护设施经验收合格，方可投入生产或者使用；未经验收或者验收不合格的，不得投入生产或者使用。

前款规定的建设项目投入生产或者使用后，应当按照国务院环境保护行政主管部门的规定开展环境影响后评价。

第二十三条　违反本条例规定，需要配套建设的环境保护设施未建成、未经验收或者验收不合格，建设项目即投入生产或者使用，或者在环境保护设施验收中弄虚作假的，由县级以上环境保护行政主管部门责令限期改正，处20万元以上100万元以下的罚款；逾期不改正的，处100万元以上200万元以下的罚款；对直接负责的主管人员和其他责任人员，处5万元以上20万元以下的罚款；造成重大环境污染或者生态破坏的，责令停止生产或者使用，或者报经有批准权的人民政府批准，责令关闭。

违反本条例规定，建设单位未依法向社会公开环境保护设施验收报告的，由县级以上环境保护行政主管部门责令公开，处5万元以上20万元以下的罚款,并予以公告。

5. 行政机关针对检察建议仅回复整改方案而未消除生态环境损害后果的,属于"不依法履行职责"
——某区人民检察院诉某街道办事处行政公益诉讼案

【规则提要】

1. 行政机关生态环境监督管理职责的判断依据为法律、法规,参照规章,并参考其他规范性文件、"三定"方案、权责清单等。

2. 行政机关收到检察建议后,未预先告知检察机关履行不能,仅针对检察建议回复整改方案的,可认定其存在履行生态环境监督管理职责的可能性。

3. 行政机关按照检察建议开展整治处理,环境损害后果消除,生态恢复,国家利益或社会公共利益得到维护的,可认定其全面履行法定职责。

【基本案情】

某街道办事处所辖区域内某地块,建设用地主体为某置业股份有限公司。2022年8月16日,某区人民检察院(以下简称某检察院)现场调查发现,该地块现为停车场,场地围墙处散落、堆放有大量涂料桶、硅胶桶、灭火器钢瓶、石膏板、旧毯子、塑料、橡胶等生活垃圾和建筑垃圾,总堆放面积约1659平方米。现场无防扬散、防流失、防渗漏或者其他防治环境污染的措施,部分垃圾堆杂草丛生,散发异味。上述行为违反了《固体废物污染环境防治法》第二十条第一款、第四十九条第二款,《上海市市容环境卫生管理条例》(2018年12月20日修正,下同)第四十四条第五款和《城市建筑垃圾管理规定》第十五条的规定。涉案地块邻近居民小区,违法堆放垃圾的情况长期存在,破坏市容环境卫生,影响周边居民生活,社会公共利益受到侵害。根据《上海市市容环境卫生管理条例》第四条第三款的规定,街道办事处负责所辖区域内的市容环境卫生管理工作,对本区域范围内的市容环境卫生工作进行协调、监督和检查,督促单位和个人履行维护市容环境卫生义务。根据《上海市城市管理综合行政执法条例》第四条第三款和《上海市街道办事处乡镇人民政府首批行政执法事项目录清单》(沪府规〔2021〕10号)第78项、第166项、第182项的规定,街道办事处负责本辖区内城市管理综合行政执法工作,在本辖区内行使上述目录清单中城管领域的行政执法权。据此,某街道办事处对所辖区域内的市容环境卫生负有监管职责,应督促单位和个人履行维护市容环境卫生义务,对违法堆放生活垃圾和建筑垃圾等破坏市容环境卫生和生态环境的行为具有行政处罚权。

为督促某街道办事处依法履行职责,2022年8月17日,某检察院向其制发检察建议书,建议其切实履行生态环境监管职责,采取有效措施,清除上述地块内各类垃圾和废弃物,恢复该区域生态环境。

2022年10月27日,某检察院收到某街道办事处的书面回复。其内容为:某街道办事处于9月7日组织综合执法队队员赶赴现场进行调查发现,该停车场内确有随意混合堆放垃圾的情况,与检察建议书认定的事实一致。经查,该处为某村待拆迁土地,其间该村村民委员会将该场地租借给他人使用,综合执法队现场对该停车场经营者履行教育劝阻职责,督促其整改。停车场经营者配合执法,清理堆放的垃圾,当日全部完成整改。随后,城管执法队每两日一次对该停车场进行例行巡查,均未再发现该停车场有随意混合堆放垃圾的情况,整治效果明显。下一步综合执法队将继续不定期对该停车场进行复查,确保违规现象不回潮、不反弹。

2022年11月1日、7日,某检察院两次至现场对某街道办事处履行职责情况进行跟进调查,发现涉案地块东侧围墙处垃圾部分清理,但仍堆放有铁丝网、砖瓦碎石等垃圾。涉案地块南侧围墙、西侧围墙处还堆放有大量石膏板、旧毯子、塑料、橡胶等垃圾。现场依然无防扬散、防流失、防渗漏或者其他防治环境污染的措施。某街道办事处未依法全面履行职责,社会公共利益受到侵害的情况仍然持续存在。某检察院认为,涉案地块违法堆放垃圾的情况长期存在，破坏市容环境卫生，某街道办事处未依法履行市容环境卫生和环境保护监管职责，社会公共利益受到侵害。某检察院发现后，依法向某街道办事处制发诉前检察建议，督促其履行监管职责，某街道办事处书面回复称全部整改完毕，但某检察院跟进调查发现，涉案地块仅部分整改，违法堆放垃圾的情况仍然存在。某街道办事处虽按期回复但仅采取部分整改措施，故认定某街道办事处仍然未依法履行职责，社会公共利益持续处于受侵害状态。故提起本案诉讼，请求判令某街道办事处履行生态环境监管职责，采取有效措施，清除涉案地块内各类垃圾和废弃物，恢复该区域生态环境。

审理过程中，某街道办事处积极履行法定职责，清除涉案地块内各类垃圾和废弃物。2022年12月5日，法院会同公益诉讼起诉人、被告一同至涉案地块查看，发现该地块市容及生态环境已基本恢复。某检察院遂以某街道办事处已依法履行职责，其诉讼请求已全部实现为由撤回起诉。

【裁判】

法院生效裁判认为：被告某街道办事处在本案诉讼过程中已经基本完成公益诉讼起诉人某检察院对涉案地块履行生态环境监管职责的建议，采取了有效措施，清除了涉案地块内各类垃圾和废弃物，基本恢复了该地块市容及生态环境。在被告整治该地块环境后，公益诉讼起诉人确认被告已完成其履职建议及诉请。法院亦会同公益诉讼起诉人及被告共同至现场进行查看，确认整改情况属实，公益已经得到有效维护。公益诉讼起诉人申请撤回起诉，符合法律规定，法院予以准许。据此，依照《最高人民法院、最高人民检察院关于检察公益诉讼案件适用法律若干问题的解释》第二十四条之规定，裁定准许公益诉讼起诉人某检察院撤回起诉。

【评析】

环境行政公益诉讼即生态环境和资源保护领域的行政公益诉讼，是生态环境保护法治体系的重要一环，目的在于监督负有该领域法定职责的行政机关依法履行职责，防止和减少环境违法行为的发生，实现对生态环境领域国家利益和社会公共利益的维护。根据《行政诉讼法》第二十五条第四款的规定，人民检察院在履行职责中发现生态环境和资源保护等领域负有监督管理职责的行政机关违法行使职权或者不作为，致使国家利益或者社会公共利益受到侵害的，应当向行政机关提出检察建议，督促其依法履行职责。行政机关不依法履行职责的，人民检察院依法向人民法院提起诉讼。"不依法履行职责"是行政公益诉讼起诉的前提条件，亦是人民法院审理不履行法定职责行政公益诉讼案件的审查核心。在实践中，由于生态环境资源保护相关法律法规较为复杂，且专业性较强，职责划分可能存在不明晰之处，对"不依法履行职责"的判断存在一定困难。本案系上海市首例环境行政公益诉讼案件，对"不依法履行职责"提供了明确的审查思路，主要围绕"是否存在生态环境监督管理职责""生态环境监督管理职责是否存在履行可能"以及"是否全面正确履行生态环境监督管理职责"三个要素进行判断。

一、是否存在生态环境监督管理职责

一般认为，环境法律、法规构成了判断行政机关是否具有生态环境监督管理职责的主要依据，规章提供参照，其他规范性文件、"三定"方案、权责清单等构成参考。本案中，被告生态环境监督管理职责依据较为明晰，根据《上海市市容环境卫生管理条例》第四条第三款、《上海市城市管理综合行政执法条例》第四条第三款和《上海市街道办事处乡镇人民政府首批行政执法事项目录清单》第78项、第166项、第182项的规定，某街道办事处对所辖区域内的市容环境卫生负有监管职责，但在实践复杂情形下，生态环境监督管理职责存在交叉、重叠的情况。

（一）"违法行使职权"与"不作为"竞合

《行政诉讼法》第二十五条第四款明确规定对于行政机关的违法行为存在"违法行使职权"与"不作为"两类。在语义上，上述两类行为之间为一种选择关系，但实践中却存在竞合情形，此种情况下，宜由"违法行使职权"的行政机关履行监督管理职责。主要原因在于"违法行使职权"是造成环境公共利益受损的直接原因，督促"违法行使职权"的特定行政机关履行监督管理职责是救济环境公共利益有效、可行的方式，也契合了《环境保护法》"损害者担责"原则，能够保障受损利益得到及时救济。①

（二）统一监管和分部门监管交叉

在统一监管和专业监管出现职责交叉时，一般倾向尊重行政权的首次判断权。但当地方政府未就行政监管之间相互交叉的监管职责作出明确分工时，需立足现行法律制度规定，紧紧围绕能否有效完成生态环境治理任务，结合具体行政机关的监管资源、能力、知识及地方实际状况等作出综合判断。

二、生态环境监督管理职责是否存在履行可能

确定行政机关具有生态环境监督管理职责后，继而判断其是否具有履行生态环境监督管理职责的可能性，即审查行政机关不履行法定职责的阻却事由是否成立。本案中，涉案地块在被告辖区内，且检察建议内容较为具体，具有可操作性，生态环境监督管理职责存在履行之可能。在实践中，由于环境领域专业性强，加之诸多自然条件的客观限制，部分情况下是否存在履行可能的判断较为困难。②可从以下两方面进行审查。

（一）生态环境监督管理权限能力的审查

对于不具有责令停产整顿等行政权力的具体环境行政机关，因上述权力的正常行使有赖于其日常生态环境监管职责、请示汇报等作为义务的履行，故不能以其不具有相关权力作为不履行生态环境监督管理职责的阻却事由。另外，根据《环境保护行政执法与刑事司法衔接工作办法》规定，行政机关依法移送生态环境相关犯罪线索后，未作出行政处罚决定的，原则上应当在公安机关决定不予立案或者撤销案件，人民检察院作出不起诉决定，人民法院作出无罪判决或者免予刑事处罚后，再决定是否予以行政处罚。

（二）专业、时限等客观因素的审查

对于专业事务，应履行预先告知义务。因生态环境领域专业性较强，若具体环境行政机关经专业判断，存在生态环境监督管理职责履行之不能，应及时告知检察机关。若未能履行专业事务上的预先告知义务，仅针对检察建议回复整改方案，则应判定其存在履行生态环境监督管理职责的可能性。

对于时限事项，主要指在检察建议中载明的整改时限、行政机关依据检

---

① 参见王清军：《环境行政公益诉讼中行政不作为的审查基准》，载《清华法学》2020年第2期。

② 刘超：《环境行政公益诉讼诉前程序省思》，载《法学》2018年第1期。

察建议进行整改过程中涉及的行政处罚、行政诉讼等期限规定。只有超出行政机关职权行使的时限规定，才能对其生态环境监督管理职责履行的可能性进行判断。另外，对于本应由行政相对人履行的义务，行政机关以其代履行的客观不能作为其不存在履职可能的客观理由进行抗辩的，一般不予认可，应判定行政机关存在履行生态环境监督管理职责的可能性。

本案中，某街道办事处在收到检察建议后，未向检察机关告知存在生态环境监督管理职责履行不能的情况，针对检察建议亦回复已整改完成，且未涉及行政处罚及行政诉讼等，应判定某街道办事处存在履行生态环境监督管理职责的可能性。

三、是否全面正确履行生态环境监督管理职责

"是否全面正确履行生态环境监督管理职责"直接关系环境公共利益是否得到保护及行政机关行为合法与否，系环境行政公益诉讼审查判断的重点。对行政机关是否全面正确履行生态环境监督管理职责的判断基准主要包括三种，即行为基准、结果基准及复合基准。

（一）行为基准

行为基准是指将行政机关生态环境监督管理职责的全面履行视为一系列连续性、动态性的生态环境监管行为或措施，行为过程中任何一个环节或阶段出现不作为或拖延情形就构成了"未全面履行作为义务"。行为基准强调"穷尽说"，认为只要行政机关存在采用多种行政行为的可能性，行政机关就必须穷尽上述所有可能性，否则，即判定行政机关未完全履行生态环境监督管理职责。

（二）结果基准

结果基准是指将行政机关履行生态环境监督管理职责的结果，包括违法行为是否停止、生态环境是否恢复等与环境公共利益相关联的效果作为判断其是否全面履行作为义务的基准。结果基准强调"实质说"，即审判判断行政机关的最终结果是否实质性地维护了环境公共利益。行政机关即便穷尽了所有行政行为，如果未能带来环境公共利益实质性好转，即判断行政机关未完全履行作为义务。

（三）复合基准

复合基准是指既对行政机关的行政行为进行全过程审查，也对行为结果

审查，进而判断行政机关是否全面正确履行生态环境监督管理职责，是行为基准和结果基准的结合。

环境行政公益诉讼采取的是复合基准，即既要对行政行为进行审查，也要对行政不作为是否被纠正、环境损害的后果是否消除、生态是否恢复进行结果审查，进而判断行政机关是否全面正确履职，不仅包括行政机关对违法行为的行政处罚职责，也包括行政机关为避免生态环境和资源有关公益损害持续或扩大，依据法律、法规、规章等规定，运用公共权力、使用公共资金等对受损的生态环境进行恢复等综合性治理职责，切实贯彻保护优先、预防为主的原则。本案中，某街道办事处虽采取一定措施对检察建议指出问题进行整改，并书面回复已整改完成，但检察机关跟进调查发现，涉案地块仅部分整改，违法堆放垃圾的情况仍然存在，社会公共利益持续处于受侵害状态，故认定某街道办事处未全面正确履行生态环境监督管理职责。

【相关法律规范】

★《中华人民共和国行政诉讼法》

第二十五条　行政行为的相对人以及其他与行政行为有利害关系的公民、法人或者其他组织，有权提起诉讼。

有权提起诉讼的公民死亡，其近亲属可以提起诉讼。

有权提起诉讼的法人或者其他组织终止，承受其权利的法人或者其他组织可以提起诉讼。

人民检察院在履行职责中发现生态环境和资源保护、食品药品安全、国有财产保护、国有土地使用权出让等领域负有监督管理职责的行政机关违法行使职权或者不作为，致使国家利益或者社会公共利益受到侵害的，应当向行政机关提出检察建议，督促其依法履行职责。行政机关不依法履行职责的，人民检察院依法向人民法院提起诉讼。

★《最高人民法院、最高人民检察院关于检察公益诉讼案件适用法律若干问题的解释》

第二十一条　人民检察院在履行职责中发现生态环境和资源保护、食品药品安全、国有财产保护、国有土地使用权出让等领域负有监督管理职责的行政机关违法行使职权或者不作为，致使国家利益或者社会公共利益受到侵害的，应当向行政机关提出检察建议，督促其依法履行职责。

行政机关应当在收到检察建议书之日起两个月内依法履行职责，并书面回复人民检察院。出现国家利益或者社会公共利益损害继续扩大等紧急情形的，行政机关应当在十五日内书面回复。

行政机关不依法履行职责的，人民检察院依法向人民法院提起诉讼。

6. 固体废物处理流程多环节主体共同造成环境污染的，源头控制环节侵权人应承担主要责任
——某镇城市运行管理中心诉陈某东等环境污染责任纠纷案

【规则提要】

污染环境的共同侵权人承担生态环境损害赔偿责任后，提起诉讼向其他连带责任人追偿的，人民法院应当综合考量各连带责任人在造成环境污染中的过错程度和原因力大小等因素，确定其应当承担的责任份额。处于源头控制环节的侵权人明知或应当知道受托方不具备处置主体资格或技术能力，仍将固体废物交由其进行非法处置的，应当承担主要责任。

【基本案情】

2014年11月3日，陈某东明知自己没有运输处置生活垃圾的资质，却借用某垃圾清运服务有限公司（以下简称某垃圾清运公司）的名义，与某镇城市运行管理中心（以下简称某镇城市运管中心）签订了整治生活垃圾协议书，约定由某垃圾清运公司于2014年4月15日至2015年12月3日负责清运和处置上海市某镇的生活垃圾。陈某东承接到上述生活垃圾处置业务后，在明

知倪某山没有运输处置生活垃圾资质的情况下，仍将上海市某镇生活垃圾交由倪某山进行处置。2014年8月，倪某山在明知朱某成、王某西均无处置生活垃圾资质的情况下，将生活垃圾转交朱某成、王某西处置。其间，朱某成及王某西联系马某军、黄某武寻找垃圾填埋场所。同年11月18日，马某军通过靳某德介绍，与浦某东签订了一份内部施工责任合同，由马某军等人支付给浦某东垃圾处置费，将生活垃圾填埋在由浦某东提供的靠近长江支流湖泊的一处地点（以下简称案涉倾倒填埋区域），共实际倾倒生活垃圾6669吨。经王某西安排，吴某生用船舶运输其中200余吨生活垃圾至案涉倾倒填埋区域。2014年11月至12月，黄某军在案涉倾倒填埋区域负责生活垃圾进场开票及为挖机加油等工作。另外，有其他地区生活垃圾630吨，被他人运至案涉倾倒填埋区域填埋。

事发后，案涉倾倒填埋区域当地生态环境部门委托第三方检测机构对倾倒的生活垃圾进行检测，发现固体废弃物及其渗滤液确已造成环境污染。为防止污染扩大，2015年3月至10月，当地行政机关对倾倒的生活垃圾进行了应急处置，并由生态环境评估机构出具了应急处置方案及应急处置阶段损失费用评估报告。经现场处置，该区域实际处置污染物2.5万余吨，产生污染物应急处置费640余万元、应急处置方案编制费12万元、检测费1.4万元，共计656余万元。

2018年5月28日，某镇城市运管中心、陈某东、倪某山等因环境污染责任纠纷被案涉倾倒填埋区域街道办事处诉至江苏省某市某区人民法院。2019年11月5日，该区人民法院按照案涉倾倒填埋区域内上海市某镇与其他来源生活垃圾填埋比例，判决由某镇城市运管中心支付污染物应急处置费、应急处置方案编制费共计约600万元，陈某东、倪某山承担连带责任，扣除陈某东、倪某山于案发后各主动退赔的垃圾清理费30万元，仍需支付近540万元，并确定某镇城市运管中心、陈某东、倪某山负担诉讼费用5万余元。

2019年7月2日，某环保联合会向江苏省某市中级人民法院提起环境民事公益诉讼，请求判令某镇城市运管中心、陈某东、倪某山等承担生态环境修复费用、律师费等。后因原告请求被告承担生态环境修复等诉讼请求已全部实现，某市中级人民法院于2020年5月28日作出民事裁定，准许某环保联合会撤回起诉，并认定：根据2014年上海市某镇及其他地区在案涉倾倒填埋区域倾倒生活垃圾的事实，经第三方鉴定评估机构鉴定，为修复案涉倾倒填埋区域生态环境所支出的费用合计270余万元，包括：制定环境修复方案技术服务费和检测费60余万元、生态环境修复费200余万元、律师费10万元、诉讼费1.4万余元。按照上海市某镇的生活垃圾与其他来源生活垃圾的比例，某镇城市运管中心自愿交纳约250万元。

另查明，因上述污染行为，某市某区人民法院认定被告人陈某东等九人犯污染环境罪，分别判处各被告人有期徒刑三年三个月至有期徒刑九个月缓刑一年不等，并处罚金。

某镇城市运管中心于2020年5月22日向某市某区人民法院支付应急处置费、应急处置方案编制费、诉讼费，合计540余万元；同日向某市中级人民法院支付修复生态环境相关费用约250万元。某镇城市运管中心承担赔偿义务后，认为陈某东等九人未经其同意，擅自倾倒填埋生活垃圾造成了环境污染，其有权进行追偿，陈某东等九人应根据在刑事案件中承担责任大小，承担按份赔偿责任，遂向上海铁路运输法院提起诉讼，请求陈某东等九人按比例分担赔偿金。

【裁判】

法院生效裁判认为：二人以上共同实施侵权行为，造成他人损害的，应当承担连带责任。连带责任人根据各自责任大小确定相应的赔偿数额；支付超出自己赔偿数额的连带责任人，有权向其他连带责任人追偿。根据审理查明的事实，某镇城市运管中心与陈某东等九人因非法处置上海市某镇生活垃圾造成环境污染，构成了共同侵权，应承担连带赔偿责任。上海市某镇生活垃圾填埋所产生的应急处置费、应急处置方案编制费、相关诉讼费用等，合计600余万元，应由侵权责任人共同承担。某镇城市运管中心已支付540余万元，陈某东、倪某山已各支付30万元。某镇城市运管中心所支付的修复生态环境相关费用约250万元，支付费用的比例与案涉倾倒填埋区域中上海市某镇生活垃圾的填埋比例相当，该费用亦应由侵权责任人共同承担。

各侵权人之间应按其在整个侵权活动中所起作用、获利情况来承担相应的责任份额。其中，某镇城市运管中心在处理社区生活垃圾时，未依照国家和上海市生活垃圾收运、处置相关法律规范选取有相关资质的机构（企业），导致生活垃圾进入非正规处理渠道。故某镇城市运管中心处于源头环节，未起到源头控制的关键作用，应承担主要责任，法院判决其承担案涉应急处置费、应急处置方案编制费及相关诉讼费用、环境损失等70%的赔偿责任。陈某东、倪某山、朱某成、王某西、马某军、浦某东、吴某生在未获得相关资质的情况下，通过参与案涉生活垃圾的收运、处置牟取利益，按其非法获利情况承担相应赔偿责任。靳某德、黄某军在案涉环境污染发生过程中仅提供协助，未因此非法获利，根据其在参与的生活垃圾处理环节中所起的作用，适当承担赔偿责任。综上，陈某东、倪某山、朱某成、王某西、马某军、靳某德、浦某东、黄某军、吴某生根据其责任大小，确定相应责任份额。

综上，由某镇城市运管中心承担本案环境污染的主要责任，即承担案涉应急处置费、应急处置方案编制费及相关诉讼费用、环境损失等赔偿责任约600万元；被告陈某东等九人根据责任大小按份共计承担案涉应急处置费、应急处置方案编制费及相关诉讼费用、环境损失等赔偿责任250余万元，其中陈某东、倪某山于案发后各主动退赔的垃圾清理费30万元予以扣除。宣判后，各方当事人均未提起上诉，该案判决已经发生法律效力。

【评析】

涉案污染事件发生在长江流域周边地区。深入学习贯彻习近平生态文明思想，切实践行长江流域"共抓大保护、不搞大开发"要求，需要树立系统保护观念，坚持环境污染源头控制，避免、减少污染的跨域影响。故在审理长江流域生态环境侵权案件时，应进一步延伸和拓展环境污染源头控制理念的内涵，将其融入多主体共同侵权案件的内部责任认定之中。对于控制污染物释出、预防污染形成的源头关键节点相关主体，应要求其严格依法履行审查核实义务，从而实现对流域生态保护性、预防性治理，进一步降低生态环境治理成本。

一、源头控制对于长江流域生态环境保护的重大意义

长江是中华民族的母亲河，也是中华民族发展的重要支撑。推动长江经济带发展是以习近平同志为核心的党中央作出的重大决策，是关系国家发展

全局的重大战略。长江经济带人口密度高，沿江经济重镇多，而伴随着人类活动和开发，长江流域生态环境相对脆弱。长江流域生态环境保护关系着推动长江经济带发展的国家战略，深刻影响着国家经济社会发展和人民安居乐业。

深入推进长江保护修复，既是攻坚战，也是持久战。长江流域生态环境是系统性的整体。长江流域生态破坏、环境污染极易形成跨域性影响。在实践中，部分单位、个人因一时需求与眼前利益，忽视生态环境保护长远利益与长江经济带发展全局，违反生态环境保护法律法规，怠于履行生态环境保护职责、义务，扩大了长江流域遭受生态破坏、环境污染的风险。因此，综合治理、系统治理、源头治理是推进长江大保护的重要手段。生态环境部、发展改革委、最高人民法院、最高人民检察院等17个部门和单位共同印发的《深入打好长江保护修复攻坚战行动方案》中将"坚持综合治理、系统治理、源头治理"作为工作原则之一，明确提出从源头上系统开展生态环境修复和保护。从源头上管控污染问题，既治标，更治本，标本兼治推动长江保护，从根源入手减少污染侵入长江流域生态环境。将源头控制理念融入多主体共同侵权案件的内部责任认定中，审查侵权行为链条内各个环节，确定各主体责任范围具有系统性、预防性、长效性保护长江流域生态环境的现实意义。

二、处于源头控制环节的主体未尽污染防控义务的，应负主要责任

首先，当前对于生态环境共同侵权人之间责任大小的规定较为原则，需要在实践中探索和丰富认定规则。共同侵权人各自责任范围，根据其责任大小确定。《民法典》第一千二百三十一条规定："两个以上侵权人污染环境、破坏生态的，承担责任的大小，根据污染物的种类、浓度、排放量，破坏生态的方式、范围、程度，以及行为对损害后果所起的作用等因素确定。"《最高人民法院关于审理生态环境侵权责任纠纷案件适用法律若干问题的解释》第二十五条规定："两个以上侵权人污染环境、破坏生态造成他人损害，人民法院应当根据行为有无许可，污染物的种类、浓度、排放量、危害性，破坏生态的方式、范围、程度，以及行为对损害后果所起的作用等因素确定各侵权人的责任份额。两个以上侵权人污染环境、破坏生态承担连带责任，实际承担责任的侵权人向其他侵权人追偿的，依照前款规定处理。"然而，法律和司法解释规定相对较为原则，过错大小及相关因素参与度的判断标准不够具体明晰。在生态环境侵权领域，尤其涉及重点生态环境保护领域的，需要根据案件类型特点，探索更为契合的具体认定规则。

其次，处于源头控制环节的主体在委托他人处置固体废物时，负有对受托方主体资格和技术能力的法定审查核实义务。一是源头控制环节主体掌控固体废物。如何处置，采取什么样的污染防治措施，取决于固体废物的具体情况。掌控固体废物，则具备了掌握固体废物的具体情况，判断污染可能、选择防治措施的客观条件。在处置固体废物时，需根据固体废物的种类、特性、数量等情况，采取相应的污染防治措施，避免或者尽量减少固体废物对环境造成影响。二是源头控制环节主体能够决定固体废物后续处置。根据固体废物种类、特性、数量等情况，源头控制环节主体可自行或委托他人依法处置。根据《固体废物污染环境防治法》（2013年6月29日修正）第十七条的规定，收集、贮存、运输、利用、处置固体废物的单位和个人必须采取防扬散、防流失、防渗漏等防止造成环境污染的措施，并不得擅自倾倒、堆放、丢弃、遗撒固体废物。有关法律法规对固体废物收集、贮存、运输单位的性质、资金、设备、场地、技术、相关证照等作了具体规定，对固体废物处理单位的资金、规划许可、规章制度、专业人员和设备、废物处理方案、环保应急方案等提出了更高的要求。源头控制环节主体选择委托他人共同参与固体废物处置的，其可以通过选任、委托具备固体废物"收、贮、运、处"相应资格和技术能力的单位参与处理的方式，来尽力避免、减轻对环境的影响。基于后续处置的决定权，其对污染风险具有把控力。三是源头失控的危害性大。固体废物污染环境具有侵占耕地、污染土壤、水体、大气、破坏生态、影响环境卫生等多方面的危害性。在我国生态环境相对脆弱、生态体系较为复杂的江河流域，如长江流域，一旦污染形成，危害很难根除。做好源头控制，通过依法选择合适的处置程序、选任有资质的单位，可以预防、减少固体废物污染。如果源头失控，固体废物则大概率会流入非正规处理渠道。非正规处理渠道的参与主体或因缺乏资金、技术、设备、规章制度等，无法依法妥善完成固体废物的收集、贮存、运输、处理等工作，法律制度规定的处置流程和污染防治措施可能环环失守、层层失效，增大生态环境遭受破坏的可能。因此，处于源头控制环节的主体在选任、委托后续的固体废物处置主体时，未尽到审查核实义务导致污染环境的，应当承担相应法律责任。

最后，处于源头控制环节的主体未尽审查核实义务的，应承担主要责任。在非法处置固体废物相关案件中，处于源头控制环节的主体往往忽视、回避其负有的审查核实义务，而以其未实施固体废物具体处理行为、其他环节主体欺骗或隐瞒实际处理情况为由，提出在内部责任划分中，其不担责或少担责。对此，以长江流域生态环境"综合治理、系统治理、源头治理"为出发点，对处于固体废物处置源头控制环节的主体责任大小的认定，应将其是否进行污染风险源头把控、尽到相应审查核实义务因素纳入考量。若其未尽审查核实义务，将固体废物委托给不具备主体资格或技术能力的受托方处置，导致长江流域生态环境受到污染或者破坏的，应当承担主要的生态环境损害侵权责任。源头控制环节的主体主张受托方承担全部或主要侵权责任的，人民法院不予支持。

三、其他环节的侵权主体按其在非法处置链条中的地位和作用承担相应责任

固体废物从产生到最终处置可能涉及产生、收集、贮存、运输、利用、处理等多个环节，按照污染者负担原则，每个环节的参与主体都应当依法对其造成的环境污染承担相应责任。在实践中，可能造成固体废物污染环境的单位和个人有很多，每个环节都有污染环境的可能。我国法律法规已对参与固体废物"收、贮、运、处"的主体的资格和技术能力作出了相应规定，包括主体性质、资金、设备、场地、技术、证照、规划、规章制度、专业人员、废物处理方案和环保应急方案等诸多方面。参与到固体废物处置的主体都应当遵守法律法规的相关规定，具备与其处置环节相对应的资格和能力。对于因非法参与而构成共同侵权的其他环节主体，应根据其在行为链条中所处阶段、对生态环境污染或破坏风险认知水平、参与侵权活动环节及程度、非法获利情况等因素，依法确定各个参与主体承担侵权责任的比例。

【相关法律规范】

★《中华人民共和国长江保护法》

第九十三条　因污染长江流域环境、破坏长江流域生态造成他人损害的，侵权人应当承担侵权责任。

违反国家规定造成长江流域生态环境损害的,国家规定的机关或者法律规定的组织有权请求侵权人承担修复责任、赔偿损失和有关费用。

★《中华人民共和国民法典》

第一百七十八条 二人以上依法承担连带责任的,权利人有权请求部分或者全部连带责任人承担责任。

连带责任人的责任份额根据各自责任大小确定;难以确定责任大小的,平均承担责任。实际承担责任超过自己责任份额的连带责任人,有权向其他连带责任人追偿。

连带责任,由法律规定或者当事人约定。

第一千一百六十八条 二人以上共同实施侵权行为,造成他人损害的,应当承担连带责任。

第一千二百二十九条 因污染环境、破坏生态造成他人损害的,侵权人应当承担侵权责任。

★《最高人民法院关于审理生态环境侵权责任纠纷案件适用法律若干问题的解释》

第十四条 存在下列情形之一的,排污单位与第三方治理机构应当根据民法典第一千一百六十八条的规定承担连带责任:

(一)第三方治理机构按照排污单位的指示,违反污染防治相关规定排放污染物的;

(二)排污单位将明显存在缺陷的环保设施交由第三方治理机构运营,第三方治理机构利用该设施违反污染防治相关规定排放污染物的;

(三)排污单位以明显不合理的价格将污染物交由第三方治理机构处置,第三方治理机构违反污染防治相关规定排放污染物的;

(四)其他应当承担连带责任的情形。

第二十五条 两个以上侵权人污染环境、破坏生态造成他人损害,人民法院应当根据行为有无许可,污染物的种类、浓度、排放量、危害性,破坏生态的方式、范围、程度,以及行为对损害后果所起的作用等因素确定各侵权人的责任份额。

两个以上侵权人污染环境、破坏生态承担连带责任,实际承担责任的侵权人向其他侵权人追偿的,依照前款规定处理。

第二章 服务发展方式绿色低碳转型

7. 污染环境罪中的"其他有害物质"应综合来源追溯、形成过程及专业鉴定意见等予以认定
——某环保公司、崔某祥、钱某琴等污染环境案

【规则提要】

绝大多数污染环境刑事案件中,危险废物成分或者主要特定物质已列入《国家危险废物名录》,可以直接认定为危险废物。对于未列入《国家危险废物名录》的污染物不能简单地否认其为有害物质,要根据涉案物质的来源、产生过程、专业机构的鉴定和检测报告、被告人的供述、证人证言等证据,综合认定是否属于《刑法》规定的"其他有害物质"。

【基本案情】

被告单位某环保公司于1999年取得上海市危险废物经营许可证,核准收集、贮存、焚烧处置危险废物,每年核准经营规模。
2006年至2009年,因某环保公司危废处置能力难以满足客户快速增长的危废处置需求,时任公司总经理的被告人崔某祥与时任某镇环保办主任兼公司法定代表人的被告人钱某琴共同决定,委托何某兴(另案处理)在某区域

的坑内底部和侧面浇筑钢筋混凝土，后违反国家危废处置等相关规定安排员工将公司收集的危险废物等固体废物非法倾倒、填埋至上述坑内，并且在填埋物表面进行覆土，但未采用防渗膜。2020年10月19日，某环境科学研究院出具《环境污染状况调查说明》，结论为小坑内四个填埋物样本浸出毒性超出了GB5085.3-2007限值要求，主要超标污染物为甲苯、乙苯、二甲苯和苯酚；两个填埋物样本累计毒性超出了GB5085.6-2007的限值要求，检出的主要污染物为重金属、氟化物和石油溶剂。小坑内填埋层上覆素填土层及填埋层底部土层土壤样品所有检测指标均未超过GB36600-2018第二类用地风险筛选值；小坑周边非填埋区域四个土壤监测点所采集二十个土壤样品中有一个表层土壤样品存在超标情况，超标污染物为氯仿；小坑周边非填埋区域地下水所有检测指标均未超过GB/T 14848-2017Ⅳ类标准限值情况。该地块目前尚未开展修复，公私财产损失暂未确定。

2009年1月，基于上述同样原因，崔某祥与钱某琴共同决定，由崔某祥代表某环保公司向本市某区租赁废弃鱼塘。签约后，某环保公司同样委托何某兴用水泥加固基底及四壁，并于2009年下半年起倾倒、填埋危险废物等固体废物，过程中同样进行了覆土，但也未采用防渗膜。2014年1月，某环保公司与某村民委员会继续签订租地协议。2020年5月，某固体废物管理中心出具《危险废物鉴别意见》，结论为：开挖出固体废物中3#蓝色粉状废料、4#黄色污泥、5#黑色污泥三类废物属于危险废物。2020年9月，某标准技术服务有限公司出具《掩埋固废危险特性鉴别报告》，检测结果显示，有48个样本的浸出毒性检测结果超过限值，超标参数主要为甲苯、乙苯、二甲苯和苯酚，超标份样数大于标准中规定的下限值22，该地块主要填埋黑色污泥具备浸出毒性的危险特性。2020年10月，某环境科学研究院出具"废弃鱼塘"《环境损害鉴定评估》，其中环境损害确认结论：非法固体废物填埋行为对本地块周边土壤及水泥构筑层侧壁和底部下方表层土壤未造成环境损害，根据现有土壤检测结果，本案所填固体废物中的特征污染物对填埋体水泥构筑层下的土壤环境已造成一定影响。环境损害量化结论：2020年1月至8月，某环保公司委托具备相关资质的企业开展了现场填埋固体废物清理挖掘工作，被告单位及六名被告人的行为已造成公私财产损失若干元。现已支付各类费用共计若干元。

2009年9月，时任某镇环保办主任的被告人孙某接任某环保公司法定代表人，崔某祥改任公司顾问，钱某琴改任公司总经理，三人共同负责经营管理某环保公司。孙某从崔某祥、钱某琴二人处获知公司租赁废弃鱼塘用于倾倒、填埋危险废物等固体废物后，放任、默许该违法行为继续实施。2014年3月，崔某祥、钱某琴二人退休，并继续返聘一年。2014年4月，曾任公司办公室主任的被告人朱某接任公司法定代表人及总经理，与时任某镇环保办主任孙某共同经营管理公司，但仍以孙某管理为主，公司继续实施非法倾倒、填埋行为。2016年上半年，孙某因故不再参与某环保公司事务，由朱某直接管理公司，某环保公司非法倾倒、填埋持续至2016年末。

在被告单位实施非法倾倒、填埋行为期间，公司先后安排两任生产科长被告人朱某其、被告人刘某强具体负责运输、倾倒危险废物等固体废物，由班组长曹某华（另案处理）协助，将污染物交由多名公司驾驶员运输至涉案地块。

经某会计师事务所有限公司司法审计，2006年至2016年，某环保公司对外销售发票载明的危险废物处置量（对营业收入明细与会计凭证中的销项发票或销项发票上的开票明细、结算单据相匹配）均超过当年公司被核准经营收集、贮存、焚烧处置危险废物的吨数。

【裁判】

法院生效裁判认为：被告单位某环保公司及其直接负责的主管人员被告人崔某祥、钱某琴、孙某、朱某，其他直接责任人员被告人朱某其、刘某强违反国家规定，非法倾倒、填埋危险废物等固体废物，致使公私财产损失一百万元以上，后果特别严重，其行为均构成污染环境罪。公诉机关指控的事实和罪名成立，法院予以支持。在共同犯罪中，被告人崔某祥、钱某琴、孙某起主要作用，均系主犯，按照其所组织的全部犯罪处罚；被告人朱某、朱某其、刘某强起次要作用，均系从犯，应当减轻处罚。被告人崔某祥已满七十五周岁，依法可以减轻处罚。被告单位某环保公司、被告人崔某祥、钱某琴、孙某、朱某、朱某其、刘某强犯罪以后自动投案，如实供述自己的罪行，系自首，可以从轻处罚。各辩护人提出的对被告单位某环保公司、被告人钱某琴、孙某、朱某、刘某强从轻或减轻处罚的辩护意见，法院综合本案的犯罪事实、性质、情节和对于社会的危害程度酌情予以采纳。法院判决如下：被告单位某环保公司犯污染环境罪，判处罚金，被告人崔某祥、钱某琴、孙某、朱某、朱某其、刘某强犯污染环境罪，分别判处有期徒刑一年六个月至四年不等的刑罚，并处罚金，违法所得予以追缴；禁止被告人崔某祥、朱某、朱某其、刘某强在缓刑考验期限内从事与排污或者处置危险废物有关的经营活动。

宣判后，被告单位和被告人均未提出上诉，检察机关亦未提起抗诉，判决已经发生法律效力。

【评析】

我国《刑法》将污染环境罪规定在第三百三十八条①中，涉及的污染物列举为"排放、倾倒或者处置有放射性的废物、含传染病病原体的废物、有毒物质或者其他有害物质"，其中放射性的废物、含传染病病原体的废物和有毒物质其内涵是明确的，而"其他有害物质"则没有明确的规定。"其他有害物质"属于兜底性列举，其原因在于法律不可能将社会中复杂多变的行为样态一一明确，唯有通过兜底列举的方式才能够将这些情况穷尽，防止刑罚漏洞。2013年、2016年和2023年的相关司法解释均未对"其他有害物质"具体类型作出明确。

一、污染环境罪中"其他有害物质"规定的演变

《刑法修正案（八）》将《刑法》第三百三十八条重大污染环境事故罪修改为污染环境罪，扩大了污染物的范围，将原来规定的"其他危险废物"修

---

① 《刑法》第三百三十八条规定："违反国家规定，排放、倾倒或者处置有放射性的废物、含传染病病原体的废物、有毒物质或者其他有害物质，严重污染环境的，处三年以下有期徒刑或者拘役，并处或者单处罚金；情节严重的，处三年以上七年以下有期徒刑，并处罚金；有下列情形之一的，处七年以上有期徒刑，并处罚金：（一）在饮用水水源保护区、自然保护地核心保护区等依法确定的重点保护区域排放、倾倒、处置有放射性的废物、含传染病病原体的废物、有毒物质，情节特别严重的；（二）向国家确定的重要江河、湖泊水域排放、倾倒、处置有放射性的废物、含传染病病原体的废物、有毒物质，情节特别严重的；（三）致使大量永久基本农田基本功能丧失或者遭受永久性破坏的；（四）致使多人重伤、严重疾病，或者致人严重残疾、死亡的。有前款行为，同时构成其他犯罪的，依照处罚较重的规定定罪处罚。"

改为"其他有害物质"。正常情况下,鉴定机构会依据疑似污染物成分的鉴定结果对照《国家危险废物名录》,来确定具体的污染物名称和含量。但是在司法实践中,仍有大量未列入《国家危险废物名录》的污染物存在,常见的情况主要有:工业危险废物以外的其他工业固体废物;未经处理的生活垃圾;建筑垃圾中混有大量的生活垃圾等案件。因此,有必要对未纳入《国家危险废物名录》的污染物的性质作出认定。

对此,2019年《最高人民法院、最高人民检察院、公安部、司法部、生态环境部关于办理环境污染刑事案件有关问题座谈会纪要》(以下简称《纪要》)规定了如何处理非法排放、倾倒、处置"其他有害物质"案件的原则性规定,即应当坚持主客观相一致原则,从行为人的主观恶性、污染行为恶劣程度、有害物质危险性毒害性等方面进行综合分析判断,准确认定其行为的社会危害性。《纪要》对有害物质的认定提出了指导性意见,然而并未明确具体判断标准,在司法实践中,对"其他有害物质"的认定仍存在一些问题。在本案中,裁判文书认定的三处污染地块中"某试车场"地块检出重金属污染物系有毒物质;某镇"某北地块"4号区和14号区地块污泥中检出三类危险废物,均系《国家危险废物名录》中的污染物。但是"废弃鱼塘"地块的填埋物中检出的污染物既非重金属污染物,也非列入《国家危险废物名录》中的污染物,是否属于《刑法》第三百三十八条中规定的"其他有害物质"则需要人民法院对此作出判断。

二、"其他有害物质"的司法认定

按照《纪要》相关规定,对有害物质的规范认定应包括危险性毒害性的评价,对属于国家有毒有害污染物名录的有关物质,法院直接认定系"其他有害物质"。对未纳入相关名录的其他物质,根据专业技术知识、原辅材料、生产工艺可以认定的,法院可以依据涉案物质的来源、产生过程、被告人的供述、证人证言以及经批准或备案的环境影响评价文件等证据,综合作出是否属于有害物质的认定。涉案物质危害性特征仍不明,确需委托有关鉴定机构进行鉴定的,应由生态环境主管部门或者公安机关按照规定及时对相关区域的大气、土壤、水体开展检测鉴定工作,通过鉴定确定污染物的危害性。

本案中,"废弃鱼塘"地块填埋物虽然未列入《国家危险废物名录》,但是依据某标准技术服务有限公司出具的《某区"废弃鱼塘"填埋固废危险特性鉴别报告》确定该地块主要填埋黑色污泥具备浸出毒性的危险特性。结合该地块周边刺激性气味大、居民投诉不断以及涉案黑色污泥的来源、产生过程、被告人的供述、证人证言等证据，综合作出属于有害物质的认定。

【相关法律规范】

★《中华人民共和国刑法》

第三百三十八条　违反国家规定，排放、倾倒或者处置有放射性的废物、含传染病病原体的废物、有毒物质或者其他有害物质，严重污染环境的，处三年以下有期徒刑或者拘役，并处或者单处罚金；情节严重的，处三年以上七年以下有期徒刑，并处罚金；有下列情形之一的，处七年以上有期徒刑，并处罚金：

（一）在饮用水水源保护区、自然保护地核心保护区等依法确定的重点保护区域排放、倾倒、处置有放射性的废物、含传染病病原体的废物、有毒物质，情节特别严重的；

（二）向国家确定的重要江河、湖泊水域排放、倾倒、处置有放射性的废物、含传染病病原体的废物、有毒物质，情节特别严重的；

（三）致使大量永久基本农田基本功能丧失或者遭受永久性破坏的；

（四）致使多人重伤、严重疾病，或者致人严重残疾、死亡的。

有前款行为，同时构成其他犯罪的，依照处罚较重的规定定罪处罚。

8. 跨省转移固体废物利用的，应向移出地生态环境主管部门备案
——某废旧物资有限公司诉某区生态环境局行政处罚案

【规则提要】

行为主体私自将大量固体废物转移出省级行政区域利用，未向移出地生态环境主管部门备案，导致无法将固体废物转移情况通报接受地生态环境主管部门，造成固体废物脱离监管，增加环境污染风险，引发公众健康潜在危害。移出地生态环境主管部门对该未备案情形作出行政处罚的，人民法院应予支持。

【基本案情】

原告某废旧物资有限公司的总公司于2013年取得资格证书，主营范围为废旧物资回收（不含生产性废旧金属收购），获得再生资源回收经营资质；2018年核发的营业执照载明经营范围为废旧物资回收利用（不含生产性废旧金属收购），纸、纸制品、塑料制品、包装材料的销售。某废旧物资有限公司2021年8月取得的营业执照载明经营范围为纸制品销售，塑料制品销售，包装材料及制品销售。

2022年8月25日，被告某区生态环境局至上海市某处现场检查发现，原告主要从事废旧金属、纸板、木材、塑料等废旧物资回收，场地面积总计约1.4万平方米，内有两台泡沫塑料粉碎机和泡沫塑料压缩机、两台剪刀机、一台纸板打包机，其中剪刀机和纸板打包机正在使用，现场正在经营。2022年8月30日，被告对原告某废旧物资有限公司进行调查询问，原告称其主要对

从居民生活小区、沿街商铺等地方通过三轮车等方式回收来的废旧物资进行分拣，把较长的金属进行切割、压缩，最后将废旧物资打包、装运，每天收运废金属20吨左右、废木材80吨左右、废塑料2吨左右、废纸30吨左右，回收的物资包括废纸张、废塑料瓶、装修拆除的废金属、泡沫、旧衣服、废玻璃等；运至江苏、浙江、安徽、湖北等综合利用，都是原告安排平板卡车直接送至外地厂家，大多数有书面协议，部分是口头协议，综合利用没有办理跨省备案手续，认为不需要办理。

2022年9月6日，被告某区生态环境局予以立案。同月9日，被告向原告作出责令改正违法行为决定书。2022年9月23日，被告向原告发出行政处罚事先（听证）告知书。2022年10月18日，被告组织听证，原告法定代表人到场参加，表示对法律事实、法律适用、内容及违法行为持续时间无异议，但认为处罚金额过高，表示将尽快整改。后被告检查发现原告经营场地已经清空，现场未见废品回收活动。2022年12月5日，被告听证报批称，鉴于原告积极开展整改，已停业，完成了场地清空，建议在100万元处罚上限减轻10%即10万元。经被告法制部门负责人审核、集体讨论予以同意。2022年12月14日，被告作出被诉处罚决定，认定原告在上海某处从事废旧物资回收、分拣、加工、压缩、打包等活动，原告收集并经压缩、打包等处理后的废纸、废塑料、废金属、废木材、泡沫等固体废物，分别由原告联系车辆转移至江苏、浙江、安徽、湖北等地利用，未向被告某区生态环境局备案，上述行为违反了《固体废物污染环境防治法》第二十二条第二款的规定。鉴于原告积极开展整改，已停业完成场地清空，依据《行政处罚法》第三十二条第一项规定，决定予以从轻处罚，遂依据《固体废物污染环境防治法》第一百零二条第一款第六项、第二款的规定，决定对原告处以罚款。原告收悉后不服，提起行政诉讼，请求撤销前述行政处罚决定。

【裁判】

法院生效裁判认为：首先，关于执法主体和执法程序。根据《固体废物污染环境防治法》第九条第二款、《环境行政处罚办法》（已失效）第十四条之规定，被告具有作出被诉处罚决定的职权。经现场检查及调查询问、立案、责令改正、调取证据,进行处罚前事先(听证)告知、组织听证、法制审核、集体讨论,被告在法定期限内作出被诉处罚决定,程序合法。

其次,关于事实认定。根据《固体废物污染环境防治法》第一百二十四条第一项、第八项的规定,固体废物是指在生产、生活和其他活动中产生的丧失原有利用价值或者虽未丧失利用价值但被抛弃或者放弃的固态、半固态和置于容器中的气态的物品、物质以及法律、行政法规规定纳入固体废物管理的物品、物质。经无害化加工处理,并且符合强制性国家产品质量标准,不会危害公众健康和生态安全或者根据固体废物鉴别标准和鉴别程序认定为不属于固体废物的除外。利用,是指从固体废物中提取物质作为原材料或者燃料的活动。本案中,原告收集的废纸、废塑料、废金属、废木材、泡沫等物品,显属该法规定的固体废物,原告将上述物品收集并经压缩、打包等处理后,转移出上海市行政区域利用,未向生态环境主管部门备案,有现场检查笔录、询问笔录、视频、截屏、调取证据等予以证明,能够形成完整证据链,认定事实清楚,证据确实充分。

最后,关于法律适用和裁量标准。本案中,被告经调查发现原告存在将固体废物转移出上海市行政区域利用、未向生态环境主管部门备案的违法行为,认定该行为违反了《固体废物污染环境防治法》第二十二条第二款的规定,应当依法予以行政处罚。在对原告作出责令改正违法行为决定及举行听证后,原告进行了整改、停业、场地清空,被告综合考虑原告积极整改的情形,根据《行政处罚法》第三十二条第一项之规定予以从轻处罚,遂依据《固体废物污染环境防治法》第一百零二条第一款第六项、第二款的规定,决定对原告罚款,适用法律正确,裁量适当。

综上,法院认为,备案是为了更好地对固体废物进行全流程监管,避免脱离监管造成环境污染或者对公众健康的潜在损害,原告以不知晓备案规定为由提出抗辩,该意见缺乏依据,不予采纳。原告之诉请,缺乏事实根据和法律依据,遂判决驳回原告诉讼请求。原告不服,提起上诉,二审法院判决驳回上诉,维持原判。该案判决已经发生法律效力。

【评析】

本案系典型的因跨省市转移固体废物引发的行政处罚案件。跨省转移固体废物依法必须经过备案，以确保所有转移活动都在法律框架内进行。这不仅有助于强化对固体废物的监管，预防非法转移和不当处理，还能有效减轻环境污染风险和对公众健康的潜在危害。某废旧物资有限公司作为专门从事废旧物资回收利用业务的企业，理应严格按照法律规定贮存、处置固体废物，避免环境危害。但其在未备案的情况下私自将固体废物转运至外地处理，导致移出地生态环境主管部门无法将固体废物转移情况通报接受地的生态环境主管部门，大大增加了固体废物脱离监管的风险，危害生态环境和公众健康。原告的违法行为具有三个特征：一是废物种类多，有废纸、废塑料、废金属、废木材、泡沫等；二是废物数量大，日常运输重量逾百吨；三是所跨区域广，运输范围涉及上海、江苏、浙江、湖北等多个省市。生态环境主管部门对该未备案违法行为予以处罚，人民法院依法予以支持，有效打击了非法转移固体废物行为。该案的处理有助于促进固体废物回收再利用行业健康发展，推动资源节约集约循环利用，确保减污降碳协同增效。从司法实践角度来看，自从 2020 年《固体废物污染环境防治法》修订实施以来，相关法律法规细则仍不完善，有几个问题需要在执法及审判中予以关注。

一、固体废物跨省转移审批备案制度应当如何理解适用

从《固体废物污染环境防治法》第二十二条的内容来看，固体废物跨省转移有两种处理类型：一种是贮存、处置；另一种是利用，两者办理程序有所区别。2023 年 8 月 23 日，生态环境部在对十四届全国人大一次会议第 6763 号建议的答复中指出，《固体废物污染环境防治法》对固体废物跨省转移贮存、处置与利用有着不同的环境管理要求。根据该法第一百二十四条对相关用语的含义说明，贮存是指固体废物临时置于特定设施或者场所中的活动；处置是指将固体废物焚烧和用其他改变固体废物的物理、化学、生物特性的方法，达到减少已产生的固体废物数量、缩小固体废物体积、减少或者消除其危险成分的活动，或者将固体废物最终置于符合环境保护规定要求的填埋场的活动；利用是指从固体废物中提取物质作为原材料或者燃料的活动。由

此可知，对于固体废物贮存、处置，不仅需要建设相应的场所和设施，还需要有相应的贮存、处置能力；而且固体废物贮存、处置管理不当可能会给当地带来一定的环境污染风险，环境风险相对较高。对于固体废物利用，环境风险则相对较低。近年来，固体废物从经济发达地区向欠发达地区转移、从城市向农村转移的情形不断增多，不法企业以贮存、处置为由，进行跨区域非法倾倒固体废物的案件时有发生，加强对固体废物跨省转移管理非常必要。因此，《固体废物污染环境防治法》充分考虑到固体废物跨省转移贮存、处置与利用存在的不同环境风险，分别制定了审批和备案的制度要求。

（一）跨省转移固体废物贮存、处置的，应当经过批准

转移固体废物需经批准的条件有两项：一是跨省转移，即转移出省、自治区、直辖市行政区域；二是转移的目的是贮存、处置。需要跨省转移固体废物的，应当向固体废物移出地的省级人民政府生态环境主管部门提出申请，而不是向接受地的生态环境主管部门提出申请，这样规定，有利于减轻申请人的负担，节约成本，由行政机关之间进行协商沟通也有利于提高审批效率。移出地的省级人民政府生态环境主管部门收到申请后，应当及时与接受地的省级人民政府生态环境主管部门协商，经接受地的省级人民政府生态环境主管部门同意后，才能作出批准决定。未经移出地省级人民政府生态环境主管部门批准，不得将固体废物跨省转移贮存、处置，否则，需要承担《固体废物污染环境防治法》第一百零二条规定的法律责任。

（二）跨省转移固体废物利用的，应当进行备案

转移固体废物需备案的条件有两项：一是跨省转移，即转移出省、自治区、直辖市行政区域；二是转移的目的是利用。需要跨省转移固体废物的，应当将跨省转移利用的固体废物的数量、种类等情形报移出地的省级人民政府生态环境主管部门进行备案，而不是向接受地的生态环境主管部门报备。移出地的省级人民政府生态环境主管部门应当将备案信息通报接受地的省级人民政府生态环境主管部门，实现信息共享，以便接受地的生态环境主管部门掌握情况、加强监管。①

---

① 钱月剑、沈韩艳：《跨省转移固废利用备案制度如何理解与适用》，载《中国环境报》2024年1月10日。

本案中，原告回收的物资包括废纸张、废塑料瓶、装修拆除的废金属、泡沫、旧衣服、废玻璃等固体废物。原告将废纸从上海运至江苏、浙江等地造纸厂，将废塑料运至江苏、浙江等地塑料厂，将废金属运至安徽、江苏、湖北等地钢铁厂，将废木材运至安徽、江苏等地用于发电，将泡沫运至江苏等地泡沫厂重新利用制作广告牌的行为，属于典型的跨省转移固体废物进行利用的情形，故生态环境主管部门认定其应当履行的是备案手续，而非审批手续，执法正确。

二、关于跨省转移固体废物行为的执法权限

首先，从执法地域看，固体废物非法跨省域转移多发现在接受地，接受地生态环境主管部门显然具有相应的监督管理职责。但仅就审批或备案手续而言，应当由产生单位向移出地省级生态环境主管部门提出申请或报备案，如出现未经批准或未报备案，违法行为发生在移出地，根据《行政处罚法》第二十二条有关"行政处罚由违法行为发生地的行政机关管辖"的规定，移出地生态环境主管部门具有处罚权，接受地没有处罚权。但是，如果在转移固体废物的过程中，在接受地又发生污染环境的行为，接受地生态环境主管部门此时就具备了相应处罚权。其次，从执法层级看，根据法律规定，接受申请或备案的行政机关为省级生态环境主管部门，市、县级无权作出批准或予以备案（权限下放的除外）。但根据《固体废物污染环境防治法》第一百零二条第一款的规定，作出行政处罚的机关是"生态环境主管部门"，并未限定级别。因此，市、县级生态环境主管部门虽然没有批准权和备案权，但对固体废物跨省域转移未经批准或未报备案的行为，具有行政处罚权。最后，从责任竞合角度看，除单一未经批准或未报备案的违法行为外，跨省域转移固体废物可能伴随倾倒、遗撒等其他违法行为。此时，应当由接受地生态环境主管部门对倾倒、遗撒等其他违法行为实施行政处罚，同时向移出地生态环境主管部门移送涉嫌未经批准或未报备案的证据或线索，由移出地生态环境主管部门作出处理。当接受地倾倒、遗撒等违法行为严重到涉嫌构成污染环境犯罪时，按照刑事优先的原则，应当移送公安机关处理，原则上不再给予行政处罚。违法行为将被吸收在刑事判决中，通过刑罚的方式予以体现。[①]

[①] 陈建峰：《固废跨省域转移，执法应注意哪些点？》，载《中国环境报》2022年1月20日。

三、关于跨省转移固体废物利用的备案时间

《固体废物污染环境防治法》第二十二条第二款规定，固体废物跨省域利用应当向省级生态环境主管部门备案。行政备案通常包括事前备案和事后备案，跨省转移固体废物利用备案属于事前备案或事后备案，法律未予明确。我们认为，立法本意在于预防、监管和信息共享，基于目的解释，理解为事前备案更为合理。就本案而言，某废旧物资有限公司于2021年8月起开始经营，迟至2022年8月生态环境部门上门检查时仍未办理备案手续，明显超过了备案的合理期限，被告认定其未备案行为违法，认定事实清楚，执法并无不当。

【相关法律规范】

★《中华人民共和国固体废物污染环境防治法》

第二十二条 转移固体废物出省、自治区、直辖市行政区域贮存、处置的，应当向固体废物移出地的省、自治区、直辖市人民政府生态环境主管部门提出申请。移出地的省、自治区、直辖市人民政府生态环境主管部门应当及时商经接受地的省、自治区、直辖市人民政府生态环境主管部门同意后，在规定期限内批准转移该固体废物出省、自治区、直辖市行政区域。未经批准的，不得转移。

转移固体废物出省、自治区、直辖市行政区域利用的，应当报固体废物移出地的省、自治区、直辖市人民政府生态环境主管部门备案。移出地的省、自治区、直辖市人民政府生态环境主管部门应当将备案信息通报接受地的省、自治区、直辖市人民政府生态环境主管部门。

第一百零二条 违反本法规定，有下列行为之一，由生态环境主管部门责令改正，处以罚款，没收违法所得；情节严重的，报经有批准权的人民政府批准，可以责令停业或者关闭：

（一）产生、收集、贮存、运输、利用、处置固体废物的单位未依法及时公开固体废物污染环境防治信息的；

（二）生活垃圾处理单位未按照国家有关规定安装使用监测设备、实时监测污染物的排放情况并公开污染排放数据的；

（三）将列入限期淘汰名录被淘汰的设备转让给他人使用的；

（四）在生态保护红线区域、永久基本农田集中区域和其他需要特别保护的区域内，建设工业固体废物、危险废物集中贮存、利用、处置的设施、场所和生活垃圾填埋场的；

（五）转移固体废物出省、自治区、直辖市行政区域贮存、处置未经批准的；

（六）转移固体废物出省、自治区、直辖市行政区域利用未报备案的；

（七）擅自倾倒、堆放、丢弃、遗撒工业固体废物，或者未采取相应防范措施，造成工业固体废物扬散、流失、渗漏或者其他环境污染的；

（八）产生工业固体废物的单位未建立固体废物管理台账并如实记录的；

（九）产生工业固体废物的单位违反本法规定委托他人运输、利用、处置工业固体废物的；

（十）贮存工业固体废物未采取符合国家环境保护标准的防护措施的；

（十一）单位和其他生产经营者违反固体废物管理其他要求，污染环境、破坏生态的。

有前款第一项、第八项行为之一，处五万元以上二十万元以下的罚款；有前款第二项、第三项、第四项、第五项、第六项、第九项、第十项、第十一项行为之一，处十万元以上一百万元以下的罚款；有前款第七项行为，处所需处置费用一倍以上三倍以下的罚款，所需处置费用不足十万元的，按十万元计算。对前款第十一项行为的处罚，有关法律、行政法规另有规定的，适用其规定。

第一百二十四条 本法下列用语的含义：

（一）固体废物，是指在生产、生活和其他活动中产生的丧失原有利用价值或者虽未丧失利用价值但被抛弃或者放弃的固态、半固态和置于容器中的气态的物品、物质以及法律、行政法规规定纳入固体废物管理的物品、物质。经无害化加工处理，并且符合强制性国家产品质量标准，不会危害公众健康和生态安全，或者根据固体废物鉴别标准和鉴别程序认定为不属于固体废物的除外。

（二）工业固体废物，是指在工业生产活动中产生的固体废物。

（三）生活垃圾，是指在日常生活中或者为日常生活提供服务的活动中产生的固体废物，以及法律、行政法规规定视为生活垃圾的固体废物。

（四）建筑垃圾，是指建设单位、施工单位新建、改建、扩建和拆除各类建筑物、构筑物、管网等，以及居民装饰装修房屋过程中产生的弃土、弃料和其他固体废物。

（五）农业固体废物，是指在农业生产活动中产生的固体废物。

（六）危险废物，是指列入国家危险废物名录或者根据国家规定的危险废物鉴别标准和鉴别方法认定的具有危险特性的固体废物。

（七）贮存，是指将固体废物临时置于特定设施或者场所中的活动。

（八）利用，是指从固体废物中提取物质作为原材料或者燃料的活动。

（九）处置，是指将固体废物焚烧和用其他改变固体废物的物理、化学、生物特性的方法，达到减少已产生的固体废物数量、缩小固体废物体积、减少或者消除其危险成分的活动，或者将固体废物最终置于符合环境保护规定要求的填埋场的活动。

9. 为实现行政管理或公共服务目标签订的涉城市生活垃圾分类处理宣传合作协议，属于行政协议

——某投资咨询有限公司诉某市资源利用和垃圾分类管理事务中心、某市绿化和市容管理局未按约定履行行政协议案

【规则提要】

1. 行政协议的识别采取形式、实质双重标准进行。形式标准即该协议由行政机关与公民、法人或者其他组织协商订立。实质标准包括：协议是否具有行政法上的权利义务内容，是否为实现行政管理或者公共服务目标签订。

2. 行政机关下属事业单位与他人签订行政协议，无法提供协议签订时

有效的法律、法规、规章中授权事业单位行使行政职权相关规定的，应视为受行政机关的委托。当事人就行政协议提起行政诉讼的，该行政机关为适格被告。

3. 以行政机关未按约定履行行政协议为由提起诉讼的，诉讼时效参照民事法律规范确定。

【基本案情】

某市资源利用和垃圾分类管理事务中心（以下简称事务中心）系某市绿化和市容管理局（以下简称市绿容局）的下属事业单位，某市废弃物管理处（以下简称废管处）系事务中心的前身，废管处的事业单位法人证书载明："宗旨和业务范围：依照有关环卫法规，对本市生活废弃物从产生到处置全过程实施管理。"

2009年3月，废管处作为甲方与乙方某投资咨询有限公司（以下简称某投资咨询公司）签订《合作协议书》，明确为了更好地在全市推广垃圾分类宣传活动，建设和发展"'绿色账户'电子平台——垃圾分类新理念推广行动"公益项目。协议约定：甲方责任包括全面指导垃圾分类推广行动的实施，牵头整合宣传资源，牵头落实"绿色账户"工作及活动，主导建立绿色账户网站等。乙方责任包括在甲方指导下负责"绿色账户"平台的运营和日常管理，支持垃圾分类宣传，执行具体活动等。同时约定：协议涉及内容均为公益宣传，绿色账户电子平台归属权为甲方等。"绿色账户"电子平台网址为www.t×××.com.cn。

2011年3月，双方签订有效期为3年的《协议书》（以下简称案涉协议），就绿色账户约定，废管处的责任包括全面指导绿色账户工作，审核、审定对外宣传、绿色账户年度计划、网站规划及重要内容，联系其他机关单位，牵头组织各环卫部门，支持某投资咨询公司参与"垃圾分类试点工作"，在规范运营前提下，废管处保障某投资咨询公司绿色账户网站、社区活动和绿色账户回收体系的独家运营权等。某投资咨询公司责任包括在废管处的指导监督下，全权负责绿色账户网站的日常运营、维护和管理，绿色账户社区活动的组织和执行，支持垃圾分类宣传和活动等。双方另约定，协议以及绿色账户的全部活动,均为公益宣传和以社会效益为主的活动,绿色账户电子平台归属废管处,某投资咨询公司如若与其他机构合作,必须先由废管处审核同意;如废管处在协议期限内另寻合作伙伴从事相同事项,按某投资咨询公司对于绿色账户综合收运体系投入的全部设备设施价格,给予投入补偿。

2009年,市绿容局等单位联合发布《关于开展"换出更绿色的某市"——垃圾分类新理念推广行动的通知》,倡导开展垃圾分类推广行动,明确市绿容局负责指导和协调,废管处负责活动的具体推进。市绿容局发布规范性文件,明确废管处的主要职责包含指导区(县)推进生活垃圾减量化工作和生活垃圾分类管理工作等。2010年,市政府办公厅发布《某市人民政府办公厅转发市绿化市容局等十五部门关于推进本市生活垃圾分类促进源头减量实施意见的通知》,推进垃圾分类。为落实通知要求成立了推进工作办公室,之后该办公室发布《关于进一步做好"绿色账户"工作的通知》,明确"绿色账户"活动是由市绿容局、市环保局等发起的一项普及垃圾分类知识、倡导低碳生活方式的公益活动;肯定了"绿色账户"活动取得了良好的社会反响;提出发挥"绿色账户"网站 www.l×××.sh.cn 公共信息平台优势;定期开展"绿色账户"活动等。上述文件明确日常管理工作由废管处负责实施;金融办鼓励金融服务机构参与绿色账户,持续拓宽"绿色账户"卡的使用渠道和功能;绿化和市容管理部门负责组织开展"绿色账户"工作,积极联系其他各相关管理部门等。

案涉协议履行期间,废管处于2012年11月召集某投资咨询公司与某金融服务机构相关负责人就理清下一阶段绿色账户社会参与方关系进行座谈并达成共识,确保绿色账户原有模式向新账户平稳过渡。

2016年1月,废管处函复某投资咨询公司,其与某投资咨询公司签订的案涉协议已于2014年3月到期,不再与某投资咨询公司续签相应的协议。同年,废管处函复某投资咨询公司,案涉协议中未约定协议终止后对贵公司进行补偿条款,来函要求废管处进行补偿无任何依据。某投资咨询公司向市绿容局提出信访复查。市绿容局作出信访复查答复,告知建议通过司法途径解决。某投资咨询公司向市政府提出信访复核。2017年,市政府复核认为,双方之间系合同关系,应当通过诉讼途径解决。2019年,某投资咨询公司以废管处为被告向上海市普陀区人民法院(以下简称普陀法院)提起民事诉讼,请求判令废管处向某投资咨询公司支付"绿色账户电子平台"项目中投入的设备设施资金损失。普陀法院经审理认为，该案所涉合同以及当事人之间讼争的法律关系，并非平等主体之间所形成的民事法律关系，而系行政合同范畴，该案不属于人民法院民事案件受理范围，遂作出民事裁定，驳回某投资咨询公司的起诉。某投资咨询公司不服提出上诉，上海市第二中级人民法院于 2020 年 8 月 20 日作出民事裁定，驳回上诉，维持原裁定。后某投资咨询公司提起本案诉讼，请求判决事务中心、市绿容局共同向某投资咨询公司支付其投入"绿色账户电子平台"项目中的设备设施资金。

【裁判】

法院生效裁判认为：本案系在推广宣传城市垃圾分类、鼓励再生资源回收、倡导低碳生活方式公益活动中，产生的协议履行纠纷。某投资咨询公司曾向法院提起民事诉讼，经一审、二审法院审理，均认为案涉协议非人民法院民事诉讼受案范围，裁定驳回起诉。根据《最高人民法院关于审理行政协议案件若干问题的规定》（以下简称《审理行政协议案件规定》）第八条的规定，某投资咨询公司提起行政诉讼，法院应当受理。

关于当事人签订的协议性质。从协议的内容来看，当事人之间于 2009 年 3 月签订的《合作协议书》中，明确协议签订的主旨，系为了更好地在全市推广垃圾分类宣传活动。2011 年 3 月签订的案涉协议，系鉴于本市推进资源循环和垃圾分类有了新形势和新任务，双方经协商达成新的协议。上述协议的订立目的，体现了行政管理和公共服务的目标。同时，在协议约定的废管处责任中，"全面指导""牵头组织"等内容，均表明政府一方在协议中的主导地位，体现了明显的行政性，具有行政协议的特征。

关于适格的被告。根据《最高人民法院关于适用〈中华人民共和国行政诉讼法〉的解释》（以下简称《行政诉讼法解释》）第二十条第三款的规定，事业单位单独作为行政案件被告的前提是须有法律、法规、规章的授权。本案中，从签约主体来看，在诉讼中，无论是事务中心还是市绿容局，均未提供证据证明案涉协议签订时有效的法律、法规、规章授权废管处行使行政职权的相关规定。故废管处就推广垃圾分类相关事项签订的协议，视为其系受市绿容局的委托。市绿容局依法具有负责本市生活垃圾管理相关行政职责，系本案适格被告。

关于某投资咨询公司权利主张的法律适用与诉讼时效认定。案涉协议签订于2014年《行政诉讼法》修正之前。《审理行政协议案件规定》第二十八条第二款规定："2015年5月1日前订立的行政协议发生纠纷的，适用当时的法律、行政法规及司法解释。"《审理行政协议案件规定》第二十五条中规定："公民、法人或者其他组织对行政机关不依法履行、未按照约定履行行政协议提起诉讼的，诉讼时效参照民事法律规范确定"。本案行政协议纠纷系针对协议的履行问题，参照民事诉讼时效的规定。本案中，案涉协议履行期间，废管处召集相关人员进行座谈形成共识。后某投资咨询公司进行了信访反映、提起民事诉讼、提起行政诉讼。纵观某投资咨询公司权利主张的全过程，虽未直接选择诉讼方式解决争议，但亦未怠于权利主张，并且，在确定案件争议性质以及管辖法院的过程中，某投资咨询公司已历经了数个诉讼。为充分保障当事人的诉权，避免本案的实质争议陷于未定的状态，法院依法确认某投资咨询公司提起的诉讼未超过诉讼时效。

关于协议履行事实的审查。某投资咨询公司依据案涉协议中"独家运营权"以及"给予投入补偿"等约定内容，认为废管处侵犯其独家运营权。法院认为，伴随着我国低碳环保理念的不断发展和深入，"绿色"一词已然成为所有与环保相关事项的标志色、代名词。案涉协议所约定的活动内容，就是一项以践行环保理念、推进垃圾分类和资源循环为目标的公益项目。仅以"绿色"来命名的账户、电子平台，并不能据此作为判定是否从事相同事项的标准。对于案涉协议约定的独家运营权的指向和范围，应按照协议中的具体约定，并结合行政协议签订时的政策背景以及本市垃圾分类工作的发展实践等综合予以评判。案涉协议履行过程中，由多家单位参与的推进工作办公室所开展的"绿色账户"工作，已明显超越了原来由市绿容局作为发起人所推行的绿色公益活动的范围和运行模式。其一，在网站域名上，与某投资咨询公司所运营的电子平台不同。其二，在"绿色账户"的功能上，具备金融功能的账户运营，并非市绿容局的职责分工，明显不属于案涉协议所约定的活动事项范围。故不能据此认为系废管处另寻合作伙伴。其三，废管处召集了包括某投资咨询公司在内的单位负责人进行会议协商，达成了共识。某投资咨询公司认为因废管处违约而提出补偿请求,依法不能成立,在协议履行后又要求返还资金投入,亦缺乏依据。

综上,某投资咨询公司的诉讼请求缺乏事实证据和法律依据,遂判决驳回其诉讼请求。某投资咨询公司不服,提起上诉,二审法院判决驳回上诉,维持原判。该案判决已经发生法律效力。

【评析】

2014年修正的《行政诉讼法》将行政协议纳入行政诉讼受案范围,但未对行政协议作出定义。2015年《最高人民法院关于适用〈中华人民共和国行政诉讼法〉若干问题的解释》对行政协议作出了界定。之后,《审理行政协议案件规定》明确了行政协议的定义,为认定行政协议提供了标准。除了《审理行政协议案件规定》第二条规定的五类典型的行政协议外,仍有其他类型的行政协议,特别是2014年《行政诉讼法》修正前签订的部分协议,属于民事合同还是行政协议争论不断。引发诉讼时,法院面临管辖的确定、被诉协议性质的认定、适格被告的确认、法律规范的适用等诸多问题,增加了法院审理难度。随着城市生活环保理念发展,倡导城市生活垃圾分类,推动低碳节能生活方式,其间,逐步形成政府主导、民间社会力量参与,共同开展城市垃圾处置体系的建设与实践。本案即一起《行政诉讼法》2014年修正前签订的关于城市生活垃圾处置合作协议履行纠纷,具有行政协议类型不典型、无法根据协议当事人认定被告、法律适用存在争议等特征,法院通过细致审查,理顺案件审理要点,对争议焦点逐一分析,最终就案件实质争议作出判决。

一、关于行政协议纠纷的推定管辖

根据《行政诉讼法》第四十九条的规定,当事人提起行政诉讼应当属于人民法院受案范围和受诉人民法院管辖。通常一审行政诉讼由作出行政行为的行政机关所在地、不动产所在地法院管辖,但《审理行政协议案件规定》第七条、第八条分别规定了约定管辖、推定管辖。《审理行政协议案件规定》第八条规定:"公民、法人或者其他组织向人民法院提起民事诉讼,生效法律文书以涉案协议属于行政协议为由裁定不予立案或者驳回起诉,当事人又提起行政诉讼的，人民法院应当依法受理。"该规定针对实践中各法院对于被诉协议性质的认定存在分歧的情况下，从保护当事人的诉权出发，一旦有法院认定被诉协议为行政协议不属于民事诉讼受案范围的情况下，法院不能再以非行政协议为由不予受理，避免让当事人通过审判监督程序寻求救济，因此，"推定"管辖。只要被诉协议不存在行政机关之间公务协助协议等非法院主管情形的，应当先予以受理。本案中，某投资咨询公司提起民事诉讼，经法院一审、二审，均认定案涉协议纠纷不属于人民法院民事案件受理范围，裁定驳回起诉。在此情况下，某投资咨询公司向法院提起行政诉讼，法院应当予以受理。

二、关于行政协议的识别要件

（一）四要素、两标准的认定方式

《审理行政协议案件规定》第一条明确了行政协议的定义，即行政机关为了实现行政管理或者公共服务目标，与公民、法人或者其他组织协商订立的具有行政法上权利义务内容的协议，属于《行政诉讼法》第十二条第一款第十一项规定的行政协议。以何种方式识别符合上述定义的行政协议，成为横亘在法官面前的难题。最高人民法院在2019年12月发布的大英县某纸业有限公司诉四川省大英县政府不履行行政协议案参考案例中，论述了界定行政协议具备的四要素：一是主体要素，即必须一方当事人为行政机关，另一方当事人为行政相对人；二是目的要素，即必须是为了实现行政管理或者公共服务目标；三是内容要素，即协议内容具有行政法上权利义务内容；四是意思要素，即协议双方当事人必须协商一致。在此基础上，行政协议的识别可以从以下两方面标准进行：一是形式标准，即是否发生于履职的行政机关与行政相对人之间。二是实质标准，即协议的标的及内容有行政法上的权利义务，该权利义务取决于是否行使行政职权、履行行政职责；是否为实现行政管理目标和公共服务；行政机关是否具有优益权。"四要素、两标准"的提出对于识别认定行政协议具有重要意义，通过形式与实质两个维度，判断是否符合四要素，以此认定被诉协议是否属于行政协议。

（二）实质标准在案件中的运用

目的要素、内容要素从本质上体现行政协议的"行政性"，是认定行政协议的关键，两个要素并非各自独立，而是相互交错、相互印证。行政机关基于自身职责,采用协议的方式实现行政管理或者公共服务目标,在协议中约定了有关行政法上权利义务的条款。因行政管理领域繁多,行政协议具有行政性与协议性双重特征,不同案件需结合行政机关是否具有法定职责、是否基于履行职责的目的而签订协议、协议是否约定了行政法上的权利义务及该内容是否属于行政机关职权范围等方面具体分析。

本案中,案涉协议涉及城市生活垃圾分类处理及宣传,该事项属于环境卫生领域。关于案涉协议,从实质标准出发,一是行政机关职责方面,从法律法规的规定看,签订案涉协议时有效的法规规定,市容环境卫生管理部门负责城市生活垃圾处理的管理工作。基于此,市绿容局对于城市生活垃圾分类管理具有法律上的职权。从职责看,废管处的主要职责包括指导推进生活垃圾减量、生活垃圾分类管理等。故废管处签订案涉协议,未超出生活垃圾分类管理的职权。二是签订协议目的方面,2009年,某投资咨询公司与废管处签订《合作协议书》明确,签约的目的系更好地在全市推广垃圾分类宣传活动,案涉协议延续了该理念。由此可见,案涉协议的公益属性明显,具有行政管理和公共服务的特征。三是协议内容方面,案涉协议约定的废管处全面指导绿色账户、审核宣传事项、联系其他行政机关、牵头组织环卫部门配合等,均体现出行政机关的行政权。约定的某投资咨询公司责任亦属于垃圾分类及宣传中具体工作。其他约定中,平台归属、寻找合作伙伴需先由废管处审核同意等,体现出废管处在协议中的主导地位。故此,按照实质标准,案涉协议符合行政协议目的要素与内容要素,属于行政协议。

(三)适格被告的问题

被告问题属于行政协议认定中的主体要素问题。虽然在最高人民法院的参考案例中,将主体要素表述为"行政机关及行政相对人",但是根据《行政诉讼法》第二条第二款的规定,主体要素中的行政机关应当是指行政机关或法律法规规章授权的组织。《行政诉讼法》第二十六条第五款规定:"行政机关委托的组织所作的行政行为,委托的行政机关是被告";《行政诉讼法解释》第二十条第三款规定:"没有法律、法规或者规章规定,行政机关授权其内设机构、派出机构或者其他组织行使行政职权的,属于行政诉讼法第二十六条规定的委托。当事人不服提起诉讼的,应当以该行政机关为被告。"本案中,事务中心的前身废管处为市绿容局下属事业单位。事务中心及市绿容局均认为事务中心为适格的被告而市绿容局非适格的被告,但根据案涉协议签订时城市生活垃圾管理的相关法律、法规、规章,均明确生活垃圾管理的职责归于市容环境卫生行政主管部门,现该职责属于市绿容局,故废管处签订案涉协议,视为受其委托,当事人提起行政诉讼的,市绿容局为本案适格被告。

三、关于实体争议法律规范的适用问题

(一)诉讼时效与起诉期限

诉讼时效与起诉期限是两种不同的制度,适用情形不同,法律后果不同,法院处理方式不同。《行政诉讼法》规定了起诉期限,未提及诉讼时效。2015年《最高人民法院关于适用〈中华人民共和国行政诉讼法〉若干问题的解释》对行政协议诉讼根据诉讼类型不同而区分处理。该司法解释废止后,《审理行政协议案件规定》沿用了这一规定。《审理行政协议案件规定》第二十五条规定:"公民、法人或者其他组织对行政机关不依法履行、未按照约定履行行政协议提起诉讼的,诉讼时效参照民事法律规范确定;对行政机关变更、解除行政协议等行政行为提起诉讼的,起诉期限依照行政诉讼法及其司法解释确定。"本案中,某投资咨询公司以行政机关未按约定履行协议为由提起诉讼,要求履行协议约定的补偿条款,属于《审理行政协议案件规定》第二十五条规定的"未按照约定履行行政协议提起诉讼"的情形,应当适用诉讼时效的相关规定。

(二)未按约定履行行政协议争议审查的法律适用

2014年《行政诉讼法》修正前签订的行政协议,法院就实体争议处理所适用的法律规范、审判规则、裁判思路等,直接影响诉讼当事人的实体权利。《审理行政协议案件规定》第二十八条第二款规定:"2015年5月1日前订立的行政协议发生纠纷的,适用当时的法律、行政法规及司法解释。"第二十七条第一款规定:"人民法院审理行政协议案件,应当适用行政诉讼法的规定;行政诉讼法没有规定的,参照适用民事诉讼法的规定。"上述两款规定中,第二十七条第一款系法律规范适用的一般规定,第二十八条第二款直接指向修正后《行政诉讼法》实施前所签订的行政协议,且明确"实体从旧"的法律适用原则。上述规定,对于审理2014年《行政诉讼法》修正前签订的行政协议案件的法律规范适用指明了具体方向。本案中,案涉协议签订于2014年《行政诉讼法》修正之前,某投资咨询公司以未按约定履行协议为由提起行政协议诉讼，且双方实体争议的核心在于案涉协议履行期间，废管处是否违反了某投资咨询公司具有"独家运营权"的约定及是否应当履行"补偿条款"。法院从平台域名、账户运营模式、金融机构加入提供金融服务等方面审查后，认定现有证据不能证明某投资咨询公司所诉的违约事实存在，其要求按照约定进行补偿，亦不能成立，据此驳回了某投资咨询公司的诉讼请求。

【相关法律规范】

★《最高人民法院关于审理行政协议案件若干问题的规定》

第一条　行政机关为了实现行政管理或者公共服务目标，与公民、法人或者其他组织协商订立的具有行政法上权利义务内容的协议，属于行政诉讼法第十二条第一款第十一项规定的行政协议。

第四条　因行政协议的订立、履行、变更、终止等发生纠纷，公民、法人或者其他组织作为原告，以行政机关为被告提起行政诉讼的，人民法院应当依法受理。

因行政机关委托的组织订立的行政协议发生纠纷的，委托的行政机关是被告。

第八条　公民、法人或者其他组织向人民法院提起民事诉讼，生效法律文书以涉案协议属于行政协议为由裁定不予立案或者驳回起诉，当事人又提起行政诉讼的，人民法院应当依法受理。

第二十五条　公民、法人或者其他组织对行政机关不依法履行、未按照约定履行行政协议提起诉讼的，诉讼时效参照民事法律规范确定；对行政机关变更、解除行政协议等行政行为提起诉讼的，起诉期限依照行政诉讼法及其司法解释确定。

★《最高人民法院关于适用〈中华人民共和国行政诉讼法〉的解释》

第二十条　行政机关组建并赋予行政管理职能但不具有独立承担法律责任能力的机构，以自己的名义作出行政行为，当事人不服提起诉讼的，应当以组建该机构的行政机关为被告。

法律、法规或者规章授权行使行政职权的行政机关内设机构、派出机构或者其他组织，超出法定授权范围实施行政行为，当事人不服提起诉讼的，应当以实施该行为的机构或者组织为被告。

没有法律、法规或者规章规定,行政机关授权其内设机构、派出机构或者其他组织行使行政职权的,属于行政诉讼法第二十六条规定的委托。当事人不服提起诉讼的,应当以该行政机关为被告。

10. 开展节能降碳技术改造,助推困境企业绿色低碳转型重生

——某食品公司诉某区生态环境局、某区人民政府行政处罚及行政复议系列案

【规则提要】

在审理涉小微企业环保行政处罚案件过程中,通过推动企业技术改造,帮助企业绿色低碳转型,一次性解决系列行政纠纷,实现案结事了政通人和。

【基本案情】

某食品公司是一家从事豆类食品加工的小微企业。2022年6月17日,某区环境监测站经现场采样监测发现某食品公司有超过上海市水污染物排放标准排放水污染物的违法行为。某区生态环境局认定,某食品公司被责令限制生产后仍超标排放水污染物,违反了《水污染防治法》第十条的规定,依据该法第八十三条第二项的规定,于2022年11月4日分别对该公司罚款、责令停产整治。后某区生态环境局复查并经监测发现某食品公司仍超标排放水污染物,依据《环境保护法》第五十九条第一款和《上海市环境保护条例》第七十五条第二项的规定,于2022年12月12日作出按日连续计罚的罚款,

该公司经复议后未获支持。某食品公司不服提起三起诉讼，分别请求撤销上述行政处罚决定、责令停产整治行为及相应行政复议决定。

【调解结果】

小微企业是我国市场经济的主体之一，高额环保处罚往往会对其后续经营甚至生存造成较大影响。原告正是因未予整改超标排放污水的违法行为而被环保部门罚款、责令停产整治，企业面临破产困境，由此引发了三案纠纷。为寻求环境资源保护与企业可持续发展二者兼顾的最优解，防止程序空转，促进矛盾纠纷实质性化解、一次性解决，法院以新时代"枫桥经验"就地化解矛盾纠纷为原则，一方面，充分发挥审判职能，织密生态环境司法保护网，依法支持生态环境主管部门严格按照法定权限和程序对小微企业进行监管，推动原告完成环保设施改造升级，并引入第三方专业机构检测评估，确保改造合格。另一方面，回应原告实质诉求，护航企业可持续发展。坚持以"如我在诉"的司法理念，多次组织各方当事人沟通协调，促进生态环境主管部门在监管中做到"放管得当"，最终一次性快速高效解决多案纠纷，助力营造市场化、法治化营商环境。

经法院主持调解，各方当事人就两起行政处罚案件自愿达成调解协议，原告撤回了对责令停产整治行为提起的行政诉讼。法院分别出具行政调解书，并作出准许撤回起诉的行政裁定书。

【调解指引】

原告虽提起三案行政诉讼，但实质均因实施城市区域内超标排放水污染物的违法行为而引发。审理中，合议庭并未就案办案、机械司法，而是从助力经济社会高质量发展和护航企业健康发展的思路出发，及时回应原告实质诉求，一次性、实质化解三案纠纷。

一是回应原告诉求，寻找纠纷解决突破口。为妥善处理三案纠纷，合议庭以审促调，先以开庭方式查明案件基本事实，再聚焦争议根本，逐步确定调解思路。合议庭注意到原告在经过长时间调查取证、听证、复议程序并面临破产压力的情况下，对立情绪比较大，庭前即对有关问题进行了系统的梳理和研究，庭审中尤其注意做好释法说理工作。经开庭查明，原告确实存在城市区域内超标排放水污染物的违法行为，合议庭引导原告认识到其污染环境行为的危害性、违法性。在合议庭的不懈努力下，原告表达了愿意配合整改的积极态度以及作为小微企业无法承受高额罚款的担忧。合议庭抓住双方当事人的实质争议在于罚款数额，着手开展协调化解工作。双方当事人对合议庭的专业水准以及清晰透彻的释法明理心悦诚服，冰释前嫌表达了调解意愿。

二是推动节能降碳整改，护航企业健康发展。协调化解过程中，合议庭一方面支持生态环境主管部门严格按照法定权限和程序对小微企业进行监管，从切实保护生态环境角度出发，聚焦案件引发的根源以推动案件处理；另一方面耐心向原告释明生态环境保护的重要性以及生态环境主管部门对其行为予以监管是职责所在，督促原告完成环保设施节能降碳改造升级，引入第三方专业机构对原告进行检测评估，并形成相关整改情况报告、废水处理改造方案、污水运行操作说明、检测报告、废水处理运行记录表、废水检测数据单等，为后续开展三案化解工作做好准备。

三是防止程序空转，一次化解多案纠纷。合议庭考虑到原告针对废水排放问题已经进行了彻底改造，目前，各项排放指标均合格，达到了环保要求，且高额罚款对经营困难的小微企业而言确实不堪重负，遂从优化营商环境和支持企业发展的角度充分与生态环境主管部门沟通，采用适当调整罚款数额的方式调解结案，最终促成双方当事人就三案纠纷均达成和解，引导原告走上绿色发展的"重生"之路。

【相关法律规范】

★《中华人民共和国水污染防治法》

第十条 排放水污染物，不得超过国家或者地方规定的水污染物排放标准和重点水污染物排放总量控制指标。

第八十三条 违反本法规定，有下列行为之一的，由县级以上人民政府环境保护主管部门责令改正或者责令限制生产、停产整治，并处十万元以上一百万元以下的罚款；情节严重的，报经有批准权的人民政府批准，责令停业、关闭：

（一）未依法取得排污许可证排放水污染物的；

（二）超过水污染物排放标准或者超过重点水污染物排放总量控制指标排放水污染物的；

（三）利用渗井、渗坑、裂隙、溶洞，私设暗管，篡改、伪造监测数据，或者不正常运行水污染防治设施等逃避监管的方式排放水污染物的；

（四）未按照规定进行预处理，向污水集中处理设施排放不符合处理工艺要求的工业废水的。

★《中华人民共和国环境保护法》

第五十九条　企业事业单位和其他生产经营者违法排放污染物，受到罚款处罚，被责令改正，拒不改正的，依法作出处罚决定的行政机关可以自责令改正之日的次日起，按照原处罚数额按日连续处罚。

前款规定的罚款处罚，依照有关法律法规按照防治污染设施的运行成本、违法行为造成的直接损失或者违法所得等因素确定的规定执行。

地方性法规可以根据环境保护的实际需要，增加第一款规定的按日连续处罚的违法行为的种类。

★《上海市环境保护条例》

第七十五条　企业事业单位和其他生产经营者有下列行为之一，受到罚款处罚，被责令改正，拒不改正的，依法作出处罚决定的行政机关可以自责令改正之日的次日起，按照原处罚数额按日连续处罚：

（一）未按要求取得排污许可证，违法排放污染物的；

（二）超过污染物排放标准或者超过重点污染物排放总量控制指标排放污染物的；

（三）违反法律、法规规定，无组织排放大气污染物的；

（四）不正常运行环境保护设施，违法排放污染物的；

（五）通过暗管、渗井、渗坑、裂隙、溶洞、雨水排放口等逃避监管的方式排放污染物的；

（六）违反建设项目管理制度，主体工程投入生产或者使用且排放污染物的；

（七）擅自倾倒危险废物，或者对危险废物未采取相应防范措施，造成危险废物渗漏或者造成其他环境污染的；

（八）违反放射性污染防治规定，生产、销售、使用、转让、进口、贮存放射性同位素或者射线装置的；

（九）法律、法规规定的其他实施按日连续处罚的行为。

第三章　维护生态系统多样性稳定性持续性提升

11. 为恢复原状，可判令违法行为人将国家二级保护野生植物金毛狗蕨送回原生生境进行保护修复
——王某平危害国家重点保护植物刑事附带民事公益诉讼案

【规则提要】

人民法院审理危害国家重点保护植物犯罪案件，应当贯彻恢复性司法理念，选择最有利于弥补损害、恢复生态的责任承担方式。对于受损国家二级保护野生植物金毛狗蕨恢复原状有必要性和可行性的，可以判令违法行为人将国家重点保护野生植物送回原生生境进行原地保护修复。

【基本案情】

2020年年底至2021年9月，被告人王某平在未取得相关行政主管部门授权批准的情况下，为牟取非法利益，向朱某进（另案处理）等人陆续收购非法采集的来自福建省漳州市的金毛狗蕨野生植物，并将其放置在店铺内对外出售。2021年9月2日，公安机关根据线索对上述店铺检查时当场查获尚未销售的金毛狗蕨植物250株。

另查明，案发前王某平向蒯某珍出售金毛狗蕨植物19株，销售价格共计1230元。经认定，上述被查获的植物均为金毛狗蕨（野生植株），属于《濒危野生动植物种国际贸易公约》附录Ⅱ物种，纳入我国《国家重点保护野生植物名录》，属于国家二级保护野生植物。涉案植物已移交上海辰山植物园，在温室环境中进行养护，养护费用共计1万余元。金毛狗蕨自然分布范围主要为云南、贵州、四川、广东、福建、浙江及海南等省，上海不在其自然地理分布范围，且金毛狗蕨自然生长环境为荫蔽、湿润、富含腐殖质的酸性土壤，上海的土壤条件多数中性偏碱，也不适合金毛狗蕨自然生长。基于王某平非法收购、出售金毛狗蕨致生态环境损害后果以及金毛狗蕨特殊的生物学和生态学特性，宜将涉案金毛狗蕨运回原生生境进行原地保护。

在案件审理过程中，上海某检察院提起刑事附带民事公益诉讼，请求判令被告王某平：（1）承担涉案金毛狗蕨活体的养护费用1万余元；（2）将涉案金毛狗蕨送回福建漳州原生生境进行原地保护，若不履行该义务时应承担相应的生态环境修复费用；（3）承担鉴定费用4000元；（4）公开向社会公众赔礼道歉。

【裁判】

法院生效裁判认为：被告人王某平明知涉案植物为国家重点保护植物，在未取得有关行政主管部门批准的情况下，非法收购、出售国家二级保护野生植物，构成危害国家重点保护植物罪。本案王某平非法收购、出售国家重点保护的植物，违反《野生植物保护条例》第十八条第二款之规定，对国家重点保护野生金毛狗蕨植物资源造成破坏，影响其物种的生存与种群的更新延续，损害了社会公共利益，应当在侵权责任范围内承担赔偿损失、恢复原状、赔礼道歉等民事责任。

关于赔偿损失的诉讼请求，上海某检察院委托第三方野生植物专业管理机构对涉案金毛狗蕨植物的养护费用进行评估、计算，据此提出本案生态损失赔偿数额，王某平对此无异议，愿意赔偿损失并向社会公众赔礼道歉，应予以支持。

关于恢复原状的诉讼请求，生态环境公益诉讼的核心目标是最大限度、最优化地修复受损生态环境,应当贯彻恢复性司法理念。附带民事公益诉讼起诉人提出"恢复原状"的诉讼请求,应该建立在有恢复原状的必要性和可能性前提之下。本案涉及对野生植物生态资源的恢复保护,必须考虑野生植物的自然生长环境、物种繁衍以及与之共生生态系统的影响等多方面因素。在诉前调查阶段,上海某检察院委托有资质的鉴定机构对本案破坏国家重点野生植物造成的生态损害进行评估鉴定,鉴定机构从金毛狗蕨植物的自然分布范围,物种的生存和繁衍,对土壤、气候等生境需求的特殊性以及与之共生生态系统的影响等方面,并对照上海市自然地理情况,提出了建议将涉案金毛狗蕨植物送回原生生境进行原地保护的鉴定意见。结合专业鉴定意见,基于金毛狗蕨植物对生境需求的特殊性,为最大限度保护野生生物多样性资源,将涉案金毛狗蕨植物送回原生生境进行原地保护是当前最优化的弥补损害、恢复生态措施,具有必要性。此外,本案附带民事公益诉讼起诉人和被告就涉案植物送回事宜达成一致方案,由上海某检察院联系好涉案金毛狗蕨植物原生地福建省漳州市的相关野生植物接收机构,由王某平承担植物送回责任并接受上海某检察院监督。该方案具有可行性。综上,对上海某检察院提出的送回涉案金毛狗蕨植物进行原地保护的诉讼请求,应予以支持。法院判决王某平犯危害国家重点保护植物罪,判处有期徒刑,并处罚金,没收违法所得及扣押在案金毛狗蕨植物;王某平于判决生效后三个月内将涉案金毛狗蕨植物送回福建省漳州市原生生境进行原地保护,并承担活体养护费用,还要向社会公开赔礼道歉。宣判后,各方当事人未上诉,检察机关未抗诉,该案判决已经发生法律效力。

【评析】

本案涉及在环境资源案件中如何贯彻恢复性司法理念,恢复原状的侵权责任承担方式在生态环境修复案件中如何适用等问题。据在中国裁判文书网检索发现,直接判处责令侵权人跨省送野生植物回原生生境保护的判决方式在全国也属首次,本案的处理对此类案件的办理具有一定的示范借鉴意义。

一、恢复性司法理念在环境资源案件中的应用

"恢复性司法"初见于刑法理论,起源于对被害人学的研究,特指通过

被害人与犯罪行为人之间和解协商、达成协议给予补偿或使犯罪行为人参加社区劳动等,修复被破坏的社会关系与秩序。① 近年来,生态环境问题日益受到国家和社会层面的关注,恢复性司法理念逐渐在法律规定和司法政策中得到体现。2011 年,《刑法修正案(八)》将重大污染事故罪修订为污染环境罪。2015 年,最高人民检察院提出"把恢复性司法理念运用于生态环境司法保护实践"。2016 年,《最高人民法院关于充分发挥审判职能作用为推进生态文明建设与绿色发展提供司法服务和保障的意见》,明确要求树立以修复为主的现代环境资源司法理念,将生态环境修复作为环境司法审判的根本价值取向。2019 年,《最高人民法院关于审理生态环境损害赔偿案件的若干规定(试行)》发布,强调要坚持以恢复性司法理念为价值导向,将环境修复作为生态环境损害救济的重要途径。2021 年,《昆明宣言》又进一步提出要优先适用恢复性司法措施,落实以生态环境修复为中心的损害救济制度。

恢复性司法理念主张在对被告人进行刑事惩处的同时,强调对受损生态环境采取恢复性的方式进行修复,让犯罪行为人积极参与修复过程,通过直接修复受损生态环境、补种复绿、增殖放流、土地复垦、生态环境修复金赔偿等恢复性措施,达到对生态环境的特殊保护。基于此,恢复性司法理念与在环境资源犯罪中所强调的修复受损生态环境的目的更为契合,避免环境资源犯罪中出现破坏行为与损害结果剥离。在具体规定中,恢复性司法理念主要是以恢复原状的侵权责任承担方式得以体现。如《民法典》第一百七十九条、第一千二百二十九条以及《最高人民法院关于审理环境民事公益诉讼案件适用法律若干问题的解释》第十八条、第二十条均规定了在生态环境修复案件中恢复原状的侵权责任承担方式。②

---

① 参见狄小华、李志刚:《刑事司法前沿问题——恢复性司法研究》,群众出版社 2005 年版,第 10 页。
② 《民法典》第一百七十九条规定:"承担民事责任的方式主要有:……(五)恢复原状……"第一千二百二十九条规定:"因污染环境、破坏生态造成他人损害的,侵权人应当承担侵权责任。"《最高人民法院关于审理环境民事公益诉讼案件适用法律若干问题的解释》第十八条规定:"对污染环境、破坏生态,已经损害社会公共利益或者具有损害社会公共利益重大风险的行为,原告可以请求被告承担停止侵害、排除妨碍、消除危险、修复生态环境、赔偿损失、赔礼道歉等民事责任。"第二十条第一款规定:"原告请求修复生态环境的,人民法院可以依法判决被告将生态环境修复到损害发生之前的状态和功能。无法完全修复的,可以准许采用替代性修复方式。"

二、恢复原状责任方式应成为生态环境损害担责的优先选项

恢复原状作为民事侵权责任承担方式之一，在传统民法领域一般指恢复到假设损害没有发生时被侵权人应处的状态。随着侵权责任承担方式的发展，恢复原状在生态环境侵权案件中越发重要，它不仅能够对被侵权人救济，还能够补救受损的生态环境。"在因加害人的环境侵权行为致使地域环境遭受污染或破坏的场合，课以加害人承担为恢复被破坏、被污染的环境，使因污染或破坏而荒废的地域社会复活的损害赔偿，是恢复原状理念的体现。"[1] 在生态环境侵权责任上，学界普遍认为恢复原状就是把被破坏的环境修复到符合当地适用的环境质量标准和环境要素原有的功能标准。[2]

然而，在司法实践中，对生态环境侵权领域恢复原状的认识并不统一，以此作为判决内容的案件鲜有出现。有学者通过梳理裁判文书发现，"近千件的文书，无一判决恢复原状。"[3] 我们也通过中国裁判文书网检索发现，在近两年的裁判文书中涉及生态环境领域适用恢复原状条款的案件共有1179件，但经核对符合真正的恢复原状概念的判决尚无一件。这些判决适用的恢复原状责任承担方式中对"原状"进行了扩大解释，演化发展出"同类、等值"等意义上的恢复原状概念。在此情形下，恢复原状的侵权责任内涵可以细分为三类：一是采取直接修复方式使生态环境恢复到原有状态；二是采用替代性修复方式进行生态环境弥补，如补植复绿、增殖放流等方式；三是采取金钱赔偿的方式计算受损生态环境造成的财产损失。

恢复原状责任承担方式通过对受损生态环境进行修复治理，填平实际损害，能够最大限度促使生态环境恢复，在环境资源案件中具有不可替代的作用，是对目前生态环境损害最好的救济方法。但我们也应该注意到，法院在此类案件审理中，对恢复原状的理解应该结合个案实际情况，按照一定的优位顺序作出最有利于生态恢复的判决。首先，直接修复受损生态环境是首位选择。在存在直接修复受损生态环境至损害发生前效果的条件下，应该优位选择判决侵权人承担直接修复的责任。其次，在直接修复不具有可行性时，应选择替代性修复责任方式。《最高人民法院关于审理环境民事公益诉讼案件

---

[1] 罗丽：《中日环境侵权民事责任比较研究》，吉林大学出版社2004年版，第307页。
[2] 张辉：《论环境民事公益诉讼的责任承担方式》，载《法学论坛》2014年第6期。
[3] 吕忠梅等：《环境损害赔偿法的理论与实践》，中国政法大学出版社2013年版，第233页。

适用法律若干问题的解释》第二十条第一款确立了"无法完全修复"情形下选择替代性修复的适用规则。对"无法完全修复"的理解,我们认为主要存在两种情形:一是因生态环境受损具有不可逆性,客观上确实无法实现完全修复或采取修复措施可能造成更大的生态环境系统损害;二是采用直接修复方式费用过高,显失公平。最后,采取金钱赔偿方式的恢复原状判决应为兜底选择。《最高人民法院关于审理环境民事公益诉讼案件适用法律若干问题的解释》第二十条第二款确立了可以直接判决侵权人承担生态环境修复费用。该修复费用是通过金钱数额来评价损害大小,其实质系金钱赔偿方式。

本案中,针对野生植物及其与之共存的生态环境系统修复方式,公益诉讼起诉人通过诉前阶段调查,联系好原生地接收单位,提出了送回原地保护的方案,具备了采取直接修复方式予以恢复原状的可行性。涉案金毛狗蕨生存环境较为特殊,只有在特定的自然地理环境中才能保证其物种生存繁衍。在此情形下,法院在衡量受损生态环境的修复方案时,应优先考虑将涉案金毛狗蕨野生植物送回原地保护的方式。

三、"恢复原状"在生态环境修复案件中的适用限度

如前文所述,恢复性司法最核心的价值就是"恢复"。而"恢复原状"责任方式本质上是将环境资源恢复到破坏前的原状,相较于赔偿损失,其更关注的是环境权益所受到的损害。因而恢复原状应当成为环境民事公益诉讼中最优先考虑的救济方式。但也不得不承认恢复原状在适用于环境保护时还存在一定的理论障碍。[1] 法院在审理相关诉讼请求时,对于恢复原状的适用标准,可从以下几方面进行审查。

(一)审查必要性,即是否必须恢复原状

恢复原状的必要性是适用恢复原状的前提。第一,受损害的对象仍应存在,且尚未达到完全损毁或不可修复的程度。恢复原状并不是重新构建一个全新的环境系统,而是在原有的环境系统中将受损的部分修复还原,达到损害未发生时的状态。第二,自然恢复无法达到修复效果,必须采取一定的人

---

[1] 即恢复原状这种以补救损害为目的的责任承担方式能否救济公益存在争议。部分学者持肯定观点。否定者则认为恢复原状不同于生态环境修复,不能完全救济公益。我们赞同前者,认为《民法典》第一千二百三十四条所规定的生态环境修复责任是《民法典》第一百七十九条规定"恢复原状"的特殊形式。

工干预，且判令侵害人采取积极措施恢复原状对受损环境有利无害。第三，应当结合专业鉴定机构的建议和意见来判断受损环境是否具有恢复原状可能性。法院应组织有资质的专业鉴定机构进行评估、鉴定，查清楚损害的事实和现状，并结合现实情况，综合判断其恢复原状是否能够实现。本案中的涉案野生植物在案件审理过程中尚完好保存于植物园，经过鉴定机构的评估，认为上海的土壤、气候、湿度等都无法长期满足涉案野生植物的自然存活条件，送回原生生境福建省漳州市更为适宜，综合考量后认定采取恢复原状是具有必要性的修复方式。

（二）审查可行性，即是否有合理的实施方案和计划

环境资源的修复在多数情况下是专业性与技术性并存的一项工作，不能仅由侵权人自己实施，应当在专业评估鉴定机构或有能力辅助完成的机构协助下完成。同时，在修复过程中也应注重司法对恢复原状的全程监管。无论要求当事人承担刑事责任、行政责任抑或民事责任，最终以实现所污染的环境、破坏的生态尽可能得到修复为核心目标。[①] 具体而言：第一，修复方案能够实际履行。第二，在修复方案实施过程中，须有司法机关或第三方机构监督修复效果。本案检察机关在提起附带民事公益诉讼过程中，与侵权人就涉案野生植物送回事宜达成一致方案，且与原生地检察院及相关机构取得联系，制定了运送方案，由侵权人在检察机关的监督下将涉案野生植物送回原生生境。

（三）审查经济性，即修复环境的经济价值显著高于修复成本

经济性的审查可结合具体案件情况予以适当考量，并非审查适用的决定性因素。本案中是对于野生植物移植回原生环境的修复，相较于重金属污染或其他具有潜伏性、隐蔽性的环境资源破坏的案件在操作性上以及方案的制定上存在更大优势。因此，结合专业的鉴定意见等不难得出恢复原状是当前最优化的、最有利于环境恢复的修复方案。但如果是其他更为复杂的案件，则应围绕受损环境之前的状态和功能、侵权人对环境造成的实际损害、恢复原状的具体方案与费用计算等进行评估，同时也要考量侵权人自身所能承受

[①] 王立新、黄剑、廖宏娟：《环境资源案件中恢复原状的责任方式》，载《人民司法》2015年第9期。

的限度。如果恢复原状所需成本远远高于致害者所能承受范围,甚至长时间的资金输出或修复成本会拖垮一个家庭或企业等,则应考虑其他的责任承担方式。本案在侵权责任承担方式上,判决责令侵权人采用恢复原状的责任方式,将涉案野生植物送回原生生境保护,相比长期的植物养护费用及物种损害评估费用更为经济,更符合侵权人的实际承受能力,也更有利于受损生态环境系统的修复。

【相关法律规范】

★《中华人民共和国刑法》

第三百四十四条 违反国家规定,非法采伐、毁坏珍贵树木或者国家重点保护的其他植物的,或者非法收购、运输、加工、出售珍贵树木或者国家重点保护的其他植物及其制品的,处三年以下有期徒刑、拘役或者管制,并处罚金;情节严重的,处三年以上七年以下有期徒刑,并处罚金。

★《中华人民共和国民法典》

第一百七十九条 承担民事责任的方式主要有:

(一)停止侵害;

(二)排除妨碍;

(三)消除危险;

(四)返还财产;

(五)恢复原状;

(六)修理、重作、更换;

(七)继续履行;

(八)赔偿损失;

(九)支付违约金;

(十)消除影响、恢复名誉;

(十一)赔礼道歉。

法律规定惩罚性赔偿的,依照其规定。

本条规定的承担民事责任的方式,可以单独适用,也可以合并适用。

第一千二百二十九条 因污染环境、破坏生态造成他人损害的,侵权人应当承担侵权责任。

第一千二百三十五条 违反国家规定造成生态环境损害的,国家规定的机关或者法律规定的组织有权请求侵权人赔偿下列损失和费用:

(一)生态环境受到损害至修复完成期间服务功能丧失导致的损失;

(二)生态环境功能永久性损害造成的损失;

(三)生态环境损害调查、鉴定评估等费用;

(四)清除污染、修复生态环境费用;

(五)防止损害的发生和扩大所支出的合理费用。

★《中华人民共和国野生植物保护条例》

第十八条 禁止出售、收购国家一级保护野生植物。

出售、收购国家二级保护野生植物的,必须经省、自治区、直辖市人民政府野生植物行政主管部门或者其授权的机构批准。

12. 行为人经事前通谋非法采砂的,应认定为非法采矿罪的共犯并承担生态环境损害赔偿责任

——陈某保、陈某付等非法采矿刑事附带民事公益诉讼案

【规则提要】

1. 在采砂方未到案时,运砂方有证据证明与采砂方或采砂中介事前通谋的,应以非法采矿罪的共犯论处。

2. 非法采砂犯罪行为破坏海洋生态环境,损害社会公共利益,在承担刑事责任的同时,还应当承担相应的生态环境损害赔偿责任。

【基本案情】

被告人陈某保系某号船船主与船长，被告人米某、陈某付、陈某明受其雇用，在某号船分别任大副、轮机、水手。为牟取利益，陈某保经事先联系，从并未取得海砂开采海域使用权证和采矿许可证的非法采砂船处接驳海砂。因该船装载海砂无合法手续，由吴淞海事局通报至上海海警局。后四被告人主动投案。被告人陈某保到案后，供述了其于2019年6月至同年11月，采取相同手法，在相近海域，先后12次在被告人米某处购买海砂，运输至江苏省海门市进行销售的情况。其间，被告人陈某保共计向采砂方支付买砂款120余万元，销售海砂共计485万元。

公诉机关在提起公诉的同时附带民事公益诉讼。诉称陈某保等四被告非法采矿的行为，造成国家矿产资源损失，破坏相关海域海洋环境，影响渔业资源的正常生长繁殖，对海洋渔业资源和生态系统造成损害，侵害了国家利益和社会公共利益，应当依法承担相应的民事责任，请求依法判令：被告陈某保赔偿因非法采矿所造成的海洋生物资源损失200余万元、海洋生态系统服务损害5万余元，被告米某、陈某付、陈某明分别在其参与范围内承担连带赔偿责任；四被告连带承担鉴定费用30万元。

【裁判】

法院生效裁判认为：关于本案的刑事部分，被告人陈某保、陈某付等四人违反矿产资源法规，与非法采砂方事先通谋，购买、运输、贩卖海砂，情节特别严重，均应当以非法采矿罪追究刑事责任。在共同犯罪中，被告人陈某保作为船主、船长，组织犯罪活动，全面负责与非法采砂方、买砂方的联络交易事宜，起主要作用，系主犯。其辩护人提出的陈某保非海砂直接开采方，在共同犯罪中应被认定为从犯的意见不予采纳。其余三被告听从陈某保的指挥，起次要作用，系从犯，均应减轻处罚。四被告人犯罪以后自动投案，基本能够如实供述自己的罪行，均系自首，可以从轻处罚；到案后能自愿认罪认罚，有一定的悔罪表现，亦可酌情从轻处罚。

关于本案的附带民事公益诉讼部分，四被告人参与非法采矿的行为，破坏了相关海域海洋环境，对海洋渔业资源和生态系统造成损害，应当承担相应的民事责任。根据2009年《侵权责任法》和《民法典》的相关规定，共同实施侵权行为造成损害的，应当承担连带责任，同时权利人有权请求部分或者全部连带责任人承担责任，故在本案直接采砂人未到案的情况下，可以要求部分连带责任人承担民事赔偿责任；公益诉讼起诉人的其他诉讼请求亦符合相关法律规定。

综上，判决四名被告人三年六个月至一年不等的有期徒刑，并处罚金；同时判决被告陈某保赔偿因非法采矿所造成的海洋生物资源损失200余万元、海洋生态系统服务损害5万余元，陈某付等三人分别在其参与范围内承担连带赔偿责任；四被告连带承担鉴定费用30万元；四被告公开向社会公众赔礼道歉。宣判后，各方当事人未上诉，检察机关未抗诉，该案判决已经发生法律效力。

【评析】

本案中，人民法院一方面在采砂方未到案时，认定事前联络的运砂方为非法采矿罪的共犯，判处被告人自由刑并处罚金；另一方面准确贯彻损害担责原则，确认部分连带责任人承担民事赔偿责任，彰显了人民法院保护生态环境、建设美丽中国的决心。

一、事前通谋的非法采矿罪共同犯罪的认定

关于非法采矿共同犯罪的认定实际也是对于运砂人性质定性的问题。对此，《最高人民法院、最高人民检察院关于办理非法采矿、破坏性采矿刑事案件适用法律若干问题的解释》第七条规定："明知是犯罪所得的矿产品及其产生的收益，而予以窝藏、转移、收购、代为销售或者以其他方法掩饰、隐瞒的，依照刑法第三百一十二条的规定，以掩饰、隐瞒犯罪所得、犯罪所得收益罪定罪处罚。实施前款规定的犯罪行为，事前通谋的，以共同犯罪论处。"非法采砂案件中的运砂大体有两种情形：一种是共同在河道或海域内完成，由于吸砂船的水上存储能力较弱，一般都是运砂船靠拢后将开采出的砂石转运，这是较为常见的形式；另一种是在陆地上运砂，砂石已由运砂船运到岸边，运输车辆在岸边运输进行销售。本案的问题是，陈某保提前与采砂方取得联系，负责采砂后的运输工作，在实际采砂方未到案的情况下，陈某保等四人的行为是认定为非法采矿罪的共同犯罪，还是应当按照相关司法解释的规定认定为掩饰、隐瞒犯罪所得罪。如果认定为非法采矿罪的共同犯罪，是定性为主犯还是从犯，存在一定争议。

在实践中，非法采（河）江砂或海砂的案件经常出现的情形是泵船在水中采砂，运砂船直接接砂后开往指定码头或洗砂厂，对于收购所盗采砂矿是完整的链条，采、运、销三者关联紧密形成链条，这对于"事前共谋"不好确认。另外，掩饰、隐瞒犯罪所得罪，要求以上述犯罪事实成立为前提，行为人是在单纯地知道或应当知道行为对象是犯罪所得的情况下实施了掩饰、隐瞒行为，是"事后的帮助行为"。① 具体而言，可以从三个方面来认定。

（一）行为上上游犯罪分子应是实行犯

掩饰、隐瞒犯罪所得的行为人必须是与上游犯罪的实行犯进行"事前通谋"。不能仅就窝藏、销赃事宜的非实行犯进行共谋，否则就算是在此过程中间接知晓上游犯罪，也不能成立共同犯罪。

（二）时间上必须发生在上游犯罪既遂前

共同犯罪要求共同犯罪人在主观方面有共同的犯罪故意，且有意思联络。在时间上，要发生在上游犯罪既遂之前，如果是在之后进行意思联络的不属于"事前共谋"。如果有证据证明掩饰、隐瞒犯罪所得行为人与上游犯罪分子形成长期的、稳定的合作关系，也应认定双方存在"事前通谋"，以共犯论。

（三）内容上应当具有具体性、明确性

所谓具体的、明确的内容，并非要求完全知晓上游犯罪何时何地发生，但至少应当涉及上游犯罪的手段、赃物种类、收赃方式或者价格内容的知晓，才可认定为"事前通谋"，从而成立共同犯罪。

本案中，陈某保在未取得海砂开采海域使用权证和采矿许可证的情况下，经与非法采砂方事先联系，获取采砂船采挖海砂的坐标，先后12次分别与其他三名被告人共同驾驶船只至福建省闽江口附近海域，由采砂船将在上述海

---

① 参见陆建红、杨华、曹东方：《〈关于审理掩饰、隐瞒犯罪所得、犯罪所得收益刑事案件适用法律若干问题的解释〉的理解与适用》，载《人民司法》2015年第17期。

域开采的海砂过驳,后运输销售,并由陈某保将买砂款汇至采砂方提供的银行账户。从采砂方行为、时间的既遂以及犯意的联络来看,陈某保等应当认定为非法采矿罪的共同犯罪。另外,在共同犯罪中,陈某保作为船主、船长,组织犯罪活动,全面负责与非法采砂方、买砂方的联络交易事宜,起主要作用,不能因为直接采砂方未到案而认定为从犯。

二、非法采矿罪的责任承担

《刑法》对破坏环境资源犯罪的专章规定意在表明打击与遏制破坏环境资源保护类的犯罪。矿产资源是生态环境资源的重要组成部分,在维护水砂平衡、河道通航安全、保证生物多样性以及维持水生环境自净能力等诸多方面起到至关重要的作用。当行为人构成该类犯罪时,必然影响砂石资源、矿产资源在原生环境中对于生态系统支撑的维系作用,对生态环境造成不同程度的损害,因此,应当对犯罪行为承担生态环境的侵权责任。

根据《民法典》第一百八十七条的规定,民事主体因同一行为应当承担民事责任、行政责任和刑事责任的,承担行政责任或者刑事责任并不影响承担民事责任。因此,对该类犯罪的行为人,除了应当给予刑事处罚外,还应当让其承担相应的生态修复责任或者生态环境损害赔偿责任。

本案中,陈某保等四人为了获取非法利益,违反矿产资源法规,与非法采砂方事前通谋,购买、运输、贩卖海砂,先后12次购买海砂,销售金额高达485万元,破坏相关海域的生态环境,危害社会公共利益。在法院对陈某保等四人非法采矿罪审理过程中,检察机关依法提起附带民事公益诉讼。法院根据审理查明的犯罪事实、性质以及情节等因素,在以非法采矿罪判决四名被告人承担刑事责任、退缴违法所得的同时,依法支持公益诉讼起诉人的全部诉讼请求,彰显了法院在谋求人与自然和谐共生中的司法责任与使命。

另外,根据《侵权责任法》的相关规定,共同实施侵权行为造成损害的,应当承担连带责任,同时权利人有权请求部分或者全部连带责任人承担责任。

本案中,在采砂方未到案时,有证据证明与采砂方或采砂中介事先联系的运砂船应以非法采矿罪的共犯论处。故本案在直接采砂人未到案的情况下,通过鉴定机构对采砂造成的海洋生态生物资源损害以及生态系统服务功能损害进行了量化,法院支持起诉人请求部分连带责任人承担民事赔偿责任,严厉打击了贩运海砂行为。

三、余论

人民法院除对采砂方未到案的非法采矿共同犯罪进行了认定外,还紧紧围绕提升生态系统多样性、稳定性、持续性这一美丽中国建设任务,针对破坏环境资源犯罪依法作出刑事附带民事公益诉讼判决,是环境资源"三合一"工作机制、审理方式的集中展现,突出了新时代人民法院在中国式审判现代化进程中的司法作用。

【相关法律规范】

★《中华人民共和国刑法》

第三百四十三条 违反矿产资源法的规定,未取得采矿许可证擅自采矿,擅自进入国家规划矿区、对国民经济具有重要价值的矿区和他人矿区范围采矿,或者擅自开采国家规定实行保护性开采的特定矿种,情节严重的,处三年以下有期徒刑、拘役或者管制,并处或者单处罚金;情节特别严重的,处三年以上七年以下有期徒刑,并处罚金。

违反矿产资源法的规定,采取破坏性的开采方法开采矿产资源,造成矿产资源严重破坏的,处五年以下有期徒刑或者拘役,并处罚金。

★《最高人民法院关于适用〈中华人民共和国民法典〉时间效力的若干规定》

第一条 民法典施行后的法律事实引起的民事纠纷案件,适用民法典的规定。

民法典施行前的法律事实引起的民事纠纷案件,适用当时的法律、司法解释的规定,但是法律、司法解释另有规定的除外。

民法典施行前的法律事实持续至民法典施行后,该法律事实引起的民事纠纷案件,适用民法典的规定,但是法律、司法解释另有规定的除外。

13. 非法捕捞及运输、出售国家二级保护野生动物鲸鲨尸体的，仍应依法追究刑事责任
——谢某丰、杨某通等危害珍贵、濒危野生动物及非法捕捞水产品案

【规则提要】

1. 国家重点保护野生动物的尸体是生物学、生态学、解剖学等领域研究的重要材料，仍然属于国家重点保护野生动物。

2. 无论捕捞鲸鲨等国家重点保护野生动物是活体还是尸体，只要行为人在明知是保护动物的情况下，后续实施了非法运输、出售的行为，仍应当以危害珍贵、濒危野生动物罪追究其刑事责任。

【基本案情】

2023年9月16日起，被告人谢某丰、杨某通分别使用A船、B船从浙江省宁波市某码头出航，违反捕捞许可证作业类型、作业场所的规定，使用双船有翼单囊拖网在海洋水域进行捕捞作业，并与被告人黄某志事先商定，捕捞的渔获物由C渔运船运输至某码头。其中，被告人黄某志为A船运输5次渔获物共1064箱，为B船运输4次渔获物共963箱。已出售部分渔获物价值20余万元。

2023年9月27日凌晨，A船起网时，被告人谢某丰发现捕到一条鲨鱼，并确认已死亡，后联系被告人黄某志将鲨鱼运输至某码头并出售。2023年9月29日，被告人黄某志电话联系胡某建（另案处理）至某码头，以8000余元的价格将鲨鱼尸体出售，货款由码头过磅人员叶某明代收，胡某建在C船

返港后，在船上将鲨鱼分割带走。

海警经侦查，于2023年10月3日查获C船、A船，抓获被告人谢某丰、黄某志，于次日查获B船，抓获被告人杨某通，同时在上述三条船上共查获渔具三顶、渔获物9000余千克。三被告人到案后均如实供述了自己的罪行。

经鉴定，查获的渔获物市场批发价为50余万元，已由某海警局先行拍卖，拍卖总价款为2万余元；查获的三顶渔具为双船有翼单囊拖网，网囊最小网目内径尺寸分别为28mm、32mm、34mm，均小于《农业部关于实施海洋捕捞准用渔具和过渡渔具最小网目尺寸制度的通告》的规定；送鉴物系鲸鲨，我国将其列入《国家重点保护野生动物名录》二级保护物种。根据《水生野生动物基准价值标准目录》，每尾基准价值4万元。

【裁判】

法院生效裁判认为：被告人谢某丰、黄某志、杨某通构成非法捕捞水产品罪；被告人谢某丰、黄某志构成危害珍贵、濒危野生动物罪。公诉机关指控的罪名成立，应予支持。在非法捕捞水产品的共同犯罪中，被告人谢某丰、杨某通起主要作用，系主犯；被告人黄某志起次要作用，系从犯，依法应当从轻处罚。三被告人能如实供述自己的罪行，愿意接受处罚，依法可以从轻处罚。被告人谢某丰、黄某志犯两罪，依法应当两罪并罚。公诉机关的量刑建议适当，应予采纳；辩护人的相关辩护意见，法院酌情予以采纳。根据三被告人的犯罪事实、性质、情节和对社会的危害程度，判决被告人谢某丰、黄某志犯危害珍贵、濒危野生动物罪，判处有期徒刑八个月至一年不等，并处罚金；违法所得予以追缴，供犯罪所用的本人财物予以没收。

宣判后，被告人未提出上诉，检察机关未提出抗诉，该案判决已经发生法律效应。

【评析】

野生动物一般分为陆生和水生二类。本案是上海市首例运输、出售水生野生动物鲸鲨的刑事案件。涉案的鲸鲨是国家二级保护野生动物，需要明确的是，即便是鲸鲨或其他珍贵、濒危野生动物的尸体，仍然属于国家重点保护野生动物。

一、野生动物保护的基本原则

《野生动物保护法》中并未直接针对野生动物自然死亡的情况作出规定。但该法规定了国家对野生动物的保护原则和管理措施，这些原则同样适用于野生动物自然死亡后的处理。根据《野生动物保护法》第四条的规定，国家加强重要生态系统保护和修复，对野生动物实行保护优先、规范利用、严格监管的原则。这一原则表明，即使野生动物自然死亡，其尸体也应得到妥善处理和保护，以防止被非法利用或破坏。该法第六条第一款进一步规定，任何组织和个人有保护野生动物及其栖息地的义务。这意味着，对于自然死亡的野生动物，公众应秉持保护意识，避免对其尸体进行不当处理或破坏。

二、鲸鲨以及其他珍贵、濒危野生动物尸体仍然属于国家重点保护野生动物

涉案的鲸鲨是国家二级保护野生动物，虽然行为人捕捞的鲸鲨是尸体，但需要明确的是，即便是鲸鲨以及其他珍贵、濒危野生动物的尸体，其皮毛和骨骼等可制成标本，有些等级保护动物的皮毛和骨骼还有较高的经济价值；另外，等级保护动物的尸体是生物学、生态学、解剖学等领域研究的重要材料。通过解剖和分析，科学家们能够深入了解动物的生理结构、病理情况，为野生动物保护、疾病预防和治疗提供科学依据。从这个意义上说，等级保护动物的尸体可以解释为刑事法律上的动物制品。因此，无论捕捞鲸鲨活体还是尸体，在法律层面上，只要行为人在明知是保护动物情况下，后续实施了非法运输、出售的行为，仍应当以危害珍贵、濒危野生动物罪追究其刑事责任。

三、余论

本案的审判通过上海电视台、法治天地频道、《上海法治报》《新民晚报》、中华网以电视、网络、纸质形式进行宣传报道，全方位、多维度延伸审判效果，全面提升公众法治意识。本案判决坚持以习近平生态文明思想为指引，坚持生态惠民、生态利民、生态为民，对不断满足人民群众对良好生态环境新期待和推动美丽中国建设具有积极的意义。

【相关法律规范】

★《中华人民共和国刑法》

第三百四十条 违反保护水产资源法规，在禁渔区、禁渔期或者使用禁用的工具、方法捕捞水产品，情节严重的，处三年以下有期徒刑、拘役、管制或者罚金。

第三百四十一条 非法猎捕、杀害国家重点保护的珍贵、濒危野生动物的，或者非法收购、运输、出售国家重点保护的珍贵、濒危野生动物及其制品的，处五年以下有期徒刑或者拘役，并处罚金；情节严重的，处五年以上十年以下有期徒刑，并处罚金；情节特别严重的，处十年以上有期徒刑，并处罚金或者没收财产。

违反狩猎法规，在禁猎区、禁猎期或者使用禁用的工具、方法进行狩猎，破坏野生动物资源，情节严重的，处三年以下有期徒刑、拘役、管制或者罚金。

违反野生动物保护管理法规，以食用为目的非法猎捕、收购、运输、出售第一款规定以外的在野外环境自然生长繁殖的陆生野生动物，情节严重的，依照前款的规定处罚。

★《中华人民共和国野生动物保护法》

第四条 国家加强重要生态系统保护和修复，对野生动物实行保护优先、规范利用、严格监管的原则，鼓励和支持开展野生动物科学研究与应用，秉持生态文明理念，推动绿色发展。

第六条 任何组织和个人有保护野生动物及其栖息地的义务。禁止违法猎捕、运输、交易野生动物，禁止破坏野生动物栖息地。

社会公众应当增强保护野生动物和维护公共卫生安全的意识，防止野生动物源性传染病传播，抵制违法食用野生动物，养成文明健康的生活方式。

任何组织和个人有权举报违反本法的行为，接到举报的县级以上人民政府野生动物保护主管部门和其他有关部门应当及时依法处理。

14. 矿产品价值应以到岸价（泊水价）为认定标准
——芮某国非法采矿案

【规则提要】

非法开采的矿产品价值难以确定的，一般以被查获时当地矿产品市场交易价格为评估基准，不予扣除运输、人工等犯罪成本。违法行为存在明显时段连续性且可以分段计算矿产品数量的情况下，可以分别按照不同时段实施违法行为时矿产品价格进行计算。

【基本案情】

被告人芮某国系 A 船船长。2021 年 11 月中旬，被告人芮某国在陈某敏（已判决）的授意下，明知采砂方未取得海砂开采海域使用权证及采矿许可证，仍经事先通谋，驾驶 A 船至福建闽江口附近海域购买采砂船在上述海域开采的海砂后开往舟山卸砂，芮某国负责船舶驾驶、指挥买卖海砂等。同月 24 日 0 时 30 分许，海警人员在吴淞某号锚地对该船进行登临检查。执法人员当场抓获芮某国，并查扣所运海砂。经检测评估，上述海砂为特细砂，价值 25 万余元。涉案海砂已被依法拍卖。

2021 年 1 月，芮某国在陈某敏的指使下，曾以同样方式至上址买卖海砂，后被某海警局查扣所运细砂，价值 27 万余元。涉案海砂已被依法拍卖。

另查明，2020 年 12 月、2021 年 10 月，陈某敏曾两次指使芮某国以同样方式至上址买卖海砂。

【裁判】

法院生效裁判认为：被告人芮某国违反矿产资源法的规定，在明知采砂方未取得海砂开采海域使用权证且未取得采矿许可证的情况下，经事先通谋，伙同采砂方擅自采砂，其行为构成非法采矿罪，属于共同犯罪，且情节特别严重。

关于 2020 年 12 月、2021 年 10 月两节犯罪事实，辩护人提出仅有证人证言不足以认定，经查，涉案船舶的航行轨迹、涉案船舶船主及船员供述笔录与被告人芮某国的供述能够形成完整证据链，可以认定被告人芮某国分别于 2020 年 12 月、2021 年 10 月前往福建闽江口海域买卖海砂的事实。对此节辩护意见，法院不予采纳。

关于 2021 年 11 月一节犯罪事实，辩护人提出以泊水价认定涉案海砂的价值不合理。经查，鉴定机构以涉案海砂被查获时吴淞某号锚地所在地的市场批发价为计算标准认定涉案海砂的价值。法院认为，涉案海砂在运输过程中被查获，对其价值以被查获地的市场价为认定节点，经依法评估认定，合法有据，辩护人关于此节的辩护意见，与事实不符，不予采纳。

关于 2021 年 1 月一节犯罪事实中涉案海砂的重量、价值、品质，法院评判如下：某海警局提供的涉案海砂保管入库时的重量记录与拍卖情况报告中的海砂重量、涉案运砂船承载重量以及船员的供述能相互印证。关于涉案海砂的品质、价格，福建省某研究院出具了《涉案海砂矿产资源技术鉴定报告》，银某资产评估有限公司出具了《资产评估报告》，公诉机关在讯问被告人芮某国时告知了上述两份报告内容，被告人芮某国对海砂的品质、价值均表示无异议。在第一次庭审后，法院也向被告人芮某国送达了上述两份报告，芮某国在第二次庭审中亦表示无异议。综上，在案证据足以认定涉案海砂的重量、价值和品质。

关于 2021 年 1 月一节犯罪事实中被告人芮某国的作用以及参与程度，经查，被告人芮某国在此次犯罪过程中负责船舶航行、与采砂方联系等管理事务，对犯罪目的实现起到不可或缺的作用，对此次非法采矿犯罪行为应当承担刑事责任。

综上，在共同犯罪中，被告人芮某国起次要作用，系从犯，应当减轻处罚。被告人芮某国到案后能如实供述自己的罪行，两次开庭中对犯罪事实均无异议，对公诉机关提出的量刑建议也予以认可，依法可以从轻处罚。据此法院判决：（1）被告人芮某国犯非法采矿罪，判处有期徒刑一年三个月，并处罚金；（2）违法所得予以追缴，涉案海砂拍卖款及供犯罪所用的本人财物予以没收。

一审宣判后，被告人未上诉，检察机关未抗诉，该案判决已经发生法律效力。

【评析】

江河流域的砂石不仅有宝贵的矿产资源，而且在维护水沙平衡、河道通航安全、保证生物多样性以及维持水生环境自净能力等诸多方面起到至关重要的作用。但在高额利润的驱动下，近年来，非法采砂行为屡禁不止。2016年《最高人民法院、最高人民检察院关于办理非法采矿、破坏性采矿刑事案件适用法律若干问题的解释》，细化规定了非法采砂行为的犯罪认定。2022年，最高人民法院出台《关于充分发挥环境资源审判职能作用 依法惩处盗采矿产资源犯罪的意见》，对矿产品价值认定、涉案财物处置、共同犯罪认定、缓刑适用等问题明确了新的意见。

一、涉非法采砂案件司法实践中常见争议问题

当前，非法采矿罪实践和理论都研究较少，本文以芮某国非法采矿案为例，梳理以下几点涉非法采矿案件司法实践中的常见争议问题。

（一）购砂方、运砂方的罪名认定

在实践中，对于犯罪行为中的过驳、运输、购买砂石一方，在定罪上应适用非法采矿罪，还是适用掩饰、隐瞒犯罪所得罪处罚，取决于其是否与采砂方存在事前通谋。若购砂方、运砂方与采砂方事前通谋，通过采运一体的方式非法采砂，形成产销利益链条，应当认定购砂方、运砂方与采砂方构成非法采砂的共同犯罪。如万某非法采矿、掩饰、隐瞒犯罪所得案[①]中，行为

---

① 人民法院案例库参考案例，入库编号：2023-11-1-349-001。

人在上游犯罪实施前或实施中与上游犯罪人通谋，实施掩饰、隐瞒犯罪所得、犯罪所得收益的，成立上游犯罪的共犯；反之，在上游犯罪实施完毕之后明知系犯罪所得及其产生的收益而予以窝藏、转移、收购、代为销售或者以其他方法掩饰、隐瞒，则成立掩饰、隐瞒犯罪所得、犯罪所得收益罪。需注意的是，事先通谋的认定有一定的困难，或者因实际情况复杂、受被告人供述不同而影响较大，人民法院需严格审查。

（二）长三角地区定罪标准梳理

《最高人民法院、最高人民检察院关于办理非法采矿、破坏性采矿刑事案件适用法律若干问题的解释》对非法采矿违法行为的定罪标准、违法行为情节严重性等以矿产价值为区分标准，明确规定了"开采的矿产品价值或者造成矿产资源破坏的价值在十万元至三十万元以上的"属于情节严重，达到定罪标准。涉案矿产资源价值达到上述金额五倍以上的，属于情节特别严重，升档处罚。实践中，长三角四省市立足于自身实际也各自制定了一些细化规定，但存在适用标准的地方差异。

从现有规定可以看出，①上海市、江苏省、安徽省在非法采矿罪数额认定标准上较为统一，但浙江省规定的数额认定标准较高。上海市、江苏省、安徽省规定的地方标准中一般区域为十万元以上，特殊矿区等为五万元以上；而浙江省规定的地方标准中一般区域为二十万元以上，特殊矿区等为十万元以上。

（三）关于主从犯认定

一是运砂方的主从犯认定。江河湖海流域内的非法采矿案件，由于吸砂船的水上存储能力较弱，一般都是运砂船靠拢后将开采出的砂石转运。一般而言，没有运砂船的配合，采砂方难以单独完成犯罪，运砂方与采砂方仅是分工不同但地位相当，都应定为主犯。

二是提供劳务人员的入刑标准确定。《最高人民法院、最高人民检察院关于办理非法采矿、破坏性采矿刑事案件适用法律若干问题的解释》第十一条

---

① 参见《浙江省高级人民法院、浙江省人民检察院关于确定非法采矿罪、破坏性采矿罪数额标准的通知》《安徽省高级人民法院、安徽省人民检察院关于非法采矿、破坏性采矿刑事案件数额认定标准问题的规定》《江苏省高级人民法院、江苏省人民检察院关于我省执行非法采矿、破坏性采矿"情节严重"、"造成矿产资源严重破坏"标准的意见》《上海市高级人民法院、上海市人民检察院关于非法采矿、破坏性采矿罪数额认定标准的意见》。

规定:"对受雇佣为非法采矿、破坏性采矿犯罪提供劳务的人员,除参与利润分成或者领取高额固定工资的以外,一般不以犯罪论处,但曾因非法采矿、破坏性采矿受过处罚的除外。"实践中,若船长等人实际参与到船舶的管理和指挥过程中,就不能简单地以领取高额收入为判断标准,需综合考量认定主从犯地位。

如彭某强等非法采矿案①中法院认为,"在他人拉拢下,为非法采砂活动通风报信,且参与共同管理和利润分成的,综合全案情节,可以认定为主犯。"又如李某宝等非法采矿刑事附带民事公益诉讼案②中法院认为,"人民法院应当结合被告人参与非法采矿共同犯罪和采销一体化的紧密程度、作案次数及涉案矿产价值等因素,综合评价各被告人在共同犯罪中的地位、作用,确定其刑事责任和附带民事公益诉讼赔偿责任。"

二、矿产品价值的认定

根据《最高人民法院、最高人民检察院关于办理非法采矿、破坏性采矿刑事案件适用法律若干问题的解释》第十三条的规定,非法开采的矿产品价值,根据销赃数额认定;无销赃数额,销赃数额难以查证,或者根据销赃数额认定明显不合理的,根据矿产品价格和数量认定。矿产品价值难以确定的,依据一些机构出具的报告,结合其他证据作出认定。2024年12月,自然资源部印发的《非法采矿采出矿产品价值、非法采矿或破坏性采矿造成矿产资源破坏价值认定办法》同样规定:"非法采矿采出矿产品价值。根据销赃数额认定;无销赃数额,销赃数额难以查证,或者根据销赃数额认定明显不合理的,根据矿产品数量和价格认定。矿产品数量,结合采空区测量结果、矿山生产台账、地形数据、历史遥感影像、矿产资源储量报告、详查以上地质勘查报告等资料综合进行认定。非法采矿采出矿产品的价格,矿产品已经部分销售的,未销售部分按照已经销售矿产品的平均价格认定。违法行为存在明显时段连续性且可以分段计算矿产品数量的情况下,可以分别按照不同时段实施违法行为时矿产品价格进行计算。未销售、无销售证据或销售价格明显不合理的,可依据采矿所在地价格认定机构出具的价格认定结论书进行认定。"

---

① 人民法院案例库参考案例,入库编号:2023-11-1-349-010。
② 人民法院案例库参考案例,入库编号:2024-11-1-349-003。

第一，关于销赃数额的确定，计算主要依据账本、转账明细、被告人供述、证人证言等形成的完整证据链。在交易数额可以依据上述证据计算出来时，关于是否需要将交易数额扣除运费等成本后才能得到销赃数额，实践中存在不同的认识。有的法院裁判认为"该价格虽包含运输费用、雇用挖掘机开采费用、现场管理人员工资等，但这均属于三被告人从事违法犯罪活动的成本，对此费用不应从销赃数额中扣除"。① 有的法院裁判认为，"盗采江砂的价值，根据销赃数额认定，由于销赃地与盗采地距离远近影响运输成本，并进而影响销赃价格，量刑时酌情考虑该节事实。"② 对此，我们认为，销赃价格不应扣除运输、人工等犯罪成本。2024 年 5 月在上海召开的长三角地区环境资源审判适法统一研讨会也对此问题进行了研讨，认为应当按照《最高人民法院关于充分发挥环境资源审判职能作用依法惩处盗采矿产资源犯罪的意见》的规定，准确把握矿产品价值的认定规则，为获取非法利益而对矿产品进行加工、保管、运输的，其成本支出属犯罪投入，一般不从销赃数额中扣除。

第二，关于认定矿产品价值时参考的标准，也就是本案最大的争议焦点：是以出水价还是以到岸价（泊水价）为认定标准。根据目前的规定，当矿产品价值难以确定时，依据价格认证机构、行政主管部门等出具的报告，结合其他证据作出认定。在进行价格认定时存在的争议是"出水价"与"到岸价"之争，两者的区别在于矿产品价格受各地方市场价格的影响。相比出水价，到岸价更多包含了运输和人工成本、到岸地矿产品市场稀缺因素影响等，往往价格更高。对此我们认为，在非法采矿犯罪中，简单以出水价（采砂时当地市场交易价格）计算犯罪金额，明显与行为人非法获利不相符，亦造成罪罚不适当的评价，适用到岸价（泊水价）认定犯罪金额更合理。

【相关法律规范】

★《中华人民共和国刑法》

第三百四十三条　违反矿产资源法的规定，未取得采矿许可证擅自采矿，

---

① 参见安徽省黄山市休宁县人民法院（2017）皖 1022 刑初 123 号刑事判决书。
② 参见安徽省池州市贵池区人民法院（2019）皖 1702 刑初 87 号刑事判决书。

擅自进入国家规划矿区、对国民经济具有重要价值的矿区和他人矿区范围采矿，或者擅自开采国家规定实行保护性开采的特定矿种，情节严重的，处三年以下有期徒刑、拘役或者管制，并处或者单处罚金；情节特别严重的，处三年以上七年以下有期徒刑，并处罚金。

违反矿产资源法的规定，采取破坏性的开采方法开采矿产资源，造成矿产资源严重破坏的，处五年以下有期徒刑或者拘役，并处罚金。

15. 收购、运输、出售野生海马制品行为人与捕杀方既无事前通谋又无固定合作模式的，对捕杀所造成的生态环境损害后果不承担赔偿责任

——蔡某胜非法出售珍贵、濒危野生动物制品刑事附带民事公益诉讼案

【规则提要】

1. 非法猎捕、杀害国家重点保护的珍贵、濒危野生动物，除依法承担相应的刑事责任外，还需要承担赔偿损失、赔礼道歉等民事责任。

2. 非法收购、运输、出售国家重点保护的珍贵、濒危野生动物及其制品等下游犯罪行为人是否需要承担民事责任，需要审查收购、运输、出售方是否与猎捕杀害方存在事前通谋或存在固定的合作模式。如果存在，则可认定双方构成共同侵权并承担民事责任。

【基本案情】

2021年1月16日，被告蔡某胜明知海马系国家保护动物，仍以约6000元的价格向张某敏出售野生海马制品200余尾。同年11月23日，民警至张

某敏住处搜查时当场查获海马制品202尾。经中国水产科学研究院东海水产研究所认定，涉案海马制品中有三斑海马192尾、棘海马1尾、太平洋海马9尾，其中成年海马153尾、幼体海马49尾。经上海市农业农村委员会执法总队认定，2018年10月9日起，海马属所有种（除克氏海马）属于《濒危野生动植物种国际贸易公约》附录Ⅱ物种，并被核准为国家二级保护水生野生动物进行国内管理；2021年2月1日起，海马属所有种（仅限野外种群）是《国家重点保护野生动物名录》物种，属于国家二级保护水生野生动物。经上海市某区发展和改革委员会认定，涉案海马制品价值2万余元。公益诉讼起诉人委托鉴定机构进行生态系统环境损害鉴定，鉴定意见为蔡某胜危害野生海马资源致生态环境损害后果造成的经济损失为11万余元，其中直接损失为2万余元，恢复费用为8万余元。基于野生海马特殊的生物学特性和生态学特性，建议蔡某胜破坏野生海马资源行为致生态环境损害以自然恢复为主。公益诉讼起诉人向法院提出诉讼请求：（1）蔡某胜承担国家野生动物资源损失11万余元；（2）蔡某胜承担鉴定费用；（3）蔡某胜公开向社会公众赔礼道歉。

【裁判】

法院生效裁判认为：本案系生态破坏刑事附带民事公益诉讼案件。被告人蔡某胜非法出售国家重点保护的野生海马制品，构成非法出售珍贵、濒危野生动物制品罪，依法应予惩处。公诉机关的指控成立。被告人蔡某胜犯罪后能主动投案并如实供述自己的罪行，具有自首情节，且愿意接受处罚，依法可以从轻处罚。公诉机关的量刑建议适当，法院予以采纳。判决被告人蔡某胜犯非法出售珍贵、濒危野生动物制品罪，判处拘役，并处罚金；违法所得予以追缴。

民事公益诉讼部分，公益诉讼起诉人某检察院在提起本案民事公益诉讼之前进行了公告，公告期内未有法律规定的机关和有关组织提起民事公益诉讼。某检察院提起本案民事公益诉讼主体适格，程序合法。本案的争议焦点是，蔡某胜出售野生海马制品的行为与生态环境损害之间是否存在直接因果关系，是否应该承担相应的民事责任。法院认为，《民法典》第一千二百二十九条规定："因污染环境、破坏生态造成他人损害的，侵权人应当承担侵权责任。"本案中，在案证据仅能证明蔡某胜存在非法出售野生海马制品的违法行为，无法认定其参与捕捞、杀害野生海马，亦无证据证明蔡某胜与捕捞野生海马的渔民之间存在破坏生态的共同意思联络。因此，被告蔡某胜并非造成野生海马死亡、破坏生态的侵权人，且扣押在案的202尾海马制品已依法没收。被告蔡某胜对涉案造成生态破坏的损害后果，不应承担民事赔偿责任。

考虑到本案是生态环境保护民事公益诉讼，某检察院提起公益诉讼秉持的绿色环保理念符合我国社会主义核心价值观中的生态文明要求。被告蔡某胜虽不是生态损害的直接责任人，但其非法出售珍贵、濒危野生动物制品的行为违反了国家野生动物保护管理法规，不利于珍贵、濒危野生动物保护，属于违法行为，其理应为自己的违法行为向社会公众赔礼道歉。对此，被告蔡某胜亦予以认可，愿意向社会公众赔礼道歉。对此项诉请，法院予以支持。综上判决：（1）责令被告蔡某胜就其违法行为向社会公众公开赔礼道歉；（2）驳回公益诉讼起诉人某检察院的其他诉讼请求。

一审宣判后，各方当事人未上诉，检察机关未抗诉，该案判决已经发生法律效力。

【评析】

野生动物资源属于国家所有，是维持大自然中生物多样性和自然生态系统稳定的重要组成部分。在利益驱使下，破坏野生动物资源犯罪已形成黑色产业链，涉及猎捕、杀害、运输、买卖、做成工艺品等多个环节。人民法院审理破坏野生动物资源犯罪案件，理应全链条惩治违法犯罪行为，不仅要惩治猎捕、杀害野生动物等上游犯罪，也要依法打击非法收购、运输、出售、食用野生动物及其制品等下游犯罪。但在办理刑事附带民事公益诉讼案件中，是否应当追究下游犯罪行为人的民事责任，需要结合具体案情分析。

一、下游犯罪行为人是否需承担民事责任取决于是否构成共同侵权

破坏野生动物资源犯罪案件中，下游犯罪行为人是否需承担民事责任，司法实践对此尚未形成统一认识。如有学者认为"在破坏野生动物资源的上下游犯罪中，各个侵权人之间不存在主观意思表示的联系，没有共同过错的实践表征，属于无意思联络数人侵权，可以认定为共同侵权，符合公益诉讼起诉条件的，可以区分罪过形式，把握行为犯、结果犯、情节犯等客观要件，依据《民法典》《最高人民法院关于审理生态环境侵权责任纠纷案件适用法律若干问题的解释》等规定，追究违法者的相关民事责任。"①同样，在司法实践中，各地法院判决也各不相同。最高人民法院在2021年发布的175号指导案例中明确指出，在该案中，当收购者明知其所收购的鱼苗系非法捕捞所得，仍与非法捕捞者建立固定买卖关系，形成完整利益链条，共同损害生态资源的，收购者应当与捕捞者对共同实施侵权行为造成的生态资源损失承担连带赔偿责任。②而在个别案件中，没有意思联络、未形成利益链条的非法收购、出售和运输者也存在共同承担民事责任的情况。例如，在赵某、姜某非法出售、收购珍贵、濒危野生动物案中，二人仅进行了一次交易，但是法院判令被告人赵某、姜某共同赔偿因侵权造成的国家野生动物资源损失费5000元。③此外，在有的案件中，法院认定捕捞、杀害和食用野生动物的行为人需要共同承担民事责任。例如，在重庆市人民检察院第五分院诉吴某等公益诉讼案中，法院认为，该案被告吴某、刘某、蒋某作为非法捕捞、杀害、食用一尾长江鲟的始作俑者，有明确的共同意思联络，已经构成共同侵权；被告谢某、章某虽然事前与被告吴某、刘某、蒋某没有明确的意思联络，未直接参与捕杀长江鲟，系受邀参与非法食用，但主观上均明知并以食用为目的，其行为与杀害长江鲟的行为具有时空上的联系，该案中的5名被告构成共同侵权。④

对此，我们认为，不能将上下游犯罪简单地认定为"无意思联络数人侵权"，从而判决下游犯罪行为人承担民事责任。对于是否构成共同侵权，需结合野生动物侵权行为的特点，根据是否存在共同意思表示联络去认定。

不存在争议的是，非法猎捕、杀害国家重点保护的珍贵、濒危野生动物，导致案涉野生动物死亡，不仅会造成野生动物资源直接损失，还会导致涉案地区生态系统服务减少、生物多样性减损等，需承担相应的民事责任。这是

---

① 钟三宇、郑怡馨：《刑事附带民事公益诉讼"四要素"规则建构——以野生动物保护为视角》，载《社会科学家》2023年第12期。
② 参见最高人民法院指导案例第175号，江苏省泰州市人民检察院诉王某等生态破坏民事公益诉讼案，江苏省高级人民法院（2019）苏民终1734号民事判决书。
③ 参见赵某等非法出售、收购珍贵、濒危野生动物案，辽宁省辽阳县人民法院（2021）辽1021刑初32号刑事判决书。
④ 参见重庆市人民检察院第五分院诉吴某等公益诉讼案，重庆市第五中级人民法院（2022）渝05民初37号民事判决书。

缘于作为直接侵权人，猎捕方、杀害方的猎捕杀害行为与生态环境损失之间具有直接因果关系。概言之，非法猎捕杀害野生动物，野生动物死亡及生态环境的损害后果，在猎捕杀害行为发生时即已发生，故猎捕方应作为直接侵权行为人承担生态破坏责任。在此前提下，收购方及销售方是否构成共同侵权进而承担侵权责任，应视具体情况确定。

（一）有意思联络的共同侵权

即上下游犯罪各方在共同故意下实施破坏野生动物资源犯罪，形成黑色利益链条。猎捕杀害行为发生前，收购方、销售方等与猎捕方存在共同意思联络，则收购方及销售方应作为共同侵权人承担生态破坏责任。

（二）无意思联络的共同侵权

在单一的猎捕行为发生前，收购方、销售方与猎捕方虽无明确的意思联络，但双方在上下游长期、稳定地进行野生动物的猎捕、收购、销售行为，并形成了较固定的合作模式，亦可认为双方存在共同意思联络，进而认定双方构成共同侵权并承担生态破坏责任。

若收购方及销售方与猎捕方既无事前通谋亦无固定合作模式，仅系偶然性、单一性的收购行为，其收购、销售行为与生态环境损害之间并无因果关系，不应承担生态破坏责任。

本案中，根据在案证据仅能证明被告存在非法出售野生海马制品的违法行为，无法认定其参与捕捞、杀害野生海马，亦无证据证明被告与捕捞野生海马的渔民之间存在破坏生态的共同意思联络。因此，被告并非造成野生海马死亡、破坏生态的侵权人，对涉案造成生态破坏的损害后果，不应承担民事赔偿责任。

二、野生动物资源损害的认定

野生动物资源损害主要包括生态环境功能损失和野生动物经济价值减损。生态环境功能损失指的是野生动物在生态系统中的作用和地位因被非法猎捕或杀害而丧失，而经济价值减损则是指野生动物死亡造成的直接损失。如本案相关的野生动物——海马，是一种小型海洋动物，处在海洋系统食物链的中间环节，起到承上启下的作用，是近海生态系统的旗舰物种，被称为"海洋健康预警器"。它的缺失将使得对应的生态系统受到严重影响。

在法院审理涉野生动物刑事附带民事公益诉讼案件过程中，如何合理认定野生动物资源损害的具体价值较为关键。

（一）价值认定

根据《最高人民法院、最高人民检察院关于办理破坏野生动物资源刑事案件适用法律若干问题的解释》第十五条的规定，对于国家禁止进出口的珍贵动物及其制品、国家重点保护的珍贵、濒危野生动物及其制品的价值，根据国务院野生动物保护主管部门制定的评估标准和方法核算；对于有重要生态、科学、社会价值的陆生野生动物、地方重点保护野生动物、其他野生动物及其制品的价值，根据销赃数额认定；无销赃数额、销赃数额难以查证或者根据销赃数额认定明显偏低的，根据市场价格核算，必要时，也可以参照相关评估标准和方法核算。认定野生动物价值时需先认定涉案野生动物属于何种保护动物；国务院野生动物保护主管部门制定的评估标准和方法即《野生动物及其制品价值评估方法》。

（二）认定方式

根据《最高人民法院、最高人民检察院关于办理破坏野生动物资源刑事案件适用法律若干问题的解释》，难以确定涉案动物及其制品价值的，可以依据司法鉴定机构出具的鉴定意见，或者价格认证机构，国务院野生动物保护主管部门、国家濒危物种进出口管理机构或者海关总署等指定的机构，地、市级以上人民政府野生动物保护主管部门、国家濒危物种进出口管理机构的派出机构或者直属海关等出具的报告，结合其他证据作出认定。同时，法院还可以借助"有专门知识的人"出庭提供专业意见。本案庭审现场，法院特地邀请华东师范大学河口海岸科学研究院副研究员和中国水产科学研究院东海水产研究所副研究员以有专门知识的人身份出席庭审，在庭审现场就涉案海马制品的物种、成幼体情况及其价值认定、购买养殖海马与野生海马的合法性，以及海马在生态系统里发挥的作用等话题进行了专业阐释。

三、绿色原则在破坏野生动物资源保护案件中的运用

在破坏野生动物资源刑事附带民事公益诉讼案件中，检察机关一般有以下两点诉讼请求：一是要求侵权人承担民事赔偿责任；二是要求侵权人公开赔礼道歉。《民法典》第九条规定了绿色原则，即"民事主体从事民事活动，应当有利于节约资源、保护生态环境"。绿色原则不仅是倡导性原则，还通过与其他具体条款相结合，为环境资源案件审理提供了明确的法律指引。绿色原则为涉环境资源案件判决赔礼道歉提供了法律依据和价值指引。判决公开赔礼道歉可以促使行为人认识到自身行为的严重性和危害性，能增强社会公众对环境保护的意识，起到警示教育的作用。

本案虽未支持公益诉讼起诉人的民事赔偿诉讼请求，但考虑到本案是生态环境保护民事公益诉讼，故某检察院提起公益诉讼秉持的绿色环保理念符合我国社会主义核心价值观中的生态文明要求。被告虽不是生态损害的直接责任人，但其非法出售珍贵、濒危野生动物制品的行为违反了国家野生动物保护管理法规，不利于珍贵、濒危野生动物保护，属于违法行为，其理应为自己的违法行为向社会公众赔礼道歉。最终法院判决被告公开赔礼道歉。

【相关法律规范】

★《中华人民共和国民法典》

第九条　民事主体从事民事活动，应当有利于节约资源、保护生态环境。

第一千二百二十九条　因污染环境、破坏生态造成他人损害的，侵权人应当承担侵权责任。

★《最高人民法院、最高人民检察院关于办理破坏野生动物资源刑事案件适用法律若干问题的解释》

第十五条　对于涉案动物及其制品的价值，应当根据下列方法确定：

（一）对于国家禁止进出口的珍贵动物及其制品、国家重点保护的珍贵、濒危野生动物及其制品的价值，根据国务院野生动物保护主管部门制定的评估标准和方法核算；

（二）对于有重要生态、科学、社会价值的陆生野生动物、地方重点保护野生动物、其他野生动物及其制品的价值，根据销赃数额认定；无销赃数额、销赃数额难以查证或者根据销赃数额认定明显偏低的，根据市场价格核算，必要时，也可以参照相关评估标准和方法核算。

16. 禁渔期内使用禁用渔具在东海海域捕捞水产品的，应依法追究刑事责任
——代某甲、丁某新等非法捕捞水产品案

【规则提要】

违反保护水产资源法规，未取得鳗苗特许捕捞许可证，在禁渔区、禁渔期内，使用禁止使用的小于最小网目尺寸的张网捕捞鳗苗的，构成"情节严重"，应以非法捕捞水产品罪追究刑事责任。

【基本案情】

上海市某区某农场附近东海水域系鳗苗禁渔区，除2023年1月15日至2023年4月15日允许持有鳗苗特许捕捞许可证捕捞外，禁止捕捞鳗苗。2023年2月至5月底，被告人代某甲、丁某新、陈某林、代某乙在无鳗苗特许捕捞许可证的情况下，在上海市某区某农场附近东海水域使用双桩张纲张网捕捞鳗苗。其中，4月15日至5月底，被告人代某甲共捕捞鳗苗约3500条，获利约3.5万元；被告人丁某新共捕捞鳗苗约3000条，获利约3万元；被告人陈某林共捕捞鳗苗约2500条，获利约2.5万元；被告人代某乙共捕捞鳗苗约2000条，获利约2万元。经中国水产研究院东海水产研究所认定，涉案鳗苗样品为日本鳗鲡；涉案渔具为双桩张纲张网，网囊最小网目内径尺寸2毫米。经上海市某区农业农村委员会执法大队认定，属于上海市东海水域除有地方特许作业相关管理规定外禁止使用的小于最小网目尺寸的张网。

【裁判】

法院生效裁判认为：四被告人违反保护水产资源法规，未取得鳗苗特许捕捞许可证，在禁渔期内使用禁用渔具非法捕捞具有重要经济价值的水生动物苗种，情节严重，应当以非法捕捞水产品罪追究刑事责任。鉴于四被告人到案后均如实供述自己罪行，认罪认罚，依法可以从轻处罚；有退赃表现，可酌情从轻处罚。判决被告人代某甲、丁某新、陈某林、代某乙犯非法捕捞水产品罪，分别判处拘役，退出的违法所得予以没收，不足部分继续予以追缴；扣押在案的渔具予以没收。

【评析】

鳗鱼苗即鳗鲡的幼苗，具有很高的经济价值，被称为水中"软黄金"。鳗苗是国家法律确定的有重要经济价值的水生动物苗种，在部分地区非法捕捞鳗苗行为较为猖獗，严重破坏渔业资源和生态平衡。本案系非法捕捞水产品类犯罪，被告人违反保护水产资源法规，未取得鳗苗特许捕捞许可证，在禁渔期内使用禁用的渔具非法捕捞有重要经济价值的水生动物鳗苗，情节严重，以非法捕捞水产品罪追究其刑事责任。实践中，非法捕捞行为并非均构成犯罪，根据情节的轻重程度，也可能会受到行政处罚。

一、非法捕捞水产品行为的认定

非法捕捞水产品是指违反《渔业法》等保护水产资源法规，在禁渔区、禁渔期或者使用禁用的工具、方法捕捞水产品的行为。另外，未按照规定取得捕捞许可证捕捞的，亦属于非法捕捞的范畴。

（一）禁渔区、禁渔期的认定标准

禁渔区是指由国家法令或者地方政府规定，对某些重要鱼、虾、蟹、贝、藻，以及其他重要水生生物的产卵场、索饵场、越冬场和洄游通道，划定一定的范围，禁止所有渔业生产作业的区域或者禁止某种渔业生产作业的区域。禁渔期是指在某些重要水生生物的产卵场、索饵场、越冬场和洄游通道，规定禁止渔业生产作业或者限制作业的一定期限。根据《渔业法》第三十条的规定，禁止在禁渔区、禁渔期进行捕捞，禁渔区、禁渔期由国务院渔业行政主管部门或者省、自治区、直辖市人民政府渔业行政主管部门规定，具体以政府主管部门通告为准，禁渔期一般与禁渔区相结合规定。以上海市为例，上海市的禁渔区主要为长江口水域，该区域包括农业农村部设定的长江口禁捕管理区，即上海市长江口中华鲟自然保护区和长江刀鲚国家级水产种质资源保护区上海段；市内陆水域（包括黄浦江及其他内陆水域）的禁渔时间为每年2月16日12时至5月16日12时，禁止除休闲垂钓外的所有捕捞作业类型；长江及其重要支流以及其他重点水域自2021年1月1日0时起，十年禁捕，禁止天然渔业资源的生产性捕捞。

本案所涉及的是鳗苗禁渔区、禁渔期规定，根据上海市农业农村委员会《关于加强2023年鳗苗捕捞管理的通知》，上海市鳗苗捕捞海域限于北纬30°54′00″以南上海市管辖的海域，捕捞期限为2023年1月15日至4月15日，禁止提前或预期捕捞鳗苗，捕捞前需申请鳗苗特许捕捞许可证。本案中，四被告人均有在禁渔区、禁渔期进行非法捕捞的行为。

（二）禁用工具、方法的认定标准

禁用工具是指禁止使用的超过国家关于不同捕捞对象所分别规定的最小网目尺寸的网具和其他禁止使用的破坏水产资源的捕捞工具。参考农业农村部通告〔2021〕4号《关于发布长江流域重点水域禁用渔具名录的通告》的规定，禁用渔具主要包括刺网、围网、拖网、地拉网等网具，定置延绳真饵单钩、漂流延绳真饵单钩等钓具，拖曳齿耙、拖曳泵吸等耙刺。禁用的方法是指禁止采用的损害水产资源正常繁殖、生长的方法，如炸鱼、毒鱼、电鱼等。实践中，犯罪分子往往使用禁用的工具和方法，在禁渔区、禁渔期非法捕捞水产品，严重破坏我国的水产资源。

本案中，四被告人所用渔具为双桩张纲张网，网囊最小网目内径尺寸2毫米，民间俗称"绝户网"（密网）。按照农业部通告〔2013〕1号《关于实施海洋捕捞准用渔具和过渡渔具最小网目尺寸制度的通告》及农渔资函〔2014〕59号《农业部渔业渔政管理局关于同意执行海洋捕捞渔具最小网目尺寸标准特许作业相关备案管理规定的函》的规定，上海东海水域捕捞鳗苗张网类（包括双桩张纲张网）最小网目（或网囊）尺寸为35毫米，四被告人使用的是网目仅2毫米的"绝户网"，远远低于农业部海洋渔业最小网目尺寸35毫米的标准，属于使用禁用的工具捕捞。

二、非法捕捞水产品责任承担

根据《刑法》第三百四十条及《渔业法》第三十八条的规定，情节严重与否是区分非法捕捞水产品罪与一般非法捕捞水产品违法行为的标准。《最高人民法院关于审理发生在我国管辖海域相关案件若干问题的规定（二）》第四条对非法捕捞水产品罪中的"情节严重"作出了明确规定，主要包括以下情形：（一）非法捕捞水产品一万公斤以上或者价值十万元以上的；（二）非法捕捞有重要经济价值的水生动物苗种、怀卵亲体二千公斤以上或者价值二万元以上的；（三）在水产种质资源保护区内捕捞水产品二千公斤以上或者价值二万元以上的；（四）在禁渔区内使用禁用的工具或者方法捕捞的；（五）在禁渔期内使用禁用的工具或者方法捕捞的；（六）在公海使用禁用渔具从事捕捞作业，造成严重影响的；（七）其他情节严重的情形。对于情节较轻的，如未按《渔业法》规定取得捕捞许可证而进行捕捞，数量不大的；使用禁用的渔具和方法捕捞水产品但未造成严重危害后果的；偶尔违反捕捞许可证关于作业类型、场所、时限等方面的规定进行捕捞的，属于一般违法行为，尚未构成犯罪的，由渔业主管部门或公安机关予以行政处罚，不受《刑法》处罚。另外，根据《渔业法实施细则》第十九条的规定，因科学研究等特殊需要，在禁渔区、禁渔期捕捞，或者使用禁用的渔具、捕捞方法，或者捕捞重点保护的渔业资源品种，只要经过省级以上人民政府渔业行政主管部门批准，即为合法，不受行政处罚，亦不构成非法捕捞水产品罪。

本案中，四名被告人在禁渔区、禁渔期使用禁用的工具捕捞，且捕捞的鳗苗价值2万元以上，属于情节严重的情形，故而构成非法捕捞水产品罪。对于其在允许持有鳗苗特许捕捞许可证捕捞的时间段内无证捕捞的行为，不构成犯罪，但仍需承担相应的行政责任。

三、关于垂钓是否构成非法捕捞的认定

需特别注意的是，垂钓亦有可能被视为非法捕捞。垂钓通常以娱乐或休闲为目的，钓获的鱼类主要用于个人食用，并不涉及商业销售，且通常使用一根线、一根钩的钓竿，方法相对温和，对渔业资源的破坏性较小，一般不构成非法捕捞。若存在多钩的情况，则可能被视为非法捕捞。另外，对于使用活泥鳅等鱼饵进行垂钓是否构成非法捕捞，法律并未作出明确规定。部分

地方性文件有涉及该方面的内容，如根据《重庆市江北区天然水域垂钓管理暂行办法》第八条的规定，严禁使用鱼虾类活体水生生物饵料（泥鳅、鱼、虾等）进行垂钓。究其原因，这些活体水生生物饵料能短时间内引诱大量鱼类聚集，导致垂钓者在短时间内钓获大量鱼类，在禁渔期间可能被认为等同于生产性捕捞。禁用的渔具中亦包含部分钓具，如定置延绳真饵单钩、漂流延绳真饵单钩等。如果在禁渔区、禁渔期内或者使用禁用的渔具、方法垂钓，导致渔获物数量超过规定限额或对渔业资源造成破坏，则可能被视为非法捕捞。

【相关法律规范】

★《中华人民共和国刑法》

第三百四十条 违反保护水产资源法规，在禁渔区、禁渔期或者使用禁用的工具、方法捕捞水产品，情节严重的，处三年以下有期徒刑、拘役、管制或者罚金。

★《中华人民共和国渔业法》

第三十条 禁止使用炸鱼、毒鱼、电鱼等破坏渔业资源的方法进行捕捞。禁止制造、销售、使用禁用的渔具。禁止在禁渔区、禁渔期进行捕捞。禁止使用小于最小网目尺寸的网具进行捕捞。捕捞的渔获物中幼鱼不得超过规定的比例。在禁渔区或者禁渔期内禁止销售非法捕捞的渔获物。

重点保护的渔业资源品种及其可捕捞标准，禁渔区和禁渔期，禁止使用或者限制使用的渔具和捕捞方法，最小网目尺寸以及其他保护渔业资源的措施，由国务院渔业行政主管部门或者省、自治区、直辖市人民政府渔业行政主管部门规定。

第三十八条 使用炸鱼、毒鱼、电鱼等破坏渔业资源方法进行捕捞的，违反关于禁渔区、禁渔期的规定进行捕捞的，或者使用禁用的渔具、捕捞方法和小于最小网目尺寸的网具进行捕捞或者渔获物中幼鱼超过规定比例的，没收渔获物和违法所得，处五万元以下的罚款；情节严重的，没收渔具，吊销捕捞许可证；情节特别严重的，可以没收渔船；构成犯罪的，依法追究刑事责任。

在禁渔区或者禁渔期内销售非法捕捞的渔获物的，县级以上地方人民政府渔业行政主管部门应当及时进行调查处理。

制造、销售禁用的渔具的，没收非法制造、销售的渔具和违法所得，并处一万元以下的罚款。

★《最高人民法院关于审理发生在我国管辖海域相关案件若干问题的规定（二）》

第四条 违反保护水产资源法规，在海洋水域，在禁渔区、禁渔期或者使用禁用的工具、方法捕捞水产品，具有下列情形之一的，应当认定为刑法第三百四十条规定的"情节严重"：

（一）非法捕捞水产品一万公斤以上或者价值十万元以上的；

（二）非法捕捞有重要经济价值的水生动物苗种、怀卵亲体二千公斤以上或者价值二万元以上的；

（三）在水产种质资源保护区内捕捞水产品二千公斤以上或者价值二万元以上的；

（四）在禁渔区内使用禁用的工具或者方法捕捞的；

（五）在禁渔期内使用禁用的工具或者方法捕捞的；

（六）在公海使用禁用渔具从事捕捞作业，造成严重影响的；

（七）其他情节严重的情形。

第四章 助力推进碳达峰碳中和

17. 不适宜在原地修复或者不能完全修复受损生态环境的，可以认购碳汇方式替代修复
——文某甲、文某喜等盗伐林木刑事附带民事公益诉讼案

【规则提要】

1. 通过认购碳汇的方式实现替代性修复，应以生态环境不能完全修复或者不适宜在原地修复为前提。

2. 人民法院判决认购碳汇替代修复受损生态环境的，可以根据鉴定意见，或者参考林业主管部门、林业调查规划设计单位、相关科研机构和人员出具的专业意见，以个案评估生态服务功能的损害程度核算碳汇价值量。

【基本案情】

2022年10月19日13时许，被告人文某甲、文某喜伙同文某乙、文某生、文某龙等人，在上海市某区域内完成当日的绿化养护和清理业务之后，驾驶未满载的卡车离开该区域。被告人文某甲、文某喜等人驾车经过某路口时，文某甲为谋取非法利益提议砍伐非养护树林内的水杉树出售，所得利益

由五人均分，文某喜、文某乙、文某生、文某龙均表示同意。随后文某甲、文某喜使用汽油锯砍伐水杉树并将水杉切割成树段，文某乙、文某生、文某龙将水杉树段搬上卡车。同日 14 时许，巡逻民警现场抓获有盗伐林木嫌疑的文某甲、文某喜等五人，并查获被砍伐的水杉树段 54 根、汽油锯 2 把。经查，涉案被伐水杉树所处地块系乔木林地，土地所有权及林木所有权为国有。经文某甲、文某喜辨认并经上海某林业规划设计有限公司评估，被伐 8 棵水杉树的立木蓄积量为 5.5052 立方米，所造成的林木生态修复费用为 1 万余元。

另查明，上海市某环境科学研究院两名高级工程师出具《关于文某甲、文某生等人盗伐林木损害公益案评估木材价值用于购买碳汇赔偿合理性的意见》，认为本案可以按照《碳排放权交易管理办法（试行）》规定，以认购经核证的林业碳汇为主要方式的替代修复方式开展赔偿，所认购的碳汇价值不应低于"评估报告"的评估结果。

同时，某检察院向法院提起刑事附带民事公益诉讼，请求判令：（1）文某甲、文某喜、文某乙、文某龙、文某生连带承担林木生态修复费用 1 万余元；（2）文某甲、文某喜、文某乙、文某龙、文某生公开向社会公众赔礼道歉。

【裁判】

法院生效裁判认为：根据《森林法》第五十六条第一款的规定，采伐林地上的林木应当申请采伐许可证，并按照采伐许可证的规定进行采伐。本案中，被伐林木所在地为乔木林地，土地权属性质为国有土地，林木所有权归国家所有。被告人文某甲、文某喜未经林业行政主管部门批准并核发林木采伐许可证，擅自砍伐国家所有的林木，属于盗伐林木行为，且盗伐林木的数量达到 5.5052 立方米。根据《刑法》第三百四十五条第一款的规定，盗伐森林或者其他林木，数量较大的，处三年以下有期徒刑、拘役或者管制，并处或者单处罚金。《最高人民法院关于审理破坏森林资源刑事案件具体应用法律若干问题的解释》(2000年)第四条①规定,盗伐林木"数量较大",以二至五立方米或者幼树一百至二百株为起点。本案被告人文某甲、文某喜以非法占有为目的盗伐林木,数量较大,其行为已构成盗伐林木罪,且系共同犯罪,依法应予惩处。

被告人文某甲、文某喜到案后能如实供述自己的罪行,愿意接受处罚,愿意赔偿生态环境损失,有一定的悔罪表现,依法可以从轻处罚。在共同犯罪中,两被告人均积极参与,本案不区分主从犯,对其在犯罪过程中所起的作用大小,在量刑时予以综合评判。综上,根据被告人的犯罪事实、情节、认罪悔罪表现及社会危害程度等,对被告人文某甲、文某喜可以适用缓刑。

关于附带民事公益诉讼部分,检察院在提起本案附带民事公益诉讼之前进行了公告,公告期内未有法律规定的机关和有关组织提起民事公益诉讼。检察院提起本案附带民事公益诉讼主体适格,程序合法。

根据《民法典》第一千二百三十四条的规定,违反国家规定造成生态环境损害,生态环境能够修复的,国家规定的机关或者法律规定的组织有权请求侵权人在合理期限内承担修复责任。本案文某甲、文某喜、文某乙、文某生、文某龙未经许可擅自砍伐林地上的林木,违反《森林法》第五十六条第一款之规定,对国家林业资源、生态环境造成严重损害,损害了国家利益和社会公共利益,应当在侵权责任范围内承担赔偿损失、恢复原状、赔礼道歉等民事责任。

关于以购买碳汇的方式替代履行林木生态恢复赔偿责任的诉讼请求,法院认为,检察院委托第三方林业资源专业评估机构对涉案被伐林木生态修复方案及相关费用进行评估、计算,据此提出本案侵权责任赔偿数额,并委托相关科研机构的专业人员对以购买碳汇方式替代履行的合理性提供专业意见,符合法律规定,依法可以准许。法院判决:被告人文某甲、文某喜犯盗伐林木罪,判处拘役,并处罚金;扣押在案的被盗伐水杉树段54根及用于盗伐林木的汽油锯2把予以没收,由某公安分局代为处理;附带民事公益诉讼被告文某甲、文某喜、文某乙、文某龙共同连带承担林木生态修复费用1万余元。上述费用由文某甲、文某喜、文某乙、文某生、文某龙于本判决生效后三个

---

① 对应《最高人民法院关于审理破坏森林资源刑事案件适用法律若干问题的解释》(法释〔2023〕8号)第四条。

月内以认购经核证的林业碳汇方式履行；附带民事公益诉讼被告文某甲、文某喜、文某乙、文某生、文某龙就盗伐林木行为向社会公众公开赔礼道歉。

一审宣判后，各方当事人未提起上诉，检察机关未抗诉，该案判决已经发生法律效力。

【评析】

本案系上海市首例盗伐林木刑事附带民事公益诉讼案，也是上海市首例判决以认购碳汇替代修复受损生态环境的案件。认购碳汇替代修复生态环境的司法机制具有落实"双碳"目标、实现生态环境及其服务功能等量恢复、避免生态损害赔偿金"沉睡"等价值。但人民法院判决适用认购碳汇替代修复，应注意认购碳汇的适用范围、位阶顺序等问题，避免适用上的"口袋化"。

一、认购碳汇替代履行方式的合法性与合理性

树木具有调节气候、净化空气、防风、降噪等作用，是森林资源的重要组成部分，对维持地球的生物多样性至关重要。盗伐滥伐树木不仅会造成林木本身直接损害，还会造成森林生态系统调节气候、固碳增汇、保护生物多样性、涵养水源等方面的生态环境服务功能损害。修复受损森林资源可以采取补种树木、恢复植被等方式，也可以适用劳务代偿、认购碳汇等替代修复方式。2022年《最高人民法院关于审理森林资源民事纠纷案件适用法律若干问题的解释》第二十条规定："当事人请求以认购经核证的林业碳汇方式替代履行森林生态环境损害赔偿责任的，人民法院可以综合考虑各方当事人意见、不同责任方式的合理性等因素，依法予以准许。"这一司法解释首次明确规定认购碳汇可以成为替代履行森林生态环境损害赔偿责任的方式。

何谓碳汇？根据《联合国气候变化框架公约》，"汇"是指从大气中清除温室气体、气溶胶或温室气体的任何过程、活动或机制。司法实践中碳汇种类主要以森林碳汇、海洋碳汇两种类型为主。森林碳汇（绿碳），又称林业碳汇，是指利用植物光合作用吸收大气中的二氧化碳，并将其固定在植被和土壤中，从而减少大气中温室气体浓度的过程、活动或机制，可以理解为"捐资造林"。海洋碳汇（蓝碳），即利用海洋活动及海洋生物吸收大气中的二氧

化碳,并将其固定、储存在海洋的过程、活动和机制,也可谓之"捐资填海"。①认购碳汇则是碳交易(温室气体排放权交易)的一种具体形式,是指买卖双方以碳汇减排量为标的的交易,买方缴纳认购资金,卖方将其变现为能够固定、储存二氧化碳的"寄存体"。例如,买方认购一定金额的林业碳汇,卖方会将认购资金专项用于林业资源的生态保护和修复。

在司法领域适用"认购碳汇"替代修复生态环境,是人民法院完整准确全面贯彻新发展理念,为积极稳妥推进碳达峰碳中和提供司法服务的生动体现。《中共中央国务院关于完整准确全面贯彻新发展理念做好碳达峰碳中和工作的意见》提出"持续巩固提升碳汇能力""提升生态系统碳汇增量";党的二十大报告强调"协同推进降碳、减污、扩绿、增长""提升生态系统碳汇能力"。应用"认购碳汇"有利于积极拓展碳汇资金来源和完善碳汇市场交易制度,不断提升碳汇能力,这是对生态恢复性司法理念的贯彻,也体现了法院充分发挥司法职能作用,服务保障"双碳"目标的实现。

二、认购碳汇司法裁判的规范路径

(一)明确认购碳汇的适用顺位

《最高人民法院关于审理环境民事公益诉讼案件适用法律若干问题的解释》第二十条第一款规定:"原告请求修复生态环境的,人民法院可以依法判决被告将生态环境修复到损害发生之前的状态和功能。无法完全修复的,可以准许采用替代性修复方式。"无法完全修复和无法原地修复时,才应适用认购碳汇。同样,依据《生态环境损害鉴定评估技术指南总纲和关键环节第1部分:总纲》(GB/T39791.1—2020)"7.3.2选择恢复策略"中关于选择生态环境恢复模式的优先序为:一是在受损区域原位恢复同等类型与质量的生态功能和服务;二是在受损区域外异位恢复同等类型与质量的功能和服务;三是在受损区域原位恢复不同类型但同等价值的功能和服务;四是在受损区域外异位恢复不同类型但同等价值的功能和服务……根据上述规定可知,生态环境修复方式的第一位阶系直接修复,通过直接修复将受损生态环境修复至损害发生前的状态和功能;如果受损生态环境因可行性、操作性等客观因素无法直接修复,基于环境要素的空间分布与环境损害的空间转移特性,替代性

---

① 参见杨帆:《"双碳"目标下"认购碳汇"的司法适用研究》,载《学术探索》2023年第7期。

修复才能成为选择。具体到破坏森林资源案件中，通过认购碳汇的方式来实现替代性修复，应以生态环境不能完全修复或者生态环境可以修复但不适宜在原地修复为前提。

本案中，被盗伐林木所在林地地势较低、林木较为密集，受光照条件、原址地势等因素影响，不适宜对受损生态环境进行原地原状修复，且上海作为超大城市，土地资源紧张，亦不适宜通过异地补植复绿的形式进行生态环境修复。为及时修复受损林业资源和生态环境，避免赔偿资金"空放"，法院综合考虑公益诉讼起诉人和侵权责任人的意见，根据第三方林业资源专业机构的评估修复方案和相关科研机构的专家意见，判决准许被告以认购碳汇的方式承担侵权责任，具有法律依据，也符合上海土地资源紧缺的客观实际，突出了法院为林业资源、生态环境构筑全方位司法保护屏障。

（二）把握认购碳汇的适用范围

"认购碳汇"的适用范围应当具有一定限度，应避免随意适用。具体而言，适用"认购碳汇"时，应当考虑案件是否涉及生态系统碳汇功能损害，行为人破坏生态环境要素的类型是否与碳汇具有相关性。很多案件中当事人的行为虽确实造成了生态环境损害，但这种损害与碳汇损失无关，如私设暗管排放有毒物质构成污染环境罪，案涉行为更多的是对水资源、土壤造成损害，此时适用认购碳汇替代修复就显得格格不入。随着地方法院的实践探索，当事人认购森林碳汇的适用延伸到非法猎杀野猪、捕获蛇等破坏野生动物资源案件和非法采矿等破坏矿产资源案件，这些案件中当事人的行为虽然造成了生态环境损害，但这种损害与碳汇损失无关。[①]

对此，我们认为，应以同质为原则，倡导以同一种生态服务功能对受损生态环境进行修复。目前，认购碳汇应仅运用于与碳汇功能损害相关的案件中，待认购碳汇机制发展更为成熟后，再进一步拓展至新类型、新领域。

（三）引入专家进行碳汇价值量化

如何确定认购碳汇的数量与价值也十分关键。碳汇损失核算涉及多个领域，且对专业性要求较高，法院应与专业机构形成联动，根据专家鉴定意见，

---

① 参见秦天宝、王亚琪：《购买碳汇修复生态责任承担方式的司法适用》，载《法律适用》2023年第1期。

或者参考林业主管部门、林业调查规划设计单位、相关科研机构和人员出具的专业意见,以个案评估生态服务功能的损害程度,核算碳汇价值量。本案中,法院根据第三方林业专业机构出具的鉴定报告、评估报告以及修复方案及预算书以及上海市某环境科学研究院高级工程师出具的专家意见确定了需认购碳汇价值,具有合理性。

三、认购碳汇替代履行的执行

认购碳汇替代履行的具体执行也值得法院关注。应特别注意避免环境侵权人缴纳认购金"一缴了之",该履行方式与金钱赔偿并无差异。申言之,若侵权人仅需缴纳一笔名为"认购碳汇"的资金即可获得从轻处罚的机会,而并不关注生态环境是否得到修复,那么,此时的"认购碳汇"就成为一种单纯的金钱补偿,无法发挥其弥补生态系统碳汇功能损失的重要作用。此外,还应确保认购的林业碳汇被依法核销,避免修复目标落空。

本案判决后,法院继续跟进具体执行,多渠道协调确定交易平台及交易相关程序,向上海环境能源交易所股份有限公司发出协助执行通知书,请求其协助沟通协调购买经核证的林业碳汇相关事宜,促成碳汇认购执行目的达成。最终与上海某环境能源科技有限公司签署了CCER(中国核证自愿减排量)购买注销协议,协议约定向上海某环境能源科技有限公司购买并注销数量为160吨的CCER,注销项目为"江西某碳汇造林项目",减排量产生时间2009年至2015年,总价金额为1万余元。后该公司按CCER购买注销协议约定完成了注销。

【相关法律规范】

★《最高人民法院关于审理森林资源民事纠纷案件适用法律若干问题的解释》

第十八条 人民法院判决侵权人承担森林生态环境修复责任的,可以根据鉴定意见,或者参考林业主管部门、林业调查规划设计单位、相关科研机构和人员出具的专业意见,合理确定森林生态环境修复方案,明确侵权人履行修复义务的具体要求。

第二十条 当事人请求以认购经核证的林业碳汇方式替代履行森林生态

环境损害赔偿责任的，人民法院可以综合考虑各方当事人意见、不同责任方式的合理性等因素，依法予以准许。

18. 往公益林中倾倒建筑泥浆导致林地丧失生态功能的，应依法追究刑事责任
——陆某、黄某贵等非法占用农用地案

【规则提要】

分工协作在林地偷倒泥浆的，各被告人主观明知性的认定需结合被告人的供述及客观证据。污染林地面积可结合司法鉴定意见，从有利于被害人的角度综合认定。

【基本案情】

2023年11月，被告人陆某、黄某贵、刘某为牟取非法利益，共同商议在某镇某村某号东侧地块林地偷倒泥浆，由陆某负责处理涉案林地现场及社会关系，由黄某贵招揽泥浆车队，由刘某对接陆某、黄某贵以及泥浆车驾驶员。后黄某贵通过联系被告人孟某峰，孟某峰通过联系被告人顾某及他人，共同组织车队在涉案林地倾倒来自建筑工地的泥浆共计约38车次并非法压占林地。被告人吴某经顾某安排，在涉案林地附近帮助泥浆车驾驶员倾倒泥浆。

2023年11月14日至2023年11月18日，被告人刘某向被告人陆某确认可以倾倒泥浆的具体时间，被告人黄某贵将涉案林地位置信息和倾倒时间提供给被告人孟某峰，孟某峰则通过联系被告人顾某，组织同案关系人闫某飞、张某、顾某的车队至涉案林地倾倒泥浆，并向顾某收取泥浆倾倒费用，同时孟某峰亦自己联系他人至涉案林地倾倒泥浆，并向他人收取费用。倾倒过程

中，被告人吴某根据顾某的安排，在涉案林地附近通过手机调度、指挥闫某飞、张某、顾某车队的驾驶员倾倒泥浆；同案关系人黄某林、王某锋根据陆某的安排，在涉案林地清理场地、记录车次等。倾倒后，刘某向陆某或黄某林获取当天的倾倒车次记录单并提供给黄某贵，由黄某贵找孟某峰收账。孟某峰根据倾倒车次记录单收取倾倒费用并按车次抽成后支付给黄某贵，黄某贵按车次抽成后通过刘某将费用支付给陆某。

2023年11月20日、11月21日、11月24日、12月19日，2024年1月8日，公安机关根据线索先后抓获被告人陆某、刘某、黄某贵、顾某、吴某和孟某峰。

经某区规划和自然资源局认定，涉案地块属集体土地，现状地类用途为林地。经某区绿化和市容管理局认定，涉案林地系公益林，涉案人员向林地内偷倒大量未经利用化处理淤泥的行为属于违法行为。经司法鉴定科学研究院鉴定，涉案林地因被固体废物压占，林地种植条件遭严重毁坏，毁坏林地面积为25.95亩。

被告人陆某、黄某贵、孟某峰、顾某、刘某、吴某到案后均如实供述了上述犯罪事实。

【裁判】

法院生效裁判认为：被告人陆某、黄某贵、孟某峰、顾某、刘某、吴某违反土地管理法规，非法占用公益林，致使林地种植条件遭到严重毁坏，毁坏林地面积共计达25.95亩，其行为均已构成非法占用农用地罪。在共同犯罪中，被告人陆某、黄某贵、孟某峰、顾某互相配合、分工合作，均起积极、主要作用，系主犯，应当按照其所参与的全部犯罪处罚；被告人刘某、吴某起次要、辅助作用，系从犯，应当从轻处罚。黄某贵、孟某峰、顾某在案发后已支付了一定的生态修复费用，各被告人均有不同程度的悔罪表现，可酌情从轻处罚。被告人陆某、黄某贵、孟某峰犯非法占用农用地罪，判处有期徒刑，并处罚金；被告人顾某、刘某、吴某犯非法占用农用地罪，判处有期徒刑或拘役，并处罚金。

【评析】

非法占用农用地会危害国家粮食安全，影响农民的经济收入。例如，非法占用耕地用于非农建设，如"大棚房"项目，不仅破坏了耕地资源，还导致农民失去耕种土地，影响其经济来源。非法占用农用地的行为还可能涉及经济利益的转移，如通过非法手段强买山林、硬化道路等，这些行为不仅破坏了农用地资源，还可能导致当地居民的经济损失。非法占用农用地的行为往往伴随着暴力和犯罪活动，如2024年1月发布的《最高人民法院发布人民法院依法保护农用地典型案例》中程某科非法占用农用地一案，被告人非法占用农用地的同时还涉及欺压残害群众、称霸一方等犯罪行为，严重破坏了当地的社会秩序和居民的生活安全。非法占用农用地会破坏生态环境，影响当地的自然景观和生态平衡。例如，非法占用农用地用于建房或开发项目，会破坏森林植被和生态环境，影响居民的日常生活和健康。此外，非法占用农用地还可能导致土壤退化、水质污染等问题，进一步影响居民的生活质量。土地资源对生态平衡、粮食安全与经济发展有着至关重要的作用。对于不法分子非法占用农用地，破坏土地资源和生态环境的行为，应依法予以严惩，以司法之力守护绿水青山。

一、如何界定土地性质

占用的土地性质为农用地构成犯罪的前提。在土地性质不明确的情况下，进行土地性质的认定需要综合考虑多种因素和证据。应查阅土地登记文件，包括土地使用权证、土地登记卡等，以确认土地的法律性质和权属关系。这些文件通常记录了土地的初始登记信息和变更历史。土地性质应以规划地类为主要依据。规划地类是土地利用总体规划中划定的地类，反映了土地的法定状态。如果存在土地利用现状地类与规划地类不一致的情况，应结合其他资料进行综合认定。同时土地权属证明文件也是重要的参考依据，可以提供土地所有权或使用权的详细信息。这些文件通常由相关政府部门颁发，具有较高的法律效力。土地调查和监测成果可以提供土地的实际使用情况和现状地类的信息。这些成果通常由国土资源管理部门或专业机构进行调查和监测，具有较高的权威性和准确性。实际使用状况也是认定土地性质的重要因素之一。例如，如果土地被用于生产植物和动物产品，则可能被认定为农业用地。实际使用状况可以通过现场调查、访谈等方式进行核实。历史资料和法律文件可以提供土地性质的历史变迁和法律依据。在土地性质不明确的情况下，可能需要多个部门的协调和综合评估。例如，国土资源管理部门、规划部门、农业部门等可以共同参与土地性质的认定工作，确保认定结果的准确性和合法性。在必要时，可以进行现场测量和边界确定，以确保土地的地理位置和范围的准确性。这一步骤有助于解决土地边界不明确的问题，减少争议。本案中，经上海市某区规划和自然资源局认定，涉案地块属集体土地，现状地类用途为林地。经某区绿化和市容管理局认定，涉案林地系公益林，涉案人员向林地内偷倒大量未经利用化处理淤泥的行为属于违法行为。

二、非法占用公益林农用地会对环境资源构成威胁

土地资源是国家宝贵的自然财富，根据其用途主要分为农用地、建设用地和未利用地三种。其中，农用地作为农业生产的基础，涵盖了林地、耕地、草地及农田水利用地等多种类型。这些不同类型的农用地在维护生态平衡、保障粮食安全及促进经济发展方面发挥着至关重要的作用。将未经处理的建筑泥浆直接倾倒在林地中，不仅直接改变了林地土壤的原有结构，影响了植物的正常生长，严重时还会导致林地彻底丧失生态功能，加剧生态系统的脆弱性，减少生物多样性，对自然环境和人类社会的可持续发展构成威胁。

根据《刑法》第三百四十二条的规定："违反土地管理法规，非法占用耕地、林地等农用地，改变被占用土地用途，数量较大，造成耕地、林地等农用地大量毁坏的，处五年以下有期徒刑或者拘役，并处或者单处罚金。"根据《最高人民法院关于审理破坏森林资源刑事案件适用法律若干问题的解释》第一条的规定："违反土地管理法规，非法占用林地，改变被占用林地用途，具有下列情形之一的，应当认定为刑法第三百四十二条规定的造成林地'毁坏'：……（三）在林地上排放污染物、堆放废弃物或者进行非林业生产、建设，造成林地被严重污染或者原有植被、林业生产条件被严重破坏的。实施前款规定的行为，具有下列情形之一的，应当认定为刑法第三百四十二条规定的'数量较大，造成耕地、林地等农用地大量毁坏'：……（二）非法占用并毁坏商品林地十亩以上的；……"本案中，涉案地点系林地，泥浆系工程废弃物，被告人陆某、黄某贵、孟某峰在未依法办理相关手续的情况下，组织四家车队将泥浆约38车次倾倒至林地，压占林地面积25.95亩，致使上述林地的种植条件被严重毁坏，被告人顾某经孟某峰联系，组织三家车队至涉案林地倾倒泥浆30车次，压占林地面积20.18亩，被告人刘某、吴某分别根据陆某、黄某贵、顾某的安排在上述车辆倾倒泥浆过程中提供帮助，故六被告人的行为均构成非法占用农用地罪。

三、污染农用地面积的计算

本案中，有四批车队在涉案林地倾倒泥浆，共计倾倒38车次。根据孟某峰、顾某的供述，每车次的湿泥浆装载量50立方米至60立方米，另根据同案关系人闫某飞等人的供述，车牌尾号为A的车辆泥浆装载量约为其他车次的一半，该车在涉案林地共计倾倒2车次，最终合并计算为1车次。根据顾某、张某的供述，顾某与张某的微信聊天记录，张某倾倒普陀工地的2车次容量约为其他车次一半，故计算时亦将该2车次合并为1车次。综上，以36车次泥浆总量对各被告人进行相关推算。

在上述36车次中，36车次（实际38车次）系经孟某峰（黄某贵、刘某、陆某、黄某林、王某锋）联系、组织后倾倒，28车次（实际30车次）系经顾某（吴某）联系、组织后倾倒，18车次（实际19车次）系经徐某指挥后倾倒，27车次（实际29车次）系因闫某飞的放任行为而倾倒。根据司法鉴定科学研究院的认定，上述36车次泥浆共计压占公益林25.95亩。

被告人顾某（吴某）、同案关系人徐某、闫某飞的倾倒车次因接近总车次的一半或超过一半，且经折算的亩数超过5亩的两倍，故可以认定顾某（吴某）、徐某、闫某飞压占公益林的亩数超过5亩。而按上述思路的理论折算，同案关系人李某强压占公益林的亩数约为$25.95 \times 8/37 = 5.61$亩，刚达5亩，且倾倒日期为2023年11月14日夜间与2023年11月17日夜间，时间并不集中，有可能出现上文指出的仅增加厚度等特殊情况。故基于目前的证据，不足以认定李某强车队倾倒泥浆压占公益林的面积超过5亩。

四、主从犯的认定

保护生态环境，严惩破坏行为。本案六名被告人的违法行为破坏了林地土壤种植条件，造成林地毁坏，构成非法占用农用地罪，理应受到惩处。在追求经济效益和个人利益的同时，应当树立正确的法律意识和生态保护观念，依法依规处置建筑泥浆等有害物质，严格按照流程处理后排放在指定位置，若因随意倾倒造成环境破坏，将承担法律责任。被告人陆某、黄某贵、孟某峰、顾某、刘某、吴某之间存在意思联络，在作案过程中互相配合，具有共同犯罪的故意，应认定为共同犯罪。其中，陆某、黄某贵、孟某峰、顾某起主要作用，系主犯，应当按照其所参与的全部犯罪处罚；吴某起次要、辅助作用，系从犯，应当从轻处罚。

根据黄某贵的供述，刘某主要负责在现场联系车队，与黄某林、王某峰对接；根据刘某的供述，其主要负责在黄某贵与陆某间传话、转账，该供述与微信聊天记录能够印证。现有证据不足以证实2023年11月14日至2023年11月18日刘某通过在涉案林地倾倒泥浆直接获利。根据黄某贵手机中黄某贵与刘某的微信聊天记录可知，刘某向陆某传达的关于在涉案林地方面的话语，系刘某与黄某贵商议后二人共同的意思表达，并非刘某单独个人的意思表达。综上，现有证据不足以证实刘某根据车次直接获利，也不足以证实刘某主动组织车队至林地倾倒泥浆，但现有证据可以证实刘某积极帮助组织车队至涉案林地倾倒泥浆，对倾倒泥浆持主动追求的态度，在本案中发挥次要、辅助作用，亦应认定为从犯而从轻处罚。

【相关法律规范】

★《中华人民共和国刑法》

第三百四十二条　违反土地管理法规，非法占用耕地、林地等农用地，改变被占用土地用途，数量较大，造成耕地、林地等农用地大量毁坏的，处五年以下有期徒刑或者拘役，并处或者单处罚金。

19. 销售消耗臭氧层物质的，销售企业应核实经销企业是否已办理备案
——某氏化工科技发展有限公司诉某区生态环境局行政处罚案

【规则提要】

1. 消耗臭氧层物质销售单位应依法履行事前备案义务。销售备案系对下一年度经营行为的预先报备程序，其性质与事后销售数据报送存在本质区别，二者互为补充，不可相互替代。销售单位仅能在符合法定资质的生产、销售及使用单位之间开展交易，若向未履行销售备案义务的下游单位经销商销售消耗臭氧层物质即构成违法，依法应当予以行政处罚。

2. 相对人主张无主观过错需承担举证责任，提供足以排除主观过错的证据方可免予处罚。销售单位虽要求下游企业提供备案材料，但未对材料真实性及备案状态进行实质性核查，且未能穷尽合理审慎义务，举证不足以证明无过错的，行政机关依法作出行政处罚符合法律规定。

3. 行政机关作出行政处罚时，应体现过罚相当原则，重点审查违法行为人的主观过错、违法行为是否造成危害后果以及是否存在减轻处罚或免予处罚的因素。若行政相对人被查处时，有积极配合、如实陈述违法事实、积极整改等行为的，行政机关可以依据《行政处罚法》第三十二条的规定，结合违法情节及社会危害后果，予以减轻处罚。

【基本案情】

2023年11月20日，某市生态环境局现场检查发现，某氏化工科技发展有限公司（以下简称某氏化工公司）向下游公司洛阳市某业商贸有限公司

（以下简称某业公司）、江苏某森半导体材料股份有限公司（以下简称某森公司）销售HCFCs（含氢氯氟烃），但某氏化工公司现场未能提供下游2家企业HCFCs销售备案材料。2023年12月26日，某区生态环境局收到市生态环境局执法总队案件移送材料。2024年1月9日，某区生态环境局予以立案。同月24日、26日，某区生态环境局对某氏化工公司进行了调查询问。后某区生态环境局向江苏省某市生态环境局、河南省某市生态环境局发函，请求协助调查某业公司、某森公司是否属于《消耗臭氧层物质管理条例》（2018年3月19日修订，下同）①项下的销售单位；如是销售单位，是否办理过销售备案。根据回函，两家公司均系销售单位，某森公司2022年度未按照相关法律法规在国家或省级ODS管理平台上开展销售备案，2023年11月27日在江苏省ODS系统上提交了备案申请；某业公司2022年度、2023年度未办理过销售备案。

经延长办案期限、法制审核、听证、行政机关负责人集体讨论等程序，2024年6月7日，某区生态环境局作出被诉行政处罚决定，查明某氏化工公司从事消耗臭氧层物质一氟二氯乙烷（HCFC-141b）的销售经营活动，于2022年3月9日至2023年11月16日向某森公司销售HCFC-141b共计9.15吨，总价近29万元；2022年3月9日至2023年9月15日向某业公司销售HCFC-141b共计3.25吨，总价8万余元。经查，某森公司2022年至2023年11月27日、某业公司2022年至2023年均从事消耗臭氧层物质销售经营活动但未向环境保护主管部门备案。上述行为违反了《消耗臭氧层物质管理条例》第十八条的规定。经行政机关负责人会议集体讨论并报单位负责人批准，结合某氏化工公司提出的意见，在对违法所得的计算上，适用《环境行政处罚办法》②第七十七条的规定，根据原告提供证据材料，扣除相应合理支出后计算违法所得；在罚款数额方面，综合考量原告提交的培训整改材料、整改积极性及配合调查态度等，根据《行政处罚法》第三十二条第一项的规定，在法定罚款数额即销售消耗臭氧层物质市场总价3倍之下减轻处罚至1倍罚款，决定对某氏化工公司没收违法所得1.6万余元、罚款37万余元。某氏化工公

---

① 已被2023年修订的《消耗臭氧层物质管理条例》废止。
② 根据2023年7月1日起施行的《生态环境行政处罚办法》第九十二条的规定，原环境保护部发布的《环境行政处罚办法》同时废止。

司不服，诉至法院，请求撤销被诉行政处罚决定。

【裁判】

法院生效裁判认为：为保护臭氧层和生态环境、积极应对气候变化，高水平履行国际环境公约义务，国家对消耗臭氧层物质 HCFCs 开展淘汰行动，配额削减。在生产使用施行配额许可管理的基础上，对 HCFCs 销售进行全流程、全链条备案管理，可有效掌控配额总量情况，避免脱离监管产生不可控的大气污染风险，保障产业链供应链安全。

本案中，某氏化工公司向不符合规定的单位销售消耗臭氧层物质违法事实成立。

第一，《消耗臭氧层物质管理条例》第十八条规定："除依照本条例规定进出口外，消耗臭氧层物质的购买和销售行为只能在符合本条例规定的消耗臭氧层物质的生产、销售和使用单位之间进行。"同时根据《环境保护部关于加强含氢氯氟烃生产、销售和使用管理的通知》的规定，HCFCs 及其混合物的销售企业应当办理销售备案。销售企业包括生产企业、经销商和进出口商。年度 HCFCs 经销量在 1000 吨（含）以上的 HCFCs 销售企业在该部办理销售备案；在 1000 吨以下的销售企业应在本地省级环保部门办理销售备案。在该部备案的企业，应于每年 10 月 31 日前提交下一年度的备案申请及相关证明材料。各省级环境保护主管部门应加强对 HCFCs 淘汰工作的监督管理，尽快明确 HCFCs 销售、使用备案及数据报送的相关要求，并在次年三月底前将收集的数据信息报送该部。

由以上规定可知，关于销售备案针对的事项，应该是对将来经营销售 HCFCs 进行预先备案。事后提交的是已经营销售的数据资料，不能替代备案。本案中，某区生态环境局已经提交充分证据证明某氏化工公司向某森公司、某业公司销售 HCFCs，该两公司销售经营 HCFCs 没有备案，故某氏化工公司向不符合规定的单位销售消耗臭氧层物质事实成立，构成《消耗臭氧层物质管理条例》第三十四条[①]规定的违法情形。事后提交经营销售数据或者其他经

---

① 对应 2023 年修订的《消耗臭氧层物质管理条例》第三十三条。

销环节备案不影响本案违法行为定性。

第二，关于某氏化工公司提出的其向某森公司的销售行为不具有主观过错的意见，法院认为，《行政处罚法》第三十三条第二款规定："当事人有证据足以证明没有主观过错的，不予行政处罚。法律、行政法规另有规定的，从其规定。"某氏化工公司应提供充分证据证明其无主观过错。本案中，某氏化工公司提供了网站查询截图、微信聊天记录、系统截图等证明其积极提醒某森公司进行备案，某森公司也提供了备案系统截图。但对上述证据审查可知，某森公司提供的截图并非HCFCs企业备案页面，而是ODS数据报送页面，某氏化工公司在未充分核实对方备案成功的情况下，即进行交易，难以证明没有主观过错。某氏化工公司提出江苏省相关政府网站打不开，找不到备案公示材料，但这也不能说明其穷尽了核实手段，无法构成某氏化工公司长期向不符合规定的单位销售消耗臭氧层物质的正当理由。

综上，被诉行政处罚决定认定事实清楚，适用法律正确，裁量适当。遂判决驳回原告诉讼请求。原告不服，提起上诉，二审法院判决驳回上诉，维持原判。该案判决已经发生法律效力。

【评析】

经检索，本案系全市首例涉违法销售消耗臭氧层物质行政处罚案件，法院通过审理明确了经销消耗臭氧层物质应提前办理销售备案，完善了"气候变化应对类案件"[①]的类案裁判规则，具有典型意义。

一、消耗臭氧层物质管控模式：全过程管理

臭氧层是指大气层的平流层中臭氧浓度相对较高的部分，是地球生命的"保护伞"。随着工业发展，人类活动排放了大量含有卤族元素的化合物，包括作为制冷剂、发泡剂、喷雾剂和清洗剂的氟利昂和哈龙等物质。这类会破坏臭氧层的卤素化合物即消耗臭氧层物质，会导致气候异常、全球变暖，对

[①] 在我国正式提出"双碳"目标后，最高人民法院于2021年1月4日印发《环境资源案件类型与统计规范（试行）》（法〔2021〕9号），将环境资源类案件划分为五大类型，"气候变化应对类案件"便是其中一种，是指"在应对因排放温室气体、臭氧层损耗物质等直接或间接影响气候变化过程中产生的刑事、民事、行政以及公益案件"。

人类健康和生态系统也会造成危害。为保护臭氧层、淘汰消耗臭氧层物质，对消耗臭氧层物质的生产、使用、销售、进出口等各个环节均需进行全过程严格监管。

（一）法律明确规定要对消耗臭氧层物质进行全过程管理

在国际法视角下，联合国环境署1977年通过了保护臭氧层的第一项决议《关于臭氧层行动的世界计划》（World Plan for Action on the Ozone Layer）。1985年签署的《保护臭氧层维也纳公约》则被认为是首个全球性臭氧层保护框架性协议，公约要求各国开展臭氧层监测与研究，促进信息共享与合作，但未设定具体减排义务。1987年通过的《关于消耗臭氧层物质的蒙特利尔议定书》（以下简称《蒙特利尔议定书》），首次明确限制氟氯碳化物、哈龙等主要消耗臭氧层物质的生产与使用，此后该议定书又经过四次重大修正及多次修订，逐步形成了较为完善的国际臭氧层保护法律体制，提出要对消耗臭氧层物质的生产、进口、出口及消费量进行管控，并提及数据汇报"每一缔约国应在成为缔约国之后的3个月内，向秘书处提供关于其附件A所列每一种控制物质的1986年生产、进口和出口的统计数据"。

在我国国内规范体系层面上，我国分别于1989年和1991年加入了《保护臭氧层维也纳公约》和《蒙特利尔议定书》；2021年4月16日，中国宣布决定接受《〈关于消耗臭氧层物质的蒙特利尔议定书〉基加利修正案》，加强氢氟碳化物等非二氧化碳温室气体的管控。为履行《保护臭氧层维也纳公约》和《蒙特利尔议定书》规定的义务，保护臭氧层和生态环境，保障人体健康，我国先后于2010年和2014年颁布实施了《消耗臭氧层物质管理条例》和《消耗臭氧层物质进出口管理办法》。根据《消耗臭氧层物质管理条例》第二条的规定，消耗臭氧层物质，是指列入《中国受控消耗臭氧层物质清单》的化学品。根据生态环境部发布的《中国受控消耗臭氧层物质清单》，目前，纳入管控的消耗臭氧层物质共有九类，本案涉及的HCFCs就是其中一类消耗臭氧层物质。《消耗臭氧层物质管理条例》对消耗臭氧层物质生产、使用、销售、回收、再生利用、进出口等环节的管理措施均作了明确规定，构建了全链条的管理制度，并明确了相应的法律责任。如《消耗臭氧层物质管理条例》第十条规定"消耗臭氧层物质的生产、使用单位，应当依照本条例的规定申请领取生产或者使用配额许可证"。

（二）涉消耗臭氧层物质违法情形多样

消耗臭氧层物质案件的争议类型覆盖范围广。根据实证考察，涉消耗臭氧层物质案件的违法行为包括单一违法行为类型如非法生产消耗臭氧层物质、非法销售消耗臭氧层物质、非法使用消耗臭氧层物质、非法进出口消耗臭氧层物质；也包括复合行为类型如非法使用、生产消耗臭氧层物质，非法使用、生产、销售消耗臭氧层物质等。[1] 消耗臭氧层物质类案件的责任形式则表现为综合性责任，责任类型具体涵盖行政责任、民事责任与刑事责任三大类型。例如，江苏省常州市武进区人民法院非诉执行的一起案件中，被执行人因未向环保部门申领消耗臭氧层物质经营配额，从私人处购买消耗臭氧层物质被行政处罚。[2] 又如，最高人民法院发布的司法积极稳妥推进碳达峰碳中和典型案例中的"德清县人民检察院诉德清某保温材料公司大气污染责任纠纷民事公益诉讼案"，该案当事人就同时承担了行政、民事、刑事三种责任，其因存储使用的正戊烷等化学用品不符合环评要求、涉嫌超配额使用ODS被行政处罚，同时该公司及其法定代表人因涉嫌污染环境罪被判处刑罚，还需承担生态环境损害赔偿费用。[3]

申言之，对涉及消耗臭氧层物质生产、使用、销售、销毁、再利用、进出口等某一环节进行单独管控，均不能达到全面降碳减排的效果。唯有对消耗臭氧层物质进行全链条管控，以行政强制力对各环节全链条管理，才能减少涉消耗臭氧层物质违法行为，真正意义上促进"双碳"目标实现。

二、经销消耗臭氧层物质应提前办理销售备案

对销售行为进行管控是消耗臭氧层物质全流程管控的重要一环。

（一）消耗臭氧层物质销售单位应当按照规定办理备案手续

根据《消耗臭氧层物质管理条例》第十七条第一款的规定，消耗臭氧层物质的销售单位，应当按照国务院环境保护主管部门的规定办理备案手续。第十八条规定："除依照本条例规定进出口外，消耗臭氧层物质的购买和销售

---

[1] 参见刘超、何俊燊：《"双碳"目标下应对气候变化司法规则的反思与优化——从消耗臭氧层物质案件切入》，载《东南大学学报（哲学社会科学版）》2024年第6期。
[2] 参见江苏省常州市武进区人民法院（2020）苏0412行审141号行政裁定书。
[3] 2023年2月17日上午，最高人民法院召开新闻发布会，发布《最高人民法院关于完整准确全面贯彻新发展理念 为积极稳妥推进碳达峰碳中和提供司法服务的意见》暨司法积极稳妥推进碳达峰碳中和典型案例。

行为只能在符合本条例规定的消耗臭氧层物质的生产、销售和使用单位之间进行。"《环境保护部关于加强含氢氯氟烃生产、销售和使用管理的通知》对销售单位范围进一步进行了明确,销售单位包括生产企业、经销商和进出口商。概言之,上游销售单位向经销商(下游销售单位)销售消耗臭氧层物质,除自身需进行销售备案外,还需核实经销商(下游销售单位)是否进行销售备案。若经销商(下游销售单位)未进行备案,上游销售单位则违反了《消耗臭氧层物质管理条例》第十八条规定,依法应被处以行政处罚。

(二)消耗臭氧层物质销售备案系提前备案

从文义解释的角度看,消耗臭氧层物质销售备案系提前备案。备案的汉语本义为向主管机关报告事由,登记备查。具体到消耗臭氧层物质销售领域,根据《环境保护部关于加强含氢氯氟烃生产、销售和使用管理的通知》的规定,在该部备案的企业,应于每年10月31日前提交下一年度的备案申请及相关证明材料。该部对符合条件的企业发放销售备案证明。各省级环境保护主管部门应加强对HCFCs淘汰工作的监督管理,尽快明确HCFCs销售、使用备案及数据报送的相关要求,并在次年三月底前将收集的数据信息报送该部。根据文义可知,销售备案需在下一年度开始前提前提交申请材料,生态环境主管部门要对备案进行审查,作出备案成功与否的结论或证明。事后提交的是已经营销售的数据资料,不能替代备案。

从目的解释的角度看,结论依旧如上。从《消耗臭氧层物质管理条例》《环境保护部关于加强含氢氯氟烃生产、销售和使用管理的通知》的制定目的看,需对HCFCs销售进行事前备案管理,以有效掌控配额总量情况,避免脱离监管产生不可控的臭氧层破坏风险,保障产业链供应链安全。同时,事后的数据收集也是监管的重要手段之一。"信息共享是影响各部门之间管理协调性的重要因素。根据物质生产、使用、销售、进出口等各个不同环节,生态环境主管部门、商务主管部门和海关都会对ODS产业进行监管。不同部门之间的分工合作,要求做到信息互通,以提供基础前提与保障。"[①]可见事前备案管理与事后数据收集均有利于全面管控消耗臭氧层物质,有利于保护臭氧层

---

① 宋丽容:《"双碳"目标下消耗臭氧层物质与温室气体协同管控的法治路径》,载《江苏大学学报(社会科学版)》2022年第4期。

和生态环境、积极应对气候变化，高水平履行国际环境公约义务，对消耗臭氧层物质开展淘汰行动，配额削减。但两者不能混为一谈。

综上，消耗臭氧层物质销售单位应依法履行事前备案义务。销售单位仅能在符合法定资质的生产、销售及使用单位之间开展交易，若向未履行销售备案义务的下游单位销售消耗臭氧层物质，即构成违法，依法应当予以行政处罚。

三、余论

本案另一争议焦点为：关于某氏化工公司向某森公司的销售行为是否具有主观过错的问题。对此，我们认为，当事人主张无主观过错需承担充分举证责任。依据《行政处罚法》第三十三条第二款的规定，当事人需提供足以排除主观过错的证据方可免予处罚。本案中，销售单位虽要求下游企业提供备案材料，但未对材料真实性及备案状态进行实质性核查（如直接向行政主管部门确认），且未能穷尽合理审慎义务，故其举证不足以证明无过错。在此情形下，行政机关依法作出行政处罚符合法律规定。值得注意的是，行政机关作出行政处罚时，应体现行政处罚过罚相当原则。若行政相对人被查处时，有积极配合、如实陈述违法事实、积极整改等行为的，行政机关可以依据《行政处罚法》第三十二条的规定，结合违法情节及社会危害后果，予以减轻处罚。本案原告虽存在主观过错，但其积极整改、配合调查，行政机关最终予以减轻处罚，裁量适当。

【相关法律规范】

★《消耗臭氧层物质管理条例》

第十七条 下列单位应当按照国务院生态环境主管部门的规定办理备案手续：

（一）消耗臭氧层物质的销售单位；

（二）从事含消耗臭氧层物质的制冷设备、制冷系统或者灭火系统的维修、报废处理等经营活动的单位；

（三）从事消耗臭氧层物质回收、再生利用或者销毁等经营活动的单位；

（四）国务院生态环境主管部门规定的不需要申请领取使用配额许可证的

消耗臭氧层物质的使用单位。

前款第（一）项、第（二）项、第（四）项规定的单位向所在地设区的市级人民政府生态环境主管部门备案，第（三）项规定的单位向所在地省、自治区、直辖市人民政府生态环境主管部门备案。

第十八条　除依照本条例规定进出口外，消耗臭氧层物质的购买和销售行为只能在符合本条例规定的消耗臭氧层物质的生产、销售和使用单位之间进行。

第三十三条　消耗臭氧层物质的生产、销售、使用单位向不符合本条例规定的单位销售或者购买消耗臭氧层物质的，由所在地生态环境主管部门责令改正，没收违法销售或者购买的消耗臭氧层物质和违法所得，处以所销售或者购买的消耗臭氧层物质市场总价3倍的罚款；对取得生产、使用配额许可证的单位，报国务院生态环境主管部门核减其生产、使用配额数量。

20. 企业在生产经营中应依法采取措施防止排放恶臭气体
——某废弃物处置公司诉某市生态环境局、某市人民政府
行政处罚及行政复议案

【规则提要】

关于未采取措施防止排放恶臭气体的违法情形认定，"未采取措施"不应根据字面含义机械理解为"未采取任何措施"，而应认定为未依法采取必要措施，以真正起到防止排放恶臭气体的作用。环境评价影响报告、生态环境主管部门的审批意见关于恶臭气体的防治措施即为法定措施具体判断根据。

【基本案情】

2018年1月8日,原某市环境保护局(以下简称原某市环保局,机构改革后更名为某市生态环境局)所属的某市环境监察总队对原告某废弃物处置有限公司(以下简称某废弃物处置公司)的某综合填埋场(一期)进行现场检查,发现该填埋场部分生活垃圾露天敞开,生活垃圾填埋区正在填埋作业但未见人工喷洒除臭液,填埋气导排口直排外环境;除尘雾炮机开启,高度低于填埋作业区约10米,距离填埋作业区约50米,填埋作业区恶臭明显。2018年1月9日立案后,原某市环保局于同日对某废弃物处置公司进行了调查询问,并作出《责令改正决定书》,责令原告某废弃物处置公司立即改正,在生产经营活动中产生恶臭气体的,应当采取有效措施防止排放恶臭气体。2010年9月的"环境影响报告"载明,除臭措施要求在填埋场作业区域及四周边沟采用喷洒设备,均匀地将除臭液喷洒在臭源表面,喷洒量以全面、均匀地覆盖整个臭源区表面为宜,填埋作业包括卸料、推离、压实等,填埋区恶臭控制措施主要有:控制填埋作业单元面积减少垃圾暴露面,垃圾压实,每日填埋作业完毕后用膜对暴露垃圾面进行覆盖,在垃圾暴露面喷洒生物菌除臭液。"环境影响报告审批意见"载明该局的决定包括:根据环境影响报告的结论意见和建议,从环境保护角度同意扩建工程建设;项目在设计、施工和生产中应严格按环境影响报告提出的要求,落实环保设施和污染防治措施,保护环境,具体有通过采取控制填埋作业面、垃圾压实、日覆盖、喷洒除臭液、收集填埋气及渗沥液处理厂臭气等措施,确保恶臭污染物、甲烷达到《生活垃圾填埋场污染控制标准》(GB 16889-2008,以下简称《控制标准》)要求,填埋气和渗沥液调节池臭气分别经收集后引至某四期填埋气燃气内燃机发电机组发电利用等。原某市环保局作出的"竣工环保验收审批意见"载明,填埋气暂未引至四期CDM发电,目前送应急火炬焚烧处理,该局决定某综合填埋场一期工程(一阶段)竣工环保验收(阶段性)合格,某四期填埋气燃气内燃机发电机组建成后,本项目产生的填埋气和渗沥液调节池臭气应分别经收集后送至发电机组利用发电,火炬仅在应急状态下使用等。

2018年2月12日,原某市环保局向某废弃物处置公司发出行政处罚听证告知书。应某废弃物处置公司要求，原某市环保局于同年3月20日组织了听证。某废弃物处置公司在听证中表示对事实和证据材料无异议，但作业区工人午休前已经喷洒了除臭液，周边风炮、水幕喷淋装置处于开启状态，某废弃物处置公司并无违法故意，希望减轻或免予处罚。原某市环保局经审核未采纳申辩意见。原某市环保局于2018年4月3日作出被诉行政处罚决定，认定某废弃物处置公司在某综合填埋场（一期）未采取措施防止排放恶臭气体，违反了《大气污染防治法》（2015年8月29日修订，下同）第八十条①的规定，根据该法第一百一十七条第八项的规定，决定予以罚款。

某废弃物处置公司不服，向被告某市人民政府（以下简称某市政府）申请行政复议。被告某市政府经中止、恢复审理，于2020年2月17日作出被诉行政复议决定，决定维持被诉行政处罚决定。某废弃物处置公司仍不服，提起行政诉讼，请求撤销上述行政处罚决定及行政复议决定。

【裁判】

法院生效裁判认为：原告某废弃物处置公司对两被告的证据真实性未提出异议，对相关执法程序亦无异议。本案的争议焦点为：被诉行政处罚决定认定原告某废弃物处置公司的某综合填埋场（一期）未采取措施防止排放恶臭气体，违反了《大气污染防治法》第八十条的规定，并适用该法第一百一十七条第八项的规定予以处罚，认定事实是否清楚，适用法律是否正确。

由《大气污染防治法》第八十条规定可知，采取措施的目的在于"防止排放恶臭气体"，为了达到该目的，"应当科学选址，设置合理的防护距离，并安装净化装置或者采取其他措施"。该法第一百一十七条对于违反本法规定的行为应作出的处罚作出了规定，其中第八项对应的就是前述第八十条的规定，即未遵守第八十条的规定，"未采取措施"，则受到相应的处罚。虽然从语义上看，如本案原告所称，"未采取措施"似乎可理解为"未采取任何措施"来防止排放恶臭气体，但是从整个法律逻辑性、体系性角度考量，"未采取措施"中的"措施"应该和第八十条规定相对应，即没有充分采取第八十

---

① 对应2018年修正的《大气污染防治法》第八十条。

条规定的应该采取的法定措施。之所以要充分采取法定措施,目的是真正起到防止排放恶臭气体的作用。该种理解在《控制标准》的规定中得到了印证。《控制标准》系为防治生活垃圾填埋处置造成的污染制定,其第9.3条规定,生活垃圾填埋场在运行中应采取"必要措施"防止恶臭物质的扩散。因此,"未采取措施"应是指未充分采取法定必要的措施。原告提出的只要采取了措施就不构成"未采取措施"的意见难以采纳。

  关于是否采取措施的具体判断标准问题,原告坚持称其已经采取了部分措施,不应当予以处罚。《大气污染防治法》第八十条的规定较为抽象和原则,而且还有"采取其他措施"的兜底规定,给适用带来困难。因此,还要结合其他法律法规的规定进行综合判定。根据《环境影响评价法》(2016年7月2日修正,下同)第二条、第十七条和第二十二条[①]的规定,环境影响评价,是指对规划和建设项目实施后可能造成的环境影响进行分析、预测和评估,提出预防或者减轻不良环境影响的对策和措施,进行跟踪监测的方法与制度;建设项目的环境影响报告书应当包括建设项目对环境可能造成影响的分析、预测和评估,建设项目环境保护措施及其技术、经济论证等。该报告书还应当经过主管部门的审批,提出审批意见。建设项目配套建设的环境保护措施应当符合经批准的环境影响报告的要求,其建成和验收合格,是建设项目投入生产或者使用的法定前提条件。因此,建设项目投入生产或使用后,应当符合经批准的环境影响报告和审批意见的要求。此外,《控制标准》系专门针对生活垃圾填埋处置造成的污染进行防治而制定的国家标准,其中关于防止排放恶臭气体的防治措施也应当得到遵守。

  本案中,原告某废弃物处置公司未能完全按照《控制标准》、环境影响报告、环境影响报告审批意见、竣工环保验收审批意见规定的要求,将法定措施充分做到位,原某市环保局认定原告某废弃物处置公司构成未采取措施防止排放恶臭气体并予以处罚,认定事实清楚,证据确实、充分,适用法律正确。原告某废弃物处置公司在填埋场安装风炮和水幕喷淋装置,值得肯定,但尚不能替代《控制标准》、"环境影响报告""环境影响报告审批意见""竣工环保验收审批意见"规定的必要措施。

[①] 分别对应2018年修正的《环境影响评价法》第二条、第十七条、第二十二条。

原某市环保局在确定本案罚款金额时，对于原告某废弃物处置公司的整改情况认定为"整改措施正在落实中""配合调查取证的情况"认定为"配合调查"，已从处罚幅度裁量上考虑了原告某废弃物处置公司整改、配合情况，环境影响程度和社会影响程度的认定有异味扰民投诉材料等证据予以证实。原某市环保局所作罚款，亦处于法律规定的法定幅度内。被诉行政处罚决定裁量合理、适当。

被告某市政府作出被诉行政复议决定，复议程序合法，适用法律正确，结果并无不当。综上，原告某废弃物处置公司提出的撤销被诉行政处罚决定及被诉行政复议决定的诉讼请求，缺乏事实证据和法律依据，该院不予支持，判决驳回某废弃物处置公司的诉讼请求。该公司不服，提起上诉。二审法院判决驳回上诉，维持原判。该案判决已经发生法律效力。

【评析】

为保护和改善环境，防治大气污染，《大气污染防治法》第八十条规定："企业事业单位和其他生产经营者在生产经营活动中产生恶臭气体的，应当科学选址，设置合理的防护距离，并安装净化装置或者采取其他措施，防止排放恶臭气体。"根据该法第一百一十七条第八项的规定，未采取措施防止排放恶臭气体的，责令改正，处罚款。"未采取措施"的认定成为实践中的争议焦点问题，值得深入分析，以统一类案裁判标准，推进生态环境保护部门规范执法。

一、"未采取措施"应理解为"未采取防止排放恶臭气体的法定措施"

《大气污染防治法》第八十条规定："企业事业单位和其他生产经营者在生产经营活动中产生恶臭气体的，应当科学选址，设置合理的防护距离，并安装净化装置或者采取其他措施，防止排放恶臭气体。"根据本条规定，恶臭气体污染防治主要有三项内容：一是防治责任主体是向大气排放恶臭气体的所有企事业单位和其他生产经营者，包括垃圾堆放场。二是防治措施要多管齐下。科学选址、设置合理的防护距离，是被动防治手段。安装净化装置或者采取其他措施，是主动防治手段。三是防治目的是防止排放恶臭气体，减少对公众健康的影响。该条的设置，旨在通过明确排放标准、强化防治措施，来减少恶臭气体污染。根据该法第一百一十七条第八项的规定，未采取措施防止排放恶臭气体的，责令改正，处罚款。如果从文义解释的角度理解该条规定，"未采取措施"似乎可理解为"未采取任何措施"来防止排放恶臭气体。但从整个法律的逻辑性、体系解释角度出发，《大气污染防治法》第八十条属于义务性规定，明确了企业事业单位和其他生产经营者在恶臭气体防治中的义务，第一百一十七条第八项属于责任性规定，规定了违反恶臭气体防治义务的法律后果。两者是义务与责任的逻辑对应关系，违反义务即触发责任。前者要求措施必须是法定且有效的，以确保恶臭气体排放符合标准；后者提到的"未采取措施"也应理解为未采取法定且有效的措施，而非仅指"完全未采取任何措施"。最后，从目的解释角度出发，《大气污染防治法》的立法目的是防治大气污染，保护公众健康和环境。第八十条和第一百一十七条第八项共同服务于这一目的，二者共同构成了恶臭气体防治的完整法律框架，前者规定义务，后者通过法律责任保障义务的履行，从而确保立法目的的有效实现。因此，对于《大气污染防治法》第一百一十七条第八项"未采取措施"的理解，应该和第八十条规定相对应，即没有充分采取第八十条规定的应该采取的法定措施。该种理解在《控制标准》规定中也得到了印证。《控制标准》系为防治生活垃圾填埋处置造成的污染制定，其中第9.3条规定，生活垃圾填埋场在运行中应"采取必要的措施"防止恶臭物质的扩散。因此，"未采取措施"应是指未充分采取法定必要的措施。

本案中，原告某废弃物处置公司提出"未采取措施"指的是未采取任何措施，只要采取了措施就不构成"未采取措施"的意见割裂了法律条文的整体性，系对《大气污染防治法》第一百一十七条第八项的机械理解，不符合法律解释的基本原则。

二、应采取的措施可以国家标准、环境影响报告及相应审批意见为判断根据

将未采取措施理解为未采取法定措施后，实践中引发的另一个争议是如何判断当事人是否采取了"法定措施"。《大气污染防治法》第八十条的规定较为抽象和原则，而且还有"采取其他措施"的兜底规定，给适用带来困难。因此，实践中对于采取"法定措施"的判断，还要结合其他法律法规的规定进行综合判定。根据《环境影响评价法》第二条和第十七条的规定，环境影响评价，是指对规划和建设项目实施后可能造成的环境影响进行分析、预测和评估，提出预防或者减轻不良环境影响的对策和措施，进行跟踪监测的方法与制度；建设项目的环境影响报告书应当包括建设项目对环境可能造成影响的分析、预测和评估，建设项目环境保护措施及其技术、经济论证等。该报告书还应当经过主管部门的审批，提出审批意见。建设项目配套建设的环境保护措施应当符合经批准的环境影响报告的要求，其建成和验收合格，是建设项目投入生产或者使用的法定前提条件。因此，建设项目投入生产或使用后，应当符合经批准的环境影响报告和审批意见的要求。环境影响报告是判断企业是否履行防治义务的重要参考，审批意见是判断企业是否履行防治义务的直接依据。如果环境影响报告或者审批意见要求企业采取措施防止排放恶臭气体，而企业未执行，或者采取了措施，但不足以达到防止要求，或者采取了不合适的措施，未能有效控制恶臭气体排放，都属于未采取"法定措施"的情形。此外，《控制标准》系专门针对生活垃圾填埋处置造成的污染进行防治而制定的国家标准，其中关于防止排放恶臭气体的防治措施也应当得到遵守。如果企业未达到国家标准，则可以认定其未采取"法定措施"。综上，国家标准、环境影响报告和审批意见是判断企业是否采取"法定措施"的重要依据。通过综合运用这些依据，可以科学、合理地判断企业是否履行了恶臭气体防治义务。行政机关在执法时，应结合这些依据进行综合评估，确保法律的有效实施。

本案中，《控制标准》、环境影响报告及相应审批意见规定了生活垃圾填埋场运营中防止排放恶臭气体的措施，原告虽然采取了部分措施，但不足以达到防止恶臭气体排放的要求。原某市环保局认定其存在未采取措施防止排放恶臭气体的违法行为，并予以处罚，认定事实清楚，适用法律正确。

三、采取的部分形式化措施可以作为行政处罚裁量根据

企业仅采取了部分防止排放恶臭气体措施的，虽然不能成为判断"罚与非罚"的根据，但可作为行政机关作出行政处罚的裁量根据之一。行政机关在作出行政处罚时，应当将企业所采取的措施纳入裁量范围，综合考虑措施的实施情况、防治效果、整改态度及违法情节等因素，依法作出公平合理的处罚决定。这既符合过罚相当原则，也有助于鼓励企业积极整改，实现法律的社会效果。

本案中，为规范环境保护行政处罚权的行使，贯彻过罚相当原则，原某市环保局制定了裁量基准，针对不同违法行为有对应的裁量要素和所占比例的表格。就未采取措施防止排放恶臭气体而言，具体的裁量要素包括整改情况、对社会影响程度、环境影响程度、配合调查取证的情况等。实践中，当事人采取了一定的形式化措施，但采取的措施不到位，即没有充分采取法定的措施，环保执法部门可结合在案证据情况进行综合考量。原告采取一定措施防止排放恶臭气体，被告某市生态环境局在对整改情况等进行裁量时已经考虑在内，作出的处罚决定裁量合理、适当。

【相关法律规范】

★《中华人民共和国大气污染防治法》

第八十条　企业事业单位和其他生产经营者在生产经营活动中产生恶臭气体的，应当科学选址，设置合理的防护距离，并安装净化装置或者采取其他措施，防止排放恶臭气体。

第一百一十七条　违反本法规定，有下列行为之一的，由县级以上人民政府生态环境等主管部门按照职责责令改正，处一万元以上十万元以下的罚款；拒不改正的，责令停工整治或者停业整治：

（一）未密闭煤炭、煤矸石、煤渣、煤灰、水泥、石灰、石膏、砂土等易产生扬尘的物料的；

（二）对不能密闭的易产生扬尘的物料，未设置不低于堆放物高度的严密围挡，或者未采取有效覆盖措施防治扬尘污染的；

（三）装卸物料未采取密闭或者喷淋等方式控制扬尘排放的；

（四）存放煤炭、煤矸石、煤渣、煤灰等物料，未采取防燃措施的；

（五）码头、矿山、填埋场和消纳场未采取有效措施防治扬尘污染的；

（六）排放有毒有害大气污染物名录中所列有毒有害大气污染物的企业事业单位，未按照规定建设环境风险预警体系或者对排放口和周边环境进行定期监测、排查环境安全隐患并采取有效措施防范环境风险的；

（七）向大气排放持久性有机污染物的企业事业单位和其他生产经营者以及废弃物焚烧设施的运营单位，未按照国家有关规定采取有利于减少持久性

有机污染物排放的技术方法和工艺,配备净化装置的;

(八)未采取措施防止排放恶臭气体的。

21. 违法排放大气污染物造成损害的,可以种植绿化方式替代修复

——某区生态环境局与某石材公司生态环境损害赔偿协议司法确认案

【规则提要】

1. 人民法院综合考量生态环境损害赔偿协议中侵权行为人的违法事实、责任分担、履行方式、修复期限等确认其效力。

2. 违法排放大气污染物的,可以采取补植复绿方式替代修复受损生态环境。

【基本案情】

某区生态环境局现场检查发现,某石材公司部分车间手工涂胶工艺未配备挥发性有机物(VOCs)处理设施,部分涂胶区域的管道损坏,设施不能正常运行,造成挥发性有机物废气非甲烷总烃(苯乙烯)未经处理直接排放评估,该公司违法排放大气污染物,因难以确定大气生态环境损害范围、程度和损害数额,故采用虚拟治理成本法进行计算,赔偿金额为12万余元。之后,某区生态环境局与该公司达成《生态环境损害赔偿协议》,协议约定:由该公司开展替代修复工作,在公司所处的某路段种植绿化带。绿化带种植维护费用应当不低于赔偿金额。

【裁判】

某区生态环境局与某石材公司向上海铁路运输法院申请确认双方签订的生态环境损害赔偿协议有效。上海铁路运输法院经审理认为，申请人双方对存在大气污染违法事实无异议，认可采用虚拟治理成本法计算赔偿数额，双方为实现受损生态环境的修复和赔偿，自愿达成协议，由违法行为人以种植绿化带形式进行替代修复，系双方真实意思表示，内容合法，不损害国家利益、社会公共利益，遂裁定确认生态环境损害赔偿协议有效。

【评析】

生态环境损害赔偿司法确认案件逐渐增多，反映出司法机关在生态环境保护领域发挥积极作用。法院在对该类案件进行审理时，应对损害行为的事实、损害程度的评估鉴定、赔偿责任的分担以及赔偿方式的选择进行审查。在充分考虑生态环境的特殊性和复杂性后，也需要积极探索创新性和可操作性强的修复方案，以实现生态环境的有效保护和修复。同时，人民法院对生态环境损害赔偿协议进行司法确认，可以有效保障赔偿协议依法依规实施，对修复效果实现司法监督，使受损环境重新焕发生机。生态环境部联合最高人民法院、最高人民检察院等12家单位印发的《关于深入推进生态环境损害赔偿制度改革若干具体问题的意见》（环法规〔2025〕6号）提出，对生态环境损害无法修复或者无法完全修复的案件，鼓励在符合有关生态环境修复法规政策和规划的前提下，开展替代修复，实现生态环境及其服务功能等量恢复；鼓励因地制宜建设生态环境损害赔偿修复基地，探索政策协同机制，提升生态环境损害修复综合效能。

一、替代性修复的缘起

《最高人民法院关于审理环境民事公益诉讼案件适用法律若干问题的解释》第二十条第一款规定："原告请求修复生态环境的，人民法院可以依法判决被告将生态环境修复到损害发生之前的状态和功能。无法完全修复的，可以准许采用替代性修复方式。"福建省南平市中级人民法院办理的异地修复案件成为替代性修复的开端；继而"增殖放流""补种复绿"等被广泛运用于司法实践中；目前，在司法服务推进碳达峰碳中和的政策指引下，认购碳汇的替代性修复方式推广适用。然而，《最高人民法院关于审理环境民事公益诉讼案件适用法律若干问题的解释》本身没有准确界定替代性修复的含义，也没有清晰列明替代性修复的适用情形。一般认为替代性修复方式包括同地区异地点、同功能异种类、同质量异数量、同价值异等级等多种情形，修复目标为使生态环境恢复到受损害之前的功能、质量和价值。①众所周知，涉环境污染案件一般都难以恢复原状，因此，在实践中大多数法院的判决除了要求被告缴纳一定的修复费用和对污染物进行无害化处理以外，选择替代性修复方式便是让被告原地或者异地植树造林等。因此，如何确保司法实践中替代修复适用的科学性、规范性是生态法治急需解决的痛点问题。

本案中，VOCs多具有刺激性气味和毒性，对人体健康危害较大。同时，VOCs是PM2.5中二次有机颗粒的重要来源，其未经处理直接排放将会造成空气污染，甚至还会与大气中过量的二氧化硫、氮氧化物形成半挥发性有机物污染水和土壤。企业直接排放VOCs导致生态环境受损，产生大气污染，应承担相应的赔偿、修复责任。上海铁路运输法院践行恢复性司法理念，针对大气具有自净能力的特点，采取公益植树这一替代性修复方式，既可有效修复受损生态环境，又对区域环境空气质量的改善起到积极作用，更具有经济性、合理性及可行性。法院确认申请人达成的生态环境损害赔偿协议有效，实现生态环境及其服务功能等量恢复，改善大气质量，还可以倒逼企业提高环境保护意识，对于推进碳达峰、碳中和目标实现具有积极意义。

二、大气污染情形下替代性修复的适用

生态环境案件无论是公益诉讼案件还是损害赔偿确认案件，最终目的都在于使受损害的环境得到治理与修复。具体采取何种措施才能达到生态修复的目的，一定程度上受制于不同的环境要素种类、生态环境修复的目标、恢复生态学的基本原理和生态环境鉴定评估技术政策等。大气污染治理难度最大，污染源能否被切断受到社会经济发展大局的制约。同时，大气是具有自

---

① 参见王小钢：《生态环境修复和替代性修复的概念辨正——基于生态环境恢复的目标》，载《南京工业大学学报（社会科学版）》2019年第1期。

净能力的，受到污染后因自净而无必要进行直接生态环境修复的情况更多。因此，在大气污染治理中，替代性修复的适用也更为广泛。大气环境污染替代性修复模式主要是在污染区、污染辐射区或者其他区域进行植树造林。通过绿色植物来吸附污染物质，改善相关地域的大气环境，起到修复被破坏生态环境的作用。随着实践中对替代性修复方案的创新，大气污染案件中还有选择碳汇交易方式或者采用鼓励汽车企业提供新能源汽车代替传统燃油车的方式进行替代性修复，不仅针对环境污染的源头进行治理，还有效促进了企业绿色转型和新能源产业的发展。①

在探索环境修复多元化模式的过程中，并非创新型的方案就是最好的。在方案的选择过程中，要考虑技术、政策、管理等方面，在生态环境损害赔偿的司法确认案件中，也要重点判断替代性修复措施的可行性。本案中，因排污设备的损害造成了不可逆转、不可评估的大气污染后果，某区生态环境局与某石材公司在某区人民检察院的主持下，磋商成功签署了生态环境损害赔偿协议。选择种植绿化带的方式，一方面，确定在大气污染情况下，"补种复绿"是直接和有效的方式；另一方面，根据绿化部门建议在污染区域附近进行点位选择，保证绿化带种植的有效性和可操作性。本案的生态环境损害赔偿协议同时对生态环境损害事实、生态环境损害责任认定、生态环境损害责任承担、履行方式及期限作出了详细约定。

三、替代性修复义务的履行

由于生态环境受到破坏往往需要长时间的恢复，替代性修复与传统意义上"恢复原状"的救济方式相比也更多元，因此，以维护公共利益为目的的环境修复在如何有效履行方面更加重要。法院对于修复责任的承担情况和修复结果的判定能力有限，常常缺乏对后续工作的有效监督，使修复义务的履行难以顺利进行。具体表现在：第一，司法与行政之间的协调配合难。无论是生态环境损害赔偿案件在判决生效后还是生态环境损害赔偿协议在司法确认后，履行修复义务更多需要行政执法部门的监督加以落实，而司法机关与行政部门并非隶属关系，因此，法院裁判与行政机关履行监督职责的衔接之间存在障碍。第二，社会公众在生态修复工作中的参与度低。社会公众的参

---

① 参见自然之友环境研究所诉山东某汽车制造有限公司大气污染民事公益诉讼案。

与度并没有因生态环境损害案件与社会公益关联度高而有所增加。实践中，反而因社会公众受限于自身认知水平以及各部门对于该类问题公开程度不够，导致社会公众的参与意愿和成效都不高，致使生态修复履行不到位。

对此，在替代性修复履行上应当加强行政与司法联动，提高信息公开水平，促进社会公众监督。具体而言，第一，司法机关在确定修复应达到何种标准后，行政机关通过履行相关监管职能，严格按照法院判决或者司法确认内容落实修复措施，从而保障执行。必要时法院可多做一部分工作，比如，按照修复方案中的时间进度进行回访，在发现存在问题时，通过司法建议的方式促使其依法行政，减少懈怠履行的情况。第二，社会公众参与应当摆在更加主动突出的位置。对于修复完成后的验收应当纳入公众参与，对修复情况予以披露，完善群众建议反馈渠道，提升公众参与积极性。在一定程度上也会对违法企业或个人的修复工作产生威慑作用。

本案中，双方在生态环境损害赔偿协议中载明："某石材公司替代修复由某区生态环境局委托某镇人民政府进行全过程监督，并于修复结束后10个工作日内向某区生态环境局出具监督报告。"这是一道验收关，更有利于保障替代性修复责任落地，在可操作性上值得借鉴。

四、余论

随着美丽中国建设的全面推进，局部的、单一的修复正在向一体化、综合化治理方向转型。因此，仅凭赔偿义务人一人之力，修复范围和程度极其有限，甚至只能进行浅表修复。环境行政机关组织、指挥、监督生态修复全局工作已成必然。替代性修复是司法理论和司法实践中落实生态文明建设要求的重要举措。对于提高个人和企业的违法成本、高效恢复生态系统、减少因环境损害造成的损失都具有重要的现实价值。在各地不断探索和充实替代性修复理论和实践过程中，有力地推动了我国生态文明建设工作。当然，在实践操作中，要注意不能以替代性修复来取代直接修复，更不能简单通过判决来判断是否真正实现了修复。我们要做的是通过替代性修复的教育、指引、示范作用让大众都参与到生态文明建设和保护环境的工作中来，真正把"绿水青山就是金山银山"的理念深入每一个人的心中。

【相关法律规范】

★《中华人民共和国民事诉讼法》

第二百零六条 人民法院受理申请后,经审查,符合法律规定的,裁定调解协议有效,一方当事人拒绝履行或者未全部履行的,对方当事人可以向人民法院申请执行;不符合法律规定的,裁定驳回申请,当事人可以通过调解方式变更原调解协议或者达成新的调解协议,也可以向人民法院提起诉讼。

★《最高人民法院关于审理生态环境损害赔偿案件的若干规定(试行)》

第二十条 经磋商达成生态环境损害赔偿协议的,当事人可以向人民法院申请司法确认。

人民法院受理申请后,应当公告协议内容,公告期间不少于三十日。公告期满后,人民法院经审查认为协议的内容不违反法律法规强制性规定且不损害国家利益、社会公共利益的,裁定确认协议有效。裁定书应当写明案件的基本事实和协议内容,并向社会公开。

22. 餐饮企业超标排放油烟废气污染环境的,除被行政处罚外,还可以生态环境保护公益宣传方式替代修复

——某区生态环境局与汇某百货有限公司
生态环境损害赔偿协议司法确认案

【规则提要】

餐饮企业超标排放油烟废气造成的生态环境损害无法修复或者无法完全修复的,可以通过生态环境保护公益宣传方式进行替代修复。

【基本案情】

2023年3月8日，某区生态环境局委托某区环境监测站对新某集团上海汇某有限公司（以下简称汇某百货）油烟排口进行油烟排放监督性监测，9#油烟排口不符合《餐饮业油烟排放标准》（DB31/844-2014）排放限值，属于超过排放标准排放大气污染物。2023年3月21日，某区生态环境局赴汇某百货现场检查核实，并于当日立案调查，于3月24日调查询问、进一步核实后送达了《责令改正违法行为决定书》，责令立即改正违法行为，使油烟达标排放。5月9日，某区生态环境局根据《大气污染防治法》第一百一十八条第一款的规定，对汇某百货处以罚款，并于当日向汇某百货送达了《行政处罚决定书》。责令改正期间，汇某百货主动开展高压静电式油烟净化设施、排风机等设备的维护保养工作，根据管道服务商户实际经营情况调整参数。2023年4月17日，某区生态环境局对汇某百货进行了复查，发现9#油烟排口使用的高压静电式油烟净化设施箱体及油烟气排放口较为干净，排风机转速根据实际经营情况进行了调低处理。2023年8月9日，某区生态环境局和汇某百货共同委托专家对前述超标排放行为进行环境损害情况评审，形成《汇某百货公司大气污染案件生态环境损害专家评估意见》，汇某百货超标排放油烟废气污染环境，依法应当承担由此造成的生态环境损害赔偿责任。

某区生态环境局与汇某百货关于生态环境损害责任承担、履行方式及期限达成如下协议：（1）生态环境损害修复方式包括：①开展生态环境保护公益宣传（替代修复），汇某百货采取开展生态环境保护公益宣传的方式对此次损害行为造成的损失进行替代修复。②汇某百货采用开展生态环境公益宣传的方式进行替代修复的，应举办一次以"保护生态环境"为主题的专场活动。（2）修复期限：汇某百货应当在2023年11月30日前完成生态环境损害修复，并提请区生态环境局进行确认。（3）修复期间的监督：汇某百货替代修复由某区生态环境局、某区人民检察院一起进行全过程监督，并于修复结束后5个工作日内向监督部门提交证明材料。（4）修复后评估：汇某百货替代修复工作结束后，某区生态环境局将对修复工作的开展情况进行验收，汇某百货应配合提供相应的验收材料。（5）相关费用由汇某百货承担：①以生态环境保护公益宣传的方式开展替代修复，包括专场活动、宣传物料设计制作、宣传品设计制作；②生态损害专家组评审费用。汇某百货应在2023年11月30日前将上述虚拟治理费用用于替代修复工作。如到期不能支付，某区生态环境局将保留对赔偿义务人追索的权利。因汇某百货自行开展替代修复工作，实际支出由其自行结算。申请人某区生态环境局与申请人汇某百货向上海铁路运输法院提出请求：确认双方于2023年8月24日经上海市某区人民检察院主持调解达成的生态环境损害赔偿协议有效。

【裁判】

法院生效裁判认为：本案为生态环境损害赔偿司法确认案件，属于人民法院受案范围并属于上海铁路运输法院管辖，申请人主体适格。申请人双方为实现受损生态环境的修复而自愿达成的协议是双方真实意思表示，采用开展生态环境公益宣传的方式进行替代修复等内容不违反法律法规强制性规定，没有恶意串通、规避法律的行为，不损害国家利益、社会公共利益，应予以确认其合法有效。申请人达成的生态环境损害赔偿协议，符合司法确认调解协议的法定条件，遂裁定确认双方达成的生态环境损害赔偿协议有效。

【评析】

生态环境的多样性、复杂性，决定了生态环境受损后修复的复杂性。虽然恢复原状对于修复生态环境的益处不言而喻，但是司法实践中，生态环境修复不可能机械化地适用恢复原状的责任承担方式，需要探索成本效益更高、各方主体更易接受、社会总体效益更优的替代性修复方式，以寻求生态环境责任承担的最优解、构建生态环境保护的长效机制。替代性修复方式的选择，需要具体问题具体分析，以实现环境修复的综合效果。本案是环境侵权责任纠纷中，探索适用以环保公益宣传替代修复生态责任的案件，创新和丰富了环境修复的责任承担方式，对于促进环境保护和生态文明建设具有重要的意义。

一、修复环境为环境侵权的最佳救济方式

生态环境具有自动修复的生物特征。然而，面对大规模的生态破坏或者严重的环境污染，如果不开展人工修复，生态环境自身的修复周期将会非常漫长。环境损害后的救济制度，应该与环境保护的目的相适应。环境遭受损害，首要目的就是要修复受损的生态环境。有鉴于此，修复环境被称为环境侵权的最佳救济方式。[1]恢复原状，既可以从根本上消除既有损害，也可以避免新生损害。[2]因此，在环境侵权领域，构建起了以环境修复为核心的责任承担方式。环境修复责任承担方式分布在刑事、民事诉讼等不同领域，形成了全方位的环境修复责任体系。[3]

其一，就刑事领域而言，鼓励行为人对受损的生态环境进行修复，并规定了相应的量刑情节。

其二，就民事诉讼而言，生态环境责任承担形式多种多样，并确立了二阶式的生态环境责任承担方式。《民法典》第一千二百三十四条规定："违反国家规定造成生态环境损害，生态环境能够修复的，国家规定的机关或者法律规定的组织有权请求侵权人在合理期限内承担修复责任。侵权人在期限内未修复的，国家规定的机关或者法律规定的组织可以自行或者委托他人进行修复，所需费用由侵权人负担。"《最高人民法院关于审理环境民事公益诉讼案件适用法律若干问题的解释》第十八条规定："对污染环境、破坏生态，已经损害社会公共利益或者具有损害社会公共利益重大风险的行为，原告可以请求被告承担停止侵害、排除妨碍、消除危险、修复生态环境、赔偿损失、赔礼道歉等民事责任。"

同时，该司法解释确立了环境修复责任承担方式的"二阶式模式"，第二十条第一款、第二款规定："原告请求修复生态环境的，人民法院可以依法判决被告将生态环境修复到损害发生之前的状态和功能。无法完全修复的，可以准许采用替代性修复方式。人民法院可以在判决被告修复生态环境的同时，确定被告不履行修复义务时应承担的生态环境修复费用；也可以直接判决被

---

[1] 吕忠梅：《环境司法理性不能止于"天价"赔偿：泰州环境公益诉讼案评析》，载《中国法学》2016年第3期。
[2] 参见王立新等：《环境资源案件中恢复原状的责任方式》，载《人民司法》2015年第9期。
[3] 张新宝、庄超：《扩张与强化：环境侵权责任的综合适用》，载《中国社会科学》2014年第3期。

告承担生态环境修复费用。"二阶式模式允许在判决被告修复生态环境的同时,确定被告不履行修复义务时应承担的生态环境修复费用;或者直接判决被告承担生态环境修复费用。

生态环境部联合最高人民法院、最高人民检察院等12家单位印发的《关于深入推进生态环境损害赔偿制度改革若干具体问题的意见》中也明确:"对生态环境损害可以修复的案件,应当体现环境资源生态功能价值,促使赔偿义务人对受损的生态环境进行修复。""对生态环境损害无法修复或者无法完全修复的案件,鼓励在符合有关生态环境修复法规政策和规划的前提下,开展替代修复,实现生态环境及其服务功能等量恢复。"该意见明确,面对环境损害,首要且最优的选择是直接修复受损的生态环境,将其作为环境损害应对的第一要务。仅在直接修复无法实现或无法完全达成的情况下,替代修复方案才会被考虑采纳。直接修复不仅能够更有效地保护环境,更能充分彰显环境保护制度的深远意义。相比之下,替代修复作为直接修复无法实施时的备选方案,更多地扮演着"次优选择"的角色。

综上,结合刑事和民事领域生态环境修复责任的承担方式,可以看出,环境损害赔偿制度中,注重对环境的切实修复,注重恢复生态环境的生态功能和价值。然而,在面临无法直接修复生态环境的特定情境下,替代修复机制便凸显出其不可或缺的重要作用。就本案而言,污染对象指向了空气,且事发地点位于一座超大城市中。空气污染发生后,污染物迅速与周边空气混合并稀释,导致直接损害的界定变得模糊不清,直接修复变得难以实现。在此复杂背景下,探索并实施恰当的替代修复方案显得尤为迫切与重要。

二、生态环境替代修复责任承担方式的新样态

生态环境修复的出发点是通过系列的修复性措施,将受损的生态环境恢复到损害发生前的状态或恢复到符合环境质量标准的水平,[①]以确保社会公众可以持续性地享有健康、安全、稳定、良好的生态环境。当生态环境损害发生时,最理想的修复目标是在受损区域原位恢复与受损生态环境基线同等类型和质量的生态服务功能,但是碍于修复技术局限、客观上的损害已经自然恢复不再具有开展原位同质修复的必要性等原因,修复就会陷入客观实现不

---

① 李挚萍:《生态环境修复的法理命题及其思考》,载《中国政法大学学报》2023年第6期。

能。此时，就需要考虑替代修复。① 通过科学合理的替代修复措施，可以在无法直接修复受损生态环境的情况下，依然能够有效地促进环境质量的改善，确保生态环境的整体稳定性和可持续性。

（一）生态环境替代性修复责任承担方式的丰富

关于替代修复的方式，尚无统一的规定和标准，相关内容散见于个别司法解释、司法文件和典型案例中。2017年《最高人民法院关于审理环境公益诉讼案件的工作规范（试行）》第三十三条将支付生态环境修复费用、采取区域环境治理、劳务代偿、从事环境宣传教育方式等并列视为替代性修复方式。2020年生态环境部发布的《生态环境损害鉴定评估技术指南总纲和关键环节第1部分：总纲》（GB/T 39791.1—2020）明确，按照恢复目标和阶段不同将生态环境恢复分为基本性恢复、补偿性恢复和补充性恢复，修复策略包括"原位同质、异位同质、原位异质、异位异质"。2022年《最高人民法院关于审理森林资源民事纠纷案件适用法律若干问题的解释》第二十条规定了可以认购碳汇的方式替代生态环境损害赔偿责任，第二十一条规定了可以森林管护、野生动植物保护、社区服务等劳务方式替代生态环境损害赔偿责任。

最高人民法院、最高人民检察院发布的涉环境公益诉讼替代性修复的指导案例和典型案例中，替代性修复展现出了多样化的方式和新颖的形态。具体而言，替代性修复主要包括以下三种方式：一是由被告支付修复费用或环境损害赔偿费用，以资金形式补偿生态损失，为后续的专业修复工作提供经济支持；二是由被告履行直接修复以外的替代修复行为，如植树造林、湿地恢复等，这些行为虽非直接针对受损区域，但能有效提升区域整体生态环境质量；三是由被告在环境损害总额的框架内，支付赔偿费用，并自主或委托实施相应的替代修复项目，如建设生态公园、推广绿色能源等，以实际行动促进环境改善。② 实践中既有通过直接修复行为开展生态环境恢复的判决，也有责令提升技术，发展环境友好型经济的判决，还有缴纳环境修复费，由专业机构开展环境修复工作的案件。有的判决赔礼道歉，也能将环境保护的理

---

① 秦萱钰：《利益衡平视角下生态环境替代性修复的规范实现》，载《中国矿业大学学报（社会科学版）》2025年第1期。
② 刘德营、张衢、冯宾：《环境公益诉讼采用替代性修复方式的条件把握》，载《人民检察》2024年第S1期，第954页。

念予以宣传和推广。

（二）生态环境替代修复方式的综合考量

替代修复方式丰富多样的原因在于，确定替代履行的方式，要考虑的因素较多。一方面，要考虑生态损害的多样性，修复的方法也具有多样性；另一方面，要考虑法规政策、规划、各方的利益，考虑修复方案的可执行性。①

生态环境具有多样性，不同生态的损害，修复方式和方法并不相同。水资源、地质资源、大气环境、森林资源和生物物种资源等常见生态环境资源，都具有不同的特质，通常也需要不同的修复方式。水资源污染后，种植净水植被；地质资源破坏后，采取异地补植、增殖放流、护林护鸟、劳务代偿；大气污染后，本地适宜造林的，进行造林修复，不适宜的则异地造林等。②

确定替代修复方式，还要考虑侵权的具体情况，修复方案的可执行性，修复效果的保障等因素。《关于深入推进生态环境损害赔偿制度改革若干具体问题的意见》中提出，对生态环境损害无法修复或者无法完全修复的案件，鼓励在符合有关生态环境修复法规政策和规划的前提下，开展替代修复，实现生态环境及其服务功能等量恢复；根据本地区生态环境和资源保护实际情况，在涉渔业等方面不宜由赔偿义务人开展替代修复的，由赔偿权利人及其指定的部门或机构按要求组织开展替代修复。开展生态环境修复，需要考虑政策法规的限制约束，可能会改变土地等利用方式，要考虑当地的国土资源规划情况，不能造成冲突和矛盾。

在本案中，环境侵权行为损害的是城市中的大气。最佳的方式是在原位进行同质性的修复，将污染空气加以净化。但是，大气是一个整体系统，具有流动性和整体性。而且在超大城市中，可种植植被面积小，无法直接种植植被修复生态环境，因而难以通过原位同质的方式修复。

针对本案的环境损害行为，以生态环境保护宣传的劳务代偿方式替代修复，具有以下契合性：一是主体契合性，侵权人作为商业经营主体，面向的

---

① 秦萱钰：《利益衡平视角下生态环境替代性修复的规范实现》，载《中国矿业大学学报（社会科学版）》2025年第1期。

② 王辉、徐合林、尹红国：《实至名归：替代性修复在司法实践中的嬗变与进路——以近年来全国环境民事公益诉讼探索为视角》，载《人民法院为服务新发展阶段、贯彻新发展理念、构建新发展格局提供司法保障与民商事法律适用问题研究——全国法院第33届学术讨论会获奖论文集》，人民法院出版社2023年版，第954页。

消费者等受众较多，在环保知识宣传方面具有优势；二是环境契合性，通过生态环境保护公益宣传等劳务代偿的方式开展替代修复，可以预防同类环境侵权的发生，也可以提高公民环保意识，促进环保公共利益的保护，对于生态环境也是一种无形修复；三是效果契合性，环境保护宣传过程是在践行恢复性司法理念、体现人文关怀的同时，以环境公益劳动传播生态文明风尚，引导群众增强生态环境和资源保护意识。因此，本案中探索出的以环境保护公益宣传替代履行，既符合超大城市环境保护的特点，也是对环境侵权责任制度的有益探索。

三、司法确认在生态环境保护中的制度作用

生态环境保护是一项综合工程，既要注重发挥行政机关的职能优势，要求行政机关迅速响应、及时介入环境侵权问题，制止各类侵权行为，有效修复已发生的环境损害，防止损害进一步扩大；也要充分发挥司法机关在生态环境保护中的保障作用，通过司法手段守护好生态底线。在此过程中，司法确认制度发挥着不可或缺的作用。

（一）生态环境损害的磋商前置原则实施需要

在生态环境损害预防和管理中，确立了磋商前置的原则。2017年，中共中央办公厅、国务院办公厅印发《生态环境损害赔偿制度改革方案》，确立了磋商原则，即生态环境损害发生后，赔偿权利人组织开展生态环境损害调查、鉴定评估、修复方案编制等工作，主动与赔偿义务人磋商。磋商未达成一致，赔偿权利人可依法提起诉讼。

2022年生态环境部等14家单位印发的《生态环境损害赔偿管理规定》第三条规定："生态环境损害赔偿工作坚持依法推进、鼓励创新，环境有价、损害担责，主动磋商、司法保障，信息共享、公众监督的原则。"第二十六条规定："磋商未达成一致的，赔偿权利人及其指定的部门或机构，应当及时向人民法院提起诉讼。"

《关于深入推进生态环境损害赔偿制度改革若干具体问题的意见》中对赔偿磋商制度进行了明确和细化。明确了磋商的形式及期限、赔偿协议的内容、磋商不成的情形内容，让磋商制度更具有操作性和实效性，也避免了久磋不决和磋商、诉讼程序对接不畅的问题。

从上述制度可以看出，行政机关在环境损害发生以后，应该主动磋商，

磋商不成的再提起诉讼。磋商前置制度的设计目的是由赔偿权利人与赔偿义务人就生态环境修复问题进行协商，充分发挥行政机关的职能优势，及时有效地解决生态环境损害的赔偿问题，减少不必要的诉讼成本，从源头解决生态环境损害的赔偿问题。①

（二）磋商协议的司法确认

鉴于磋商协议本质上属于民事性质，缺乏法律强制执行力，因此，在生态环境损害赔偿磋商制度设计中，特别规定对于磋商协议可以申请人民法院进行司法确认，实现了行政处理程序与司法程序的无缝衔接。《最高人民法院关于审理生态环境损害赔偿案件的若干规定（试行）》第二十条规定，经磋商达成生态环境损害赔偿协议的，当事人可以向人民法院申请司法确认。经过司法确认后的磋商协议，就具有了强制执行的法律效力。

司法确认程序在多元解纷机制中扮演着平台、枢纽、桥梁的作用，为诉讼与非诉讼解纷方式的衔接提供制度化平台，可以发挥纠纷案件分流、解纷效力转换的作用，增强非诉讼解纷的有效性，促进解纷效力的顺利转换，还极大增强了非诉讼解纷方式的实效性。通过司法确认制度引入司法审查机制，运用法律和正当程序原则对非诉讼解纷协议的合法性进行严谨评估，司法确认程序如同公正解决纠纷的"守护者"，确保了协议的合法性与公正性。而将司法确认制度引入司法审查机制，用法律和正当程序原则评价非诉讼解纷协议的合法性，还可以发挥公正解决纠纷的"守门员"作用。②虽然环境损害赔偿过程中的磋商协议与民事纠纷的协议有所区别，但是借由司法确认程序，就可以实现纠纷的高效化解，为完善环境侵权责任提供制度支撑和司法保障。

四、余论

生态环境修复责任的完善是一个在实践中持续深化与拓展的过程。我国地域广阔，从乡村到城市，乃至超大城市，各自拥有着独特的环境风貌。行政机关与检察机关主动作为，针对不同特征的环境侵权主体展开积极磋商与沟通，为构建生态环境保护的长效机制贡献了诸多生动而丰富的实践案例。

---

① 最高人民法院民法典贯彻实施工作领导小组：《中国民法典适用大全·生态环境卷》，人民法院出版社 2022 年版，第 1042 页。

② 吴英姿：《迈向"定制的正义"：民事诉讼程序简化的未来》，载《法治现代化研究》2023 年第 4 期。

尽管生态环境磋商协议与一般的民事纠纷协议存在差异，但司法确认不仅强化了磋商协议的法律效力，还为生态环境保护工作提供了法治支撑，有力推动了生态环境修复责任制度的高效顺畅运行。

【相关法律规范】

★《中华人民共和国民事诉讼法》

第二百零六条　人民法院受理申请后，经审查，符合法律规定的，裁定调解协议有效，一方当事人拒绝履行或者未全部履行的，对方当事人可以向人民法院申请执行；不符合法律规定的，裁定驳回申请，当事人可以通过调解方式变更原调解协议或者达成新的调解协议，也可以向人民法院提起诉讼。

★《最高人民法院关于审理生态环境损害赔偿案件的若干规定（试行）》

第二十条　经磋商达成生态环境损害赔偿协议的，当事人可以向人民法院申请司法确认。

人民法院受理申请后，应当公告协议内容，公告期间不少于三十日。公告期满后，人民法院经审查认为协议的内容不违反法律法规强制性规定且不损害国家利益、社会公共利益的，裁定确认协议有效。裁定书应当写明案件的基本事实和协议内容，并向社会公开。

第五章　服务保障长三角生态绿色一体化发展

23. 环志采样人员以合法身份掩护将猎捕野生鸟类带离自然保护区（九段沙湿地）出售的，应依法追究刑事责任
——顾某、陈某官非法狩猎案

【规则提要】

行为人以环志①采样人员的合法身份为掩护，通过事先预谋将猎捕的野生鸟类带离禁猎区出售，情节严重的，应综合考虑行为人的犯意产生时间、侵犯法益、犯罪客观行为等，以非法狩猎罪定罪处罚。

【基本案情】

2020年10月，被告人顾某经与被告人陈某官事先商议，由顾某以鸟类环志及采样人员身份为掩护，雇用工人在上海市九段沙湿地自然保护区内狩猎野鸭，并将部分野鸭私自带出保护区，以每只150元左右的价格销售给陈某

---

① 鸟类环志是指世界上用来研究候鸟迁徙动态及其规律的一种重要手段。鸟环由镍铜合金或铝镁合金制成，上面刻有环志的国家、机构、地址（信箱号）和鸟环类型、编号等。

官,用于和其饲养的家鸭配种。同年10月中旬至11月19日,顾某多次将所狩猎的野鸭销售给陈某官,共计46只。同年12月2日,顾某再次将22只野鸭销售给陈某官。当日交易后,顾某驾车途经S4金沪高速庄胡公路附近时被民警抓获,并在其车上查获待售的野鸭33只。同日,民警至陈某官住处将其抓获。同时,查获其向顾某购买的上述68只野鸭。顾某、陈某官到案后,均对其犯罪行为供认不讳。

经认定,民警从陈某官处查获的68只野鸭均为斑嘴鸭,价值共计3万余元;从顾某处查获的33只野鸭分别为红头潜鸭3只、针尾鸭4只、赤膀鸭2只、斑嘴鸭4只、绿头鸭7只、绿翅鸭5只、琵嘴鸭3只、赤颈鸭5只,价值共计1万余元。上述野鸭均属于国家保护的有益的或者有重要经济、科学研究价值的陆生野生动物,已被全部放生。

另查明,上海市九段沙湿地自然保护区属于国家级自然保护区。2020年6月、9月,上海市九段沙湿地自然保护区管理署(以下简称九段沙管理署)因野生动物疫源疫病主动预警采样及环志工作需要,与上海某浪文化传播有限公司先后签订协议,委托该公司组织人员在九段沙江亚南沙及上沙捕捉雁鸭类野鸟400只,开展环志工作,并协助采集口、肛拭子样品,完成后应将野鸟放生。而后,上海某浪文化传播有限公司将上述受托事项委托被告人顾某予以开展。上述猎捕工作依法获得上海市某区绿化和市容管理局许可。

【裁判】

法院生效裁判认为:被告人顾某、陈某官违反狩猎法规,在禁猎区进行非法狩猎,破坏野生动物资源,情节严重,其行为均已构成非法狩猎罪。公诉机关指控成立,法院予以支持。

关于被告人顾某、陈某官应当承担刑罚的认定。首先,被告人顾某、陈某官经事先商议,将国家自然保护区内猎捕的野生动物私自带出并进行交易,具有法益侵害性,破坏了野生动物资源,亦有违生态安全、公共卫生安全,其行为应纳入刑法规制领域。其次,被告人顾某在组织工人猎捕野鸭之前,就与被告人陈某官商议出售所捕获野鸭事宜,其是以环志及采样人员身份为掩护进行非法狩猎的不法行为。被告人顾某、陈某官主观上是为了非法牟利,具有非法狩猎的共同故意,其行为违反了狩猎法规,系共同犯罪。再次,根据《最高人民法院关于审理破坏野生动物资源刑事案件具体应用法律若干问题的解释》[①]第六条第一项规定,违反狩猎法规,在禁猎区、禁猎期或者使用禁用的工具、方法狩猎,非法狩猎野生动物20只以上的,属于非法狩猎"情节严重"。本案中,九段沙湿地自然保护区是国家级自然保护区,属于法律明确规定的禁猎区。被告人顾某基于非法目的,将在自然保护区内猎捕的101只野生动物带出销售,并将其中68只销售给被告人陈某官,两被告人的行为属于情节严重,应以非法狩猎罪追究刑事责任。

关于本案的危害性及被告人的量刑情节。被告人顾某受委托在自然保护区捕捉雁鸭类野鸟,本应是为了野生动物疫源疫病主动预警采样及环志工作需要,且其在受委托期间接受了相关法律知识和专业知识的详细培训,但其罔顾工作要求,以特殊身份掩护非法目的,进行非法狩猎,行为恶劣,严重破坏野生动物资源,危害生态安全和公共卫生安全,依法应予严厉惩处。鉴于被告人顾某、陈某官均能认识到自己的犯罪行为,到案后能如实供述自己的罪行,且自愿认罪认罚,有一定的悔罪表现,依法可以从轻处罚。在共同犯罪中,两被告人均积极参与,本案不区分主从犯,其中被告人顾某在犯罪实施过程中的作用相对于被告人陈某官更大,在量刑时予以综合评判。此外,本案涉案野生动物均已被查获并全部放生,社会危害程度有所减少。根据被告人犯罪的事实、性质、情节及对社会的危害程度,判决被告人顾某犯非法狩猎罪,判处有期徒刑一年;被告人陈某官犯非法狩猎罪,判处有期徒刑七个月,缓刑一年;违法所得予以追缴。

一审宣判后,被告人未上诉,检察机关未抗诉,该案判决已经发生法律效力。

【评析】

本案系一起较为特殊的非法狩猎案件,被告人本身是为野生动物保护服

[①] 已被2022年发布的《最高人民法院、最高人民检察院关于办理破坏野生动物资源刑事案件适用法律若干问题的解释》废止。

务的，协助国家自然保护区内野生鸟类的环志与采样工作，但其利用受委托捕捉野生鸟类的条件进行非法狩猎行为，在合法形式的外衣下掩盖其非法目的。本案定罪涉及多种罪名的区分，法院最终以非法狩猎罪判决，突出了对生态环境资源的特殊保护，也体现出司法服务保障生态文明建设的职能作用。

一、特殊背景情况

本案系发生在上海市面积最大的国家级自然保护区——九段沙自然保护区内的非法狩猎案件。九段沙自然保护区是上海市面积最大的国家级自然保护区，也是长江口地区唯一基本保持原生状态的河口湿地，是长江口地区鱼类区系最具代表性的区域，拥有着丰富、珍贵的生物资源，同时属于法律明确规定的全年禁止狩猎区域。本案通过刑事制裁，依法追究被告人的刑事责任，为长江流域生态环境构筑全方位司法保护屏障。

不同于一般的非法狩猎案件，本案特殊之处在于被告人顾某并非一般主体，顾某与保护区管理署之间存在一层委托关系，顾某在接受委托后，本应在猎捕野鸭完成采样后将野鸭放生，但却私自将野鸭带离保护区售卖，是以特殊身份掩护其违法行为，如何对其行为准确定性是本案在处理上首要考虑的问题。

二、裁判思路考量分析

关于被告人的行为如何定性，主要涉及非法狩猎罪与盗窃罪等犯罪的界限问题。本案审理中，主要存在以下几种观点。

第一种观点认为，被告人的行为构成盗窃罪。两名被告人以非法占有为目的，合谋窃取由九段沙管理署管理的野生动物，且数额较大，属于盗窃公私财物行为，应构成盗窃罪。

第二种观点认为，被告人的行为构成非法狩猎罪。两被告人事先商议将国家自然保护区内猎捕的野生动物私自带出并进行交易，破坏了野生动物资源，情节严重，应构成非法狩猎罪。

法院采纳第二种观点，理由如下。

（一）两被告人的行为符合非法狩猎罪的构成要件

《刑法》第三百四十一条第二款规定，非法狩猎罪是指违反狩猎法规，在禁猎区、禁猎期或者使用禁用的工具、方法进行狩猎，破坏野生动物资源，且达到情节严重。根据《最高人民法院关于审理破坏野生动物资源刑事案件具体应用法律若干问题的解释》第六条第一项的规定，违反狩猎法规，在禁猎区、禁猎期或者使用禁用的工具、方法狩猎，非法狩猎野生动物20只以上的，属于非法狩猎"情节严重"。

1. 两被告人的行为违反了狩猎法规

非法狩猎罪属于行政犯（法定犯），入罪的前提必须是违反了行政法相关规定，犯罪构成要件中"禁猎区、禁猎期或者使用禁用的工具、方法"这一具体概念均得行政法规予以先行规定。本案中被告人顾某在取得猎捕野生动物行政许可的情况下，其猎捕行为并非合法行为，其行为存在非法私自出售野生动物的故意。在此犯意下的行为应该认定为违反了相关狩猎行政法规。

2. 两被告人的行为契合非法狩猎罪的构成要件

从犯罪构成要件上分析，两被告人的行为违反狩猎法规，对野生动物资源和保护管理制度都造成了危害，在主客观方面完全符合非法狩猎罪的构成要件。

在主观上，本案被告人顾某、陈某官经事先商议，以环志及采样人员身份为掩护，将在国家自然保护区内猎捕的野生动物私自带出并进行交易，具有非法牟利的共同故意，且该共同故意产生于猎捕野生动物之前，应在非法狩猎行为中予以评价。

在犯罪客体方面，两被告人违反狩猎法规，将101只猎捕的"三有动物"私自带出并进行交易，具有法益侵害性，侵犯了国家对野生动物的所有权及国家保护野生动物资源管理制度，亦有违生态安全、公共卫生安全。

在犯罪客观方面，九段沙湿地自然保护区是国家级自然保护区，属于法律明确规定的禁猎区。被告人顾某受委托在自然保护区内捕捉雁鸭类野鸟，开展环志工作，并协助采集口、肛拭子样品，本应是为了野生动物疫源疫病主动预警采样及环志工作需要，但其罔顾工作要求，以特殊身份掩护非法目的，径行非法狩猎行为，将在自然保护区内猎捕的101只野生动物带出销售，并将其中68只销售给被告人陈某官。两被告人的行为已达到《最高人民法院关于审理破坏野生动物资源刑事案件具体应用法律若干问题的解释》第六条第一项规定的"情节严重"标准，应以非法狩猎罪追究刑事责任。

综合上述情况，两被告人经事先商议，利用受委托捕捉野生鸟类的条件进行非法狩猎行为，是以特殊身份掩盖其非法目的，应认定为非法狩猎罪。

（二）盗窃罪构成要件无法涵摄两被告人的行为

1. 盗窃罪的犯罪客体无法涵盖两被告人侵犯的法益

根据我国刑法理论通说，盗窃罪侵犯的法益是公私财产的所有权，但本案中两被告人的行为本质上侵犯的是国家对野生动物的所有权和国家保护野生动物资源管理制度，即非法狩猎罪的犯罪客体。并且从立法者的立法本意来看，非法狩猎罪是因人类社会的发展，野生动物资源日渐稀缺，国家出于对野生动物资源和管理制度的保护，才制定的一种法定犯罪，这与随着人类的出现就存在的盗窃罪有着本质区别。本案发生在国家级自然保护区，系法律明确规定的全年禁猎区域。两被告人违反狩猎法规猎捕的均属于国家保护的有益的或者有重要经济、科学研究价值的陆生野生动物，其行为损害的不仅是野生动物资源，更是对野生动物资源管理制度的破坏。因此，本案定性为非法狩猎罪，突出对生态环境资源的特殊保护，更符合法律精神，更能体现法院对生态文明的司法保障。

2. 法条竞合下的罪名选择

被告人顾某违反协议约定，在未征得九段沙管理署同意下私自将所猎捕野生动物带出自然保护区，并按事先约定出售给被告人陈某官。从这一行为的构成上看，形式上符合盗窃罪的构成要件，属于非法狩猎罪与盗窃罪的法条竞合。但该两个法条之间属于特殊条款与一般条款的关系，根据效力位阶原则，特别条款优于一般条款，对两被告人的行为应该以非法狩猎罪定罪处罚。此外，从最密切联系的角度看，本案中野生动物资源的损失更直接、更密切的原因还在于被告人的非法狩猎行为。野生动物资源破坏与非法狩猎行为构成刑法上的因果关系，被告人的行为在非法狩猎罪涵摄范围内进行评价更为科学。

综上，两被告的行为应认定为构成非法狩猎罪。

三、裁判意义

保护生物多样性是当前环境资源保护工作的重要内容之一。人民法院通过司法手段严厉打击非法猎捕野生动物等违法犯罪活动，有利于维护生物多样性的可持续发展。本案中九段沙湿地是国家于2005年建立的上海市面积最大的国家级自然保护区，属于法律明确规定的全年禁止狩猎区域。本案通过刑事制裁，依法追究被告人的刑事责任，为长江流域生态环境构筑全方位司法保护屏障。同时，本案被告人身为九段沙自然保护区管理工作人员，本应履行湿地保护区内野生动物资源保护职责，但其利用环境志愿工作者身份便利，以非法目的进行狩猎，将捕获的野生动物偷运外售，行为恶劣。人民法院综合考虑本案被告人犯罪情形，对该环境保护志愿者处以较重刑罚，对于加强湿地管理，规范环境保护志愿工作人员行为，预防和控制人为活动对湿地及其生物多样性的不利影响具有积极的示范意义。

【相关法律规范】

★《中华人民共和国刑法》

第三百四十一条　非法猎捕、杀害国家重点保护的珍贵、濒危野生动物的，或者非法收购、运输、出售国家重点保护的珍贵、濒危野生动物及其制品的，处五年以下有期徒刑或者拘役，并处罚金；情节严重的，处五年以上十年以下有期徒刑，并处罚金；情节特别严重的，处十年以上有期徒刑，并处罚金或者没收财产。

违反狩猎法规，在禁猎区、禁猎期或者使用禁用的工具、方法进行狩猎，破坏野生动物资源，情节严重的，处三年以下有期徒刑、拘役、管制或者罚金。

违反野生动物保护管理法规，以食用为目的非法猎捕、收购、运输、出售第一款规定以外的在野外环境自然生长繁殖的陆生野生动物，情节严重的，依照前款的规定处罚。

24. 对非法狩猎野生鸟类造成国家经济损失具体数额的认定，应在鉴定到具体"种"的基础上进行价格评估
——顾某法非法狩猎刑事附带民事公益诉讼案

【规则提要】

1. 刑事附带民事公益诉讼中，在对涉案野生鸟类鉴定到具体"种"的基础上进行价格评估，才能准确认定被告人非法狩猎造成的国家经济损失的具体数额。

2. 被告人主观上对狩猎涉案鸟类的违法性认知应结合其生活环境、法律政策宣传力度、有无认知可能及其供述等情况综合进行认定。

3. 刑事附带民事公益诉讼"向社会公众赔礼道歉"判决的执行可从实际出发并兼顾履行的可行性及实际效果。

【基本案情】

2017年11月中旬至12月上旬，被告人顾某法在上海市某区其住处附近一小树林内悬挂张网捕杀野生鸟类，并将所捕获鸟类捕杀褪毛后藏匿于家中。同年12月6日，公安机关接报至被告人顾某法住所，查获其隐藏的捕鸟网具及已褪毛的死亡野生鸟类37只等，遂将被告人顾某法抓获，到案后其如实供述了上述犯罪事实。被告人顾某法住处系上海某区野生动物禁猎区，其使用的捕鸟网具为禁用工具。

公诉机关作为公益诉讼起诉人向法院提起刑事附带民事公益诉讼。顾某法捕杀的乌鸫、白腹鸫等37只野生鸟类中，经鉴定，野生鹨及白腹鸫、灰背鸫、珠颈斑鸠等34只鸟类被列入《国家保护的有益的或者有重要经济、科

学研究价值的陆生野生动物名录》(以下简称"三有名录"),乌鸫 1 只被列入《上海市重点保护野生动物名录》。上述 35 只重点保护野生鸟类经认定,共计价值 1 万余元。公益诉讼起诉人据此认为,顾某法的行为造成了国家野生动物资源损失,损害了社会公共利益,请求判令顾某法赔偿国家经济损失共计 1 万余元并公开向社会公众赔礼道歉。

【裁判】

法院生效裁判认为:综合被告人生活环境及村委会日常对辖区内居民所做的禁止非法狩猎的法律政策宣传等情况,可以认定被告人顾某法明知其生活的区域属于禁猎区,仍违反狩猎法规,在禁猎区使用禁用的工具、方法进行狩猎,破坏了野生动物资源,情节严重,构成非法狩猎罪。被告人顾某法到案后亦能如实供述自己的罪行并自愿认罪,自愿缴纳其行为造成的国家经济损失的全部赔偿款项,认罪悔罪表现较好,依法可以从轻处罚。辩护人关于对顾某法从轻处罚的辩护意见,酌情予以采纳。顾某法的非法猎捕行为导致 35 只具体到"种"的重点保护野生鸟类死亡,造成了国家野生动物资源损失,损害了社会公共利益,还应当依法承担民事侵权责任。故公益诉讼起诉人要求顾某法赔偿因其非法狩猎行为导致 35 只重点保护野生鸟类死亡而造成的国家经济损失并公开向社会公众赔礼道歉的诉讼请求符合法律规定,予以支持。据此,一审法院作出刑事附带民事判决:刑事部分,以非法狩猎罪判处被告人顾某法有期徒刑,查获的野生鸟类及作案工具捕鸟网等予以没收;刑事附带民事公益诉讼部分,判处被告人顾某法赔偿因非法狩猎导致野生鸟类死亡所造成的国家经济损失共计 1 万余元;被告人顾某法于本判决生效后三十日内就非法狩猎行为向社会公众公开赔礼道歉。

宣判后,被告人顾某法未提出上诉,检察机关亦未抗诉,该案判决已经发生法律效力。

【评析】

刑事附带民事公益诉讼的价值在于,不仅节约司法资源、提高诉讼效率,还能最大化促使社会公共利益受侵害状态得到救济，维护社会秩序的稳定。2018年3月，在民事公益诉讼和行政公益诉讼的基础上，《最高人民法院、最高人民检察院关于检察公益诉讼案件适用法律若干问题的解释》增加了刑事附带民事公益诉讼这一新的案件类型。本案是上海市首例刑事附带民事公益诉讼案件，其中附带民事公益诉讼中被告人犯罪行为造成的国家经济损失、犯罪故意如何认定及后续附带民事公益诉讼判决内容如何执行等问题值得研究探讨，也对类似案件的处理具有一定的参考意义。

一、犯罪行为所造成的国家经济损失的认定

在附带民事公益诉讼中，救济被损害的社会公共利益的前提是必须准确认定被告人的犯罪行为所造成国家经济损失的具体数额。非法狩猎刑事附带民事公益诉讼中的损失为被告人非法狩猎野生动物行为造成野生动物损害的价值。因此，要确定野生动物的具体种类，才能对应具体的价值，从而计算被告人犯罪行为造成的国家经济损失的具体数额。

本案中，国家经济损失是被告人顾某法非法狩猎行为造成的涉案37只野生鸟类死亡的经济价值。经上海野生动植物鉴定中心鉴定，涉案的37只野生鸟类分别为乌鸫1只、白眉鸫2只、白腹鸫21只、未知鸫7只、未知斑鸠5只、未知鹨1只，同时根据上海市某区发展和改革委员会出具的《价格认定结论书》，认定涉案37只鸟类的价值为1万余元，公益诉讼起诉人据此认定被告人顾某法非法狩猎行为所造成的国家经济损失为1万余元。而辩护人则提出涉案的37只鸟类中有13只未鉴定出具体属于何"种"，因不同"种"的鸟类其对应的价值不同，在公益诉讼中涉案鸟类的价值认定是否准确直接关系到本案附带民事公益诉讼部分赔偿问题，故必须加以明确，才能准确认定被告人应该承担的具体附带民事公益诉讼的赔偿数额。本案中，公益诉讼起诉人提交的证据材料中涉案的37只鸟类已鉴定出具体"种"的，只有白腹鸫21只和乌鸫1只，分别属于"三有名录"及《上海市重点保护野生动物名录》物种，辩护人认为其他未鉴定出具体"种"的涉案鸟类价值认定不明确，故对被告人需要赔偿的国家经济损失具体数额持有异议。

为厘清事实、正确适用法律，办案机关向上海市野生动物管理保护站专家进行了咨询，专家认为公益诉讼起诉人提交的据以认定被告人非法狩猎行为造成国家经济损失的鉴定结论系按照原国家林业局〔2017〕第46号《野生

动物及其制品价值评估方法》及所附的《陆生野生动物基准价值标准名录》来评估涉案鸟类的价值，但上述文件适用范围仅限于国家、地方重点保护动物及"三有名录"动物，故公益诉讼起诉人提供的《价格认定结论书》将未鉴定出特定"种"的未知鸫7只、未知斑鸠5只、未知鹨1只的鸟类价值也一并按照本评估方法的标准予以认定的法律依据不足，即未鉴定出具体"种"的鸟类的价值无法予以认定。

为证明被告人非法狩猎行为所造成的国家经济损失的具体数额，公益诉讼起诉人后续提请补充证据，委托原鉴定机构上海野生动植物鉴定中心进行复鉴，该中心出具的（2018）第047号《野生动植物物种鉴定证书》证实，之前的（2017）161号鉴定报告因现场鉴定受资料等的局限性，仅能依据鸟类外观特征进行外观鉴定，其中有13只由于外观遭受破坏，未能鉴定到具体的"种"。经复鉴，对13只鸟类的形态特征进行了仔细测量以及比对相关鸟类量度资料和上海鸟类名录，鉴定出灰背鸫7只、珠颈斑鸠5只，另外1只无法判定具体种类，但可以判断为林鹨、树鹨、北鹨、红喉鹨、水鹨或山鹨中的一种。据此，可以认定查获的37只野生鸟类中有35只分别被列入"三有名录"和《上海市重点保护野生动物名录》。结合两次鉴定结论，公益诉讼起诉人再次委托某区发展和改革委员会进行价格鉴定，证实35只具体到"种"的鸟类的价值为1万余元，而另2只野生白眉鸫因不属于地方重点保护动物及"三有名录"动物等因素而不予进行价格鉴定，不计入国家经济损失的数额之中。

综上，被告人因在禁猎区使用禁用的工具狩猎野生鸟类而构成非法狩猎罪的，即被告人因"两禁"行为入罪的，犯罪构成中野生鸟类的具体种类及死亡数量并非构成非法狩猎罪的必要条件，故在刑事部分认定其犯罪构成时，涉案野生鸟类种类不影响刑事定罪量刑。但在刑事附带民事公益诉讼中计算被告人的赔偿数额即国家经济损失具体数额时，因不同具体"种"的野生鸟类对应不同的价格，因此，在认定非法狩猎行为造成的国家经济损失具体数额时，需将涉案鸟类鉴定到具体"种"，才能准确评估涉案具体鸟类的价值，并据此认定被告人需要赔偿的数额，即非法狩猎行为造成的国家经济损失的具体数额。

二、捕猎野生动物违法性主观上是否明知的审查

认定构成非法狩猎罪除了客观上被告人实施了非法狩猎的行为,还要确定其主观上对捕猎野生动物的违法性明知,主客观相一致才能认定犯罪。除了被告人的供述外,还需要结合被告人的生活环境、从事相关职业的范围、时间、法律政策宣传力度、有无认知可能等情况综合进行判断认定主观明知性。

本案中,被告人顾某法年逾七旬,系土生土长的某区当地居民,未上学读过书,系文盲,靠林捕鸟是其人生成长过程中一种自然形成的长期生活习惯,其称自己对家乡系生态自然资源保护区禁止狩猎等情况只略有耳闻,对捕猎的违法性认识不深。从被告人供述中可知,其因文化程度、长期生活环境及习惯等,主观上对在某区捕猎涉案鸟类的违法性认识并不充分,因此,仅依据其供述来认定其主观明知性证据不充分。

犯罪构成中的主观明知不仅是被告人内心的真实想法,还需要结合外部客观证据综合进行判断。故法院在认定被告人主观明知性时,结合了被告人居住地村委会工作人员证言及某区人民政府通告等客观证据予以佐证。被告人经常居住地所在村委会自2016年某区被列为禁猎区开始至案发的一年多时间内,做了大量禁止非法狩猎的宣传工作,并向行为人在内的各村民挨家挨户上门发放相关宣传资料,也多次告知被告人及其家人禁止非法捕猎野生动物及违法行为的法律后果。结合被告人"对某区禁止非法狩猎略有耳闻",可以推定被告人主观上对于捕猎野生动物的违法性是明知的。

三、附带民事公益诉讼部分诉讼请求的处理

《最高人民法院、最高人民检察院关于检察公益诉讼案件适用法律若干问题的解释》增加了刑事附带民事公益诉讼这一新的案件类型,但仅对刑事附带民事公益诉讼作出了原则性的规定,司法实务中遇到的具体操作规范并不完善。本案涉及刑事附带民事部分判决后如何执行的问题:一是被告人缴纳的非法狩猎行为造成的国家经济损失赔偿款如何处置;二是以何种方式向社会公众赔礼道歉。

第一,关于如何处理被告人缴纳的赔偿款,法院认为,《最高人民法院、最高人民检察院关于检察公益诉讼案件适用法律若干问题的解释》第四条规定:"人民检察院以公益诉讼起诉人身份提起公益诉讼,依照民事诉讼法、行

政诉讼法享有相应的诉讼权利,履行相应的诉讼义务,但法律、司法解释另有规定的除外。"由于《民事诉讼法》《行政诉讼法》中没有"公益诉讼起诉人"这一主体,根据《刑事诉讼法》中关于刑事附带民事诉讼的规定,人民检察院作为公益诉讼起诉人提起的刑事附带民事公益诉讼中,其所对应的诉讼主体应该是附带民事原告,因此,可以享有原告的权利,履行原告相应的诉讼义务。厘清这一主体地位后,根据《民事诉讼法》的规定,法院判决支持原告诉讼请求的,相关款项应移交原告。故待本案生效后,被告人缴纳的赔偿款应依法移送公益诉讼起诉人即检察机关,并由其依法移交相关部门用于生态环境修复等。

第二,对于刑事附带民事公益诉讼的另一判项"向社会公众赔礼道歉"如何执行的问题。由于《最高人民法院、最高人民检察院关于检察公益诉讼案件适用法律若干问题的解释》也无具体规定,因此,司法实务中可以参照《民事诉讼法》或《民法典》中有关赔礼道歉的方式执行,但赔礼道歉的方式不宜过于机械或局限,应该从实际出发并兼顾履行的可行性及实际社会效果。

因此,我们认为,赔礼道歉的具体方式可以结合案件的性质、情节、对社会的危害程度、公众影响力、实际社会效果等综合因素予以考虑,以达到法律效果与社会效果的统一。结合本案具体情况,鉴于被告人非法狩猎行为虽然造成了一定的国家经济损失,但在社会上尚未造成重大影响,同时考虑到被告人系文盲、年事已高且没有工资收入来源等各项实际情况,若机械执法让其通过登报等形式公开赔礼道歉,被告人可能会因费用支付而不愿履行,而且这样机械的执法方式社会效果也未必理想。故法院综合被告人的实际情况以及赔礼道歉达到的社会效果,允许被告人通过当庭道歉并于庭后提供由其捺印的书面赔礼悔过书的形式向社会公众道歉。理由在于:一是开庭审理案件是面向社会公众公开,当庭向社会公众赔礼道歉符合刑事附带民事判项中的"公开"的要求;二是被告人系文盲,口头当庭赔礼道歉与其自身情况相符合;三是庭后被告人提交了其捺印同意的书面悔过书,采取了口头与书面相结合的方式。

【相关法律规范】

★《中华人民共和国刑法》

第三百四十一条 非法猎捕、杀害国家重点保护的珍贵、濒危野生动物的，或者非法收购、运输、出售国家重点保护的珍贵、濒危野生动物及其制品的，处五年以下有期徒刑或者拘役，并处罚金；情节严重的，处五年以上十年以下有期徒刑，并处罚金；情节特别严重的，处十年以上有期徒刑，并处罚金或者没收财产。

违反狩猎法规，在禁猎区、禁猎期或者使用禁用的工具、方法进行狩猎，破坏野生动物资源，情节严重的，处三年以下有期徒刑、拘役、管制或者罚金。

违反野生动物保护管理法规，以食用为目的非法猎捕、收购、运输、出售第一款规定以外的在野外环境自然生长繁殖的陆生野生动物，情节严重的，依照前款的规定处罚。

★《中华人民共和国野生动物保护法》

第三条 野生动物资源属于国家所有。

国家保障依法从事野生动物科学研究、人工繁育等保护及相关活动的组织和个人的合法权益。

★《最高人民法院、最高人民检察院关于检察公益诉讼案件适用法律若干问题的解释》

第四条 人民检察院以公益诉讼起诉人身份提起公益诉讼，依照民事诉讼法、行政诉讼法享有相应的诉讼权利，履行相应的诉讼义务，但法律、司法解释另有规定的除外。

25. 对长江流域非法采矿犯罪，应从开采、收购、运输、出售江砂等环节全链条打击
——蒋某云、胡某军等非法采矿刑事附带民事公益诉讼，潘某扣、张某彬掩饰、隐瞒犯罪所得案

【规则提要】

1. 未取得采矿许可证，在长江禁采区内擅自采矿，违反了矿产资源法规，构成非法采矿罪。非法采砂造成长江流域环境损害，追究其刑事责任的同时，人民检察院在刑事案件中提起刑事附带民事公益诉讼，请求被告人赔偿损失的，人民法院依法予以支持。

2. 被告人事先与非法采矿的犯罪分子联系确定交易时间、地点、价格和交易方式等，指使或者驾驶运输船前往指定地域直接从采砂船过驳并运输销售的，属于事前通谋，应当认定为非法采矿罪共同犯罪。

3. 人民法院应当根据被告人参与非法采矿共同犯罪"采、运、销"一体化的紧密程度、作案次数及涉案矿产价值等因素，综合评价各被告人在共同犯罪中的地位、作用，确定其刑事责任和附带民事公益诉讼赔偿责任。

【基本案情】

2020年12月至2021年1月，被告人蒋某云、任某林等为牟取非法利益，经事先预谋，由胡某超居间联系运砂船船主胡某军、王某以及未取得河道采砂许可证的采砂船船主蒋某云，确定采砂时间、地点，后由蒋某云的采砂船和同样未取得河道采砂许可证的蒋某云、任某林的采砂船，在位于禁采区内

的长江上海段某锚泊区水域，先后 8 次非法采挖江砂后过驳至运砂船。在采砂过程中，胡某超与其雇用的被告人潘某冬、黄某月一同望风，并由胡某超向运砂船收取砂款抽成约一半后交予采砂船。胡某军、王某将非法采运的江砂全部运至江苏一码头出售给被告人潘某扣、张某彬牟利，销赃金额近 70 万元。

2021 年 2 月 20 日，王某再次经由胡某超事先联系和安排，在长江上海段某锚泊区，由沙某阳（另案处理）的采砂船为本案涉案运砂船开采江砂时，被公安民警当场查获。经中国检验认证集团上海有限公司认定，涉案船上被查获的江砂判定为特细砂。上述江砂已被依法拍卖。

2021 年 2 月 20 日至 3 月 31 日，被告人王某、蒋某云、任某林、胡某超、潘某扣、张某彬、胡某军、潘某冬、黄某月分别到案接受调查。被告人蒋某云、任某林等到案后如实供述了上述犯罪事实。

经鉴定，本案中非法采矿活动属于"一次性损害"，不考虑后续恢复，单次非法采矿活动造成的生态环境损害价值量为 2 万余元，8 次非法采砂造成的生态环境损害赔偿总金额为 17 万余元。鉴定费用为 8 万元。

某检察院同时向法院提起刑事附带民事公益诉讼，请求判令：蒋某云、胡某军、王某、胡某超、潘某冬连带赔偿生态环境损害赔偿金额 17 万余元，任某林在上述金额范围内承担 4 万余元连带责任，黄某月在上述金额范围内承担 11 万余元连带责任；蒋某云等七人承担鉴定费 8 万元，并公开向社会赔礼道歉。审理过程中，被告人暨附带民事公益诉讼被告胡某军主动预缴生态环境损害赔偿、鉴定费用及罚金共计 31 万余元。

【裁判】

法院生效裁判认为：被告人蒋某云、任某林等未取得采矿许可证，在长江禁采区内擅自采矿，违反了矿产资源法规，构成非法采矿罪，且系共同犯罪。被告人蒋某云、胡某超等参与非法采砂 8 次，犯罪金额 69 万余元，被告人黄某月参与非法采砂 5 次，犯罪金额 41 万余元，均属于情节特别严重；被告人任某林参与非法采砂 2 次，犯罪金额 16 万余元，属于情节严重。被告人潘某扣、张某彬明知是非法采矿犯罪所得而仍予以收购、销售，其行为构成掩饰、隐瞒犯罪所得罪，且情节严重。公诉机关的指控成立，认定被告人蒋某云、任某林、潘某文、黄某月等犯非法采矿罪，判处有期徒刑六个月至三年六个月不等，并处罚金；被告人潘某扣、张某彬犯掩饰、隐瞒犯罪所得罪，判处有期徒刑三年，并处罚金；违法所得予以追缴，涉案江砂拍卖款及供犯罪所用的本人财物予以没收。

附带民事公益诉讼被告蒋某云、胡某军等于本判决生效后三十日内共同连带赔偿因非法采矿所造成的生态环境损害金额17万余元。附带民事公益诉讼被告任某林、黄某月在上述金额范围内承担连带责任。附带民事公益诉讼被告蒋某云、任某林等于本判决生效后三十日内共同连带承担鉴定费用8万元；附带民事公益诉讼被告蒋某云、任某林等就非法采矿行为当庭向社会公众公开赔礼道歉。

宣判后，各方当事人均没有上诉，检察机关未抗诉，该案判决已经发生法律效力。

【评析】

本案系上海市首例长江非法采砂刑事附带民事公益诉讼案，旨在全链条打击长江流域非法开采、收购、运输、出售江砂行为，确保长江流域生态环境得到有效保护。法院在审理本案时，对非法采砂过程中的预谋、准备、开采、运输、销售等各个环节进行了全面审查，实现了对"采、运、销"整个产业链条的精准打击，具有深远的社会影响和典型的示范意义。从全链条打击非法采砂的刑事司法实践来看，开采、运输、收购、出售等环节的行为均可能分别构成非法采矿罪或者掩饰、隐瞒犯罪所得罪，但二者的区分需结合行为性质、主观故意、参与阶段进行综合认定。

一、非法采矿罪与掩饰、隐瞒犯罪所得罪的区分要点

《刑法》第三百四十三条第一款规定："违反矿产资源法的规定，未取得采矿许可证擅自采矿，擅自进入国家规划矿区、对国民经济具有重要价值的矿区和他人矿区范围采矿，或者擅自开采国家规定实行保护性开采的特定矿种，情节严重的，处三年以下有期徒刑、拘役或者管制，并处或者单处罚金；情节特别严重的，处三年以上七年以下有期徒刑，并处罚金。"《最高人民法

院、最高人民检察院关于办理非法采矿、破坏性采矿刑事案件适用法律若干问题的解释》第七条第一款规定:"明知是犯罪所得的矿产品及其产生的收益,而予以窝藏、转移、收购、代为销售或者以其他方法掩饰、隐瞒的,依照刑法第三百一十二条的规定,以掩饰、隐瞒犯罪所得、犯罪所得收益罪定罪处罚。"综上,要区分非法采矿罪及掩饰、隐瞒犯罪所得罪,需要从行为阶段、主观故意、侵害法益、客观标准和量刑基准上进行考量。

从行为阶段上看,非法采矿罪指向直接参与非法开采或提供核心帮助的行为;掩饰、隐瞒犯罪所得罪则多指向在非法采砂完成后,对赃物进行运输、储存、收购、销售的行为;从主观故意上看,非法采矿罪的行为人明知无合法采矿许可仍实施开采行为,掩饰、隐瞒犯罪所得罪则需证明行为人明知砂石是非法所得仍帮助处理。从侵害法益上看,非法采矿罪侵害的是国家对矿产资源的保护制度;掩饰、隐瞒犯罪所得罪侵害的是司法机关追索赃物的正常活动。从客观标准上看,非法采矿罪需非法采砂价值达到10万元以上或造成生态环境损害;掩饰、隐瞒犯罪所得罪则需要涉案金额达到3000元以上或多次实施犯罪行为。从量刑基准上看,非法采矿罪和掩饰、隐瞒犯罪所得罪情节严重的均处三年以下有期徒刑,情节特别严重的均处三年至七年有期徒刑。

二、链条各环节的罪名认定与量刑问题

(一)开采环节

以非法采矿罪为主。非法采砂行为构成刑事犯罪需以行为人明知未取得合法资质或违反禁采规定为前提,以牟利为目的,无证或者超过许可证范围开采,造成矿产资源破坏或生态环境损害。开采环节是非法采砂的核心与源头,是掩饰、隐瞒犯罪所得的上游犯罪。掩饰、隐瞒犯罪所得罪是否成立需以非法采砂的犯罪事实成立为前提。本案中,胡某超居间联系运砂船船主及采砂船船主,确定采砂时间、地点,后由未取得河道采砂许可证的采砂船在禁采区内的长江上海段锚泊区水域,先后8次非法采挖江砂过驳至运砂船。法院查明的事实清楚,证据确实充分,能够认定上述被告人构成非法采矿罪,但对于主从犯的认定存在争议。法院认为,应结合被告人在犯罪中所处地位、作用、犯罪参与程度等综合判断。本案中,被告人任某林作为船主,事前共谋并实际参与非法采砂,系采砂方,在整个非法采砂犯罪过程中起到积极、主要作用,故认定为主犯,未采纳其系从犯的辩护意见。

(二)运输环节

非法采矿罪的共犯与掩饰、隐瞒犯罪所得罪应进行区分。运输环节中,对于运砂方的定罪应适用非法采矿罪,还是适用掩饰、隐瞒犯罪所得罪处罚,存在一定争议。区分上述两个罪名的关键点在于主观明知程度、利益关联性及犯罪行为的持续性。在主观明知程度层面,非法采矿罪的共犯需明知非法采砂的整体犯罪计划,而掩饰、隐瞒犯罪所得罪仅需明知砂石系犯罪所得即可;在利益关联层面,非法采矿罪的共犯通常参与利润分成,比如,按照运费比例抽成,而掩饰、隐瞒犯罪所得罪收取的大部分是固定运费;在犯罪行为持续性层面,非法采矿罪的共犯与开采者形成稳定合作关系,而掩饰、隐瞒犯罪所得罪多为偶然或者单次运输。本案中,经胡某超居间联系,运砂方与采砂方知晓整体犯罪计划,多次实施非法采砂,且均参与利润分成,故应以非法采矿罪追究运砂方的刑事责任。此外,非法采矿罪与掩饰、隐瞒犯罪所得罪因量刑标准不统一可能出现刑期倒挂。上海关于非法采砂的定罪标准是10万元,适用三年以下有期徒刑;犯罪金额在50万元以上的,视为犯罪情节特别严重,适用三年以上七年以下有期徒刑。但其下游犯罪掩饰、隐瞒犯罪所得罪,犯罪金额达到10万元即为情节严重,适用三年以上有期徒刑,由此出现上游犯罪量刑畸轻或者下游犯罪量刑畸重的情况。因此,在对运输环节的犯罪行为进行量刑时,必须全面、深入地综合考量犯罪事实、性质、情节及危害程度,确保刑罚的公正性与威慑力。

(三)收购与出售环节

掩饰、隐瞒犯罪所得罪的认定与例外。在司法实践中,判断行为人在此环节是否构成掩饰、隐瞒犯罪所得罪的核心要件在于主观明知和客观转移行为两个方面。如行为人存在以明显低于市场价收购、使用现金支付等隐蔽手段交易、在非法采砂高发区域或者时段收购、夜间装卸逃避检查等情形,则推定其存在主观明知。客观转移行为则表现为收购、存储、销售和居间介绍等。另外,在收购与出售环节,也可能出现构成非法采矿罪共犯的例外情形,比如,收购或者出售方与开采者约定包销全部非法砂石,提供资金、设备支持开采活动或者采砂的利润分成等。

三、全链条打击中的刑事附带民事公益诉讼问题

（一）非法采砂对长江流域生态系统的危害

江砂开采对长江流域生态系统造成了严重破坏。具体而言，其危害包括：破坏江底生态环境，致使底栖生物失去生存空间，影响生态系统的生物多样性；增加水中悬浮物浓度，削弱光合作用，影响水生植物正常生长；导致水体悬浮颗粒量增加，堵塞生物幼体的腮部，造成窒息死亡；威胁长江口生态系统的健康与安全。

（二）刑事附带民事公益诉讼目的

在非法采砂犯罪中，人民检察院提起刑事附带民事公益诉讼的目的在于强化对非法采砂行为的法律制裁，提高违法成本，从而有效遏制这类犯罪活动的发生。同时，对非法采砂行为造成的生态损害进行追责，推动受损生态环境的修复和赔偿工作，确保社会公共利益得到切实维护。

（三）民事侵权责任的承担

《最高人民法院关于审理环境民事公益诉讼案件适用法律若干问题的解释》第二十条第二款规定："人民法院可以在判决被告修复生态环境的同时，确定被告不履行修复义务时应承担的生态环境修复费用；也可以直接判决被告承担生态环境修复费用。"经鉴定，本案中非法采矿活动属于"一次性损害"，且受损的长江流域水生生态系统、渔业资源的修复不具有可行性。为了准确评估损害后果并确定赔偿金额，本案引入了司法鉴定机构进行专业判定。该机构对于蒋某云、任某等非法采砂行为所导致的水生生物资源、生态系统服务价值方面的生态环境损害及因果关系进行了全面评估，并出具了司法鉴定意见书。该司法鉴定意见书的科学性、合理性、合法性、全面性经法庭质证，各方当事人均未提出异议，因此，法院对司法鉴定意见书载明的各项损害费用及评估费用予以确认。蒋某云、任某林等在未取得采矿许可证的情况下，在长江流域内非法采砂，这一行为不仅严重触犯法律强制性规定，还对长江流域的江砂资源造成重大损失，打破了采砂区域内河流泥沙与水流输送能力之间的平衡，对涉案水域的水生生态系统造成了不可逆转的破坏，损害了社会公共利益。因此，蒋某云、任某林等在各自参与非法采砂数量范围内承担生态环境修复、赔偿损失、赔礼道歉等侵权责任。

四、余论

全链条打击非法采砂不仅是在个案中实现对犯罪分子的严厉惩处，更是通过司法手段落实"绿水青山就是金山银山"理念，促进生态环境的恢复和保护，实现生态保护、资源安全、法律权威、社会公平的多重目标，为构建美丽中国、推动生态文明建设提供重要法治保障。

【相关法律规范】

★《中华人民共和国刑法》

第三百四十三条　违反矿产资源法的规定，未取得采矿许可证擅自采矿，擅自进入国家规划矿区、对国民经济具有重要价值的矿区和他人矿区范围采矿，或者擅自开采国家规定实行保护性开采的特定矿种，情节严重的，处三年以下有期徒刑、拘役或者管制，并处或者单处罚金；情节特别严重的，处三年以上七年以下有期徒刑，并处罚金。

违反矿产资源法的规定，采取破坏性的开采方法开采矿产资源，造成矿产资源严重破坏的，处五年以下有期徒刑或者拘役，并处罚金。

★《中华人民共和国民法典》

第一千二百二十九条　因污染环境、破坏生态造成他人损害的，侵权人应当承担侵权责任。

第一千二百三十五条　违反国家规定造成生态环境损害的，国家规定的机关或者法律规定的组织有权请求侵权人赔偿下列损失和费用：

（一）生态环境受到损害至修复完成期间服务功能丧失导致的损失；

（二）生态环境功能永久性损害造成的损失；

（三）生态环境损害调查、鉴定评估等费用；

（四）清除污染、修复生态环境费用；

（五）防止损害的发生和扩大所支出的合理费用。

26. 适用赔礼道歉责任应综合考量环境侵权人的过错程度、行为损害结果与社会影响等并由其本人向社会公众作出

——李某来、王某得等非法捕捞水产品刑事附带民事公益诉讼案

【规则提要】

1. 环境民事公益诉讼领域，赔礼道歉责任针对公众精神性环境权益损害，该种损害作为一种隐形损失，属于《民法典》第一千二百三十五条规定的生态环境服务功能丧失导致的期间损失。

2. 判决赔礼道歉应综合考量环境侵权人的过错程度、侵权行为造成的损害结果与社会影响等因素。赔礼道歉内容应经法院审核，并由侵权人本人向社会公众作出。

【基本案情】

2021年1月29日晚，被告人李某来、王某得、张某伟、高某杭、单某伟、李某喜驾船至位于长江口禁捕管理区内的长江上海段某水域，布设20顶底扒网捕捞水产品，渔获物次日由李某朋（另行处理）出售后得款1.3万余元。

2021年1月30日15时许，被告人李某来、王某得、张某伟、高某杭、单某伟、李某喜再次驾船至前述水域，布设20顶底扒网捕捞水产品。次日1时许，其在起网收鱼时被江苏省某市渔政监督大队执法人员查获，并当场查获底扒网19顶及渔获物（已销毁）。经上海市某区发展和改革委员会认定，涉案渔获物价值2万余元。经中国水产科学研究院某水产研究所评估及某农业农村委员会执法总队认定，涉案渔具为多锚单片张网（俗名底扒网），最小

网目尺寸 28mm，系长江干流和长江口禁捕管理区禁止使用的小于最小网目的网具。被告人李某来、王某得、张某伟、高某杭、单某伟、李某喜到案后如实供述了上述犯罪事实，并揭发他人犯罪，查证属实。某检察院同时提起刑事附带民事公益诉讼，请求判令：1. 李某来等六人共同连带赔偿生态环境损失费 20 万余元、专家评估费 4000 元；2. 李某来等六人公开向社会公众赔礼道歉。

【裁判】

法院生效裁判认为：被告人李某来、王某得、张某伟、高某杭、单某伟、李某喜在长江禁渔区内非法捕捞水产品，违反了保护水产资源法规，且情节严重，构成非法捕捞水产品罪。公诉机关的指控成立。上述被告人共同故意犯罪，系共犯。在共同犯罪中，被告人李某来起主要作用，系主犯；其他被告人起次要作用，系从犯，应当从轻处罚。各被告人均能如实供述自己的罪行，愿意接受处罚，依法可以从轻处罚；各被告人到案后均揭发他人犯罪行为，经查证属实，应认定为有立功表现，依法可以从轻处罚。公诉机关的量刑建议适当，应予采纳。

关于附带民事公益诉讼部分，某检察院在提起本案附带民事公益诉讼之前进行了公告，公告期内未有法律规定的机关和有关组织提起民事公益诉讼。某检察院提起本案附带民事公益诉讼主体适格，程序合法。《渔业法》第三十条规定，禁止在禁渔区、禁渔期进行捕捞。禁止使用小于最小网目尺寸的网具进行捕捞。《民法典》第一千二百二十九条规定："因污染环境、破坏生态造成他人损害的，侵权人应当承担侵权责任。"第一千一百六十八条规定："二人以上共同实施侵权行为，造成他人损害的，应当承担连带责任。"本案六被告在长江禁渔区内使用小于最小网目尺寸的网具进行非法捕捞，改变了涉案水域原有的生物群落结构，破坏水生生态系统，既对长江渔业资源造成直接损害，又造成涉案水域水生生物生长发育受阻、繁殖终止、栖息地破坏等间接损害，损害了社会公共利益，应当承担生态环境修复、赔偿损失、赔礼道歉等侵权责任。某检察院委托有资质的鉴定机构对非法捕捞造成的渔业资源直接损害和间接损害进行鉴定，据此提出本案诉讼请求，于法有据，且各方均无异议,应予支持。综上所述,除判决被告人李某来、王某得、张某伟、高某杭、单某伟、李某喜犯非法捕捞水产品罪,分别判处有期徒刑、拘役等刑罚外,针对民事公益诉讼部分判决上述被告人共同连带赔偿因非法捕捞水产品所造成的生态环境损失费用及鉴定费,就非法捕捞行为向社会公众公开赔礼道歉(已当庭进行道歉)。

宣判后,各方当事人未提出上诉,检察机关未抗诉,该案判决已经发生法律效力。

【评析】

人与自然是生命共同体。本案中,六被告人的非法捕捞行为破坏了长江水生生态系统,损害了社会公共利益,要求其承担侵权责任时,不仅应注重对生态环境本身的修复,亦应当考虑对公众精神性环境权益损失进行弥补,该种损失属于生态环境服务功能丧失导致的期间损失内容,是一种重要的人格性权益,但实践中易被忽视。基于此,本案判决明确要求六被告人应就其非法捕捞行为向社会公众公开赔礼道歉,既惩罚、教化了侵权人,又在弥合公众精神性环境权益损失的同时具有一定警示作用,充分发挥了赔礼道歉责任兼具的法律惩治与道德规制功能,取得了良好的社会效果,对提升环境司法治理能力的意义十分鲜明。与此同时,在当前环境民事公益诉讼实践中,适用赔礼道歉责任案件数逐渐增多,可能会逐渐暴露一些的问题。法典化时代,在生态文明保障程度日益提高以及公众利益保护日臻完善的背景下,有必要对相关问题进行系统检视和梳理,深刻剖析赔礼道歉责任中蕴含的环境法理与生态伦理,并就实践难题提出针对性的解决对策,以进一步提升赔礼道歉责任在促进人与自然和谐共生中具有的法律与道德层面的复合功能。

一、辨析:环境民事公益诉讼赔礼道歉责任的理论澄清

(一)责任之源:绿色发展观中的生态伦理与公众健康权

赔礼道歉责任适用的前提是"人格权"受到侵害,[①]环境侵权行为直接损害的是生态环境,而非法律意义上的"人",生态环境本身并不享有人格权,

---

① 张新宝:《侵权责任法》,中国人民大学出版社 2006 年版,第 373 页。

因此，适用赔礼道歉责任应首先厘清责任之源。

1. 绿色发展观背景下的生态伦理价值转型

传统的"人类中心主义"过分强调人的主体价值，导致自然环境的生态价值被忽视，割裂了人与自然的关系。随着习近平生态文明思想的确立，自然环境为社会公众提供生态服务功能，承载社会公众生存和生活的基础，人与自然是生命共同体的现代生态伦理观深入人心，人与生态环境须臾不可分割，应当和谐相处、和合共生。在此基础上，从保护生态环境的角度出发，应认为环境民事公益诉讼关注的并非个体的环境权利，而是公众对生态环境的保护责任。[①] 法律是最低层次的道德，《环境保护法》已明确一切单位和个人都有保护环境的义务，且伴随着《民法典》的施行，根据绿色原则从事民事行为既是道德要求又是法律义务，民事主体违反该项义务，既具备道德上的可苛责性，又应承受法律制裁。本案中，六被告人对长江流域的生态环境侵权行为即同时违反了上述法律义务和道德义务，具备了道德上的苛责难性。

2. 生态环境侵权损害公众健康权

作为一种人格恢复性责任方式，应当明确赔礼道歉责任在环境民事公益诉讼中针对的公众人格权益类型。对此，可从环境保护相关立法宗旨中进行探究。《环境保护法》《土壤污染防治法》《大气污染防治法》等法律规定将针对的公众人格权益类型明确为"公众健康"，而《海洋环境保护法》《环境噪声污染防治法》等法律规定则将针对的公众人格权益类型明确为"人体健康"。

对上述立法宗旨中的"公众健康""人体健康"等表述应如何理解？生态环境领域的"公众健康"不同于一般的自然人健康权，其侧重于公众基于良好生态环境涵养所享有的身心健康，该种公众健康虽依赖于个体健康，但并非个体健康权的简单叠加，其对生态环境整体标准有着更高的要求，超越了个体健康权的一般范畴，[②] 是一种基于对完整生态服务功能的享有，以生理性环境权益为基础、以精神性环境权益为最高层级的多数人健康权。[③] 环境侵权行为在破坏自然环境本身的同时侵犯了该种公众健康权，对于其中的精神性

[①] 参见孟庆垒：《环境责任论——兼谈环境法的核心问题》，法律出版社2014年版，第4页。
[②] 参见靳菲：《环境法领域中的公众健康权研究》，武汉大学2017年硕士学位论文。
[③] 参见万挺：《环境民事公益诉讼民事责任承担方式探析》，载《人民法院报》2014年12月31日。

环境权益损害，侵权人应当赔礼道歉。本案中，六被告人的侵权行为，既对长江渔业资源造成直接损害，又造成涉案水域水生生物生长发育受阻、繁殖终止、栖息地破坏，应认定损害了社会公共的精神性环境权益。

（二）责任之因：赔礼道歉责任中需考量的综合因素

作为民事责任承担方式，赔礼道歉的适用应当结合具体案情进行综合考量，通过平衡诉讼涉及的多元利益，实现法律作为规范的"秩序"张力。

1.侵权人的过错程度

不同于修复生态环境等责任的无过错属性，环境民事公益诉讼适用赔礼道歉责任应以侵权人的主观过错为前提。[①] 同时应注意对过错程度进行细化区分，忽视侵权人主观过错程度而无差别地适用赔礼道歉，既会导致过错与责任失衡产生实质不公正，又可能使侵权人产生委屈与报复心理。因此，适用赔礼道歉责任应从侵权动机、侵权手段等角度出发，考量侵权人从事环境侵权行为时的过错程度，对故意、重大过失侵权应予适用，对一般过失侵权或第三人原因侵权选择适用。本案中，六被告人在长江禁渔区内使用小于最小网目尺寸的网具进行非法捕捞，主观过错明显，应属故意。

2.损害结果与社会影响

相较于其他民事责任承担方式，赔礼道歉责任应更多关注损害结果的社会影响程度。可从损害程度和损害范围两个层面衡量损害结果的社会影响：损害程度主要需考量受损的生态环境种类、修复难度、生态环境服务功能的减损程度等；损害范围除根据侵权行为地、结果发生地进行确认外，还应当结合环境侵权行为特征进行考量，如跨流域、跨地域环境侵权行为或涉及重大民生、引发社会普遍关注的案件，适用赔礼道歉责任时应考虑如何充分体现法律上对侵权人的罚当其责。

3.生态环境保护与经济利益

生态环境保护与经济利益的衡量主要体现在被告为公司等营利法人的案件中。法院在审理环境民事公益诉讼案件时，要统筹考虑社会公众的生态环境利益与企业经济利益，二者短期来看似乎存在一定矛盾，但从长远发展看，

[①] 参见颜运秋：《中国特色生态环境公益诉讼理论和制度研究》，中国政法大学出版社2019年版，第83页。

环境利益与企业健康发展是协调一致的。环境利益、长远发展利益、短期经济利益之间存在价值判断上的层次性,[①]应当认为环境利益、长远发展利益高于短期经济利益,不能因企业顾虑所谓"商誉"受损导致短期经济利益损失,而选择性地适用赔礼道歉责任,导致制度设计目的落空。

(三)责任之维:侵权人与社会公众双向需求的协同兼顾

赔礼道歉责任涵盖惩罚、恢复、教育、监督等多个维度,应当从道德与法律、责任与权利、私益与公益多角度进行考量。

1. 赔礼道歉责任对侵权人的消极影响与积极作用

环境侵权人因行为溢出的负外部性,导致其社会评价降低,要求侵权人向社会公众赔礼道歉对其本人来说具有如下功能:一是名誉上具有惩罚性。[②]通过赔礼道歉责任的承担,进一步向社会表明法律对环境侵权行为的否定性评价,使侵权人社会评价降低,在名誉上受到减损;二是引发侵权人自省与反思。实践中,无论是"三清山巨蟒峰打钉攀岩案""腾格里沙漠环境污染案"等性质恶劣、后果严重的环境侵权行为,还是数量不多的电捕鱼自食等后果相对较轻的环境侵权行为,本质上都是对生态环境保护的漠视,通过赔礼道歉,有利于唤醒侵权人内心的愧疚感,进而反思自身行为,实现价值观转变;三是修复受损社会关系。侵权人主动承担赔礼道歉责任有利于取得社会公众谅解,重塑道德形象,甚至能够一定程度取得名誉上的"加分"。

2. 侵权人赔礼道歉对社会公众的复合影响

赔礼道歉责任虽由侵权人承担,但其主要目的在于"惩罚一个,教化一片"。因此,侵权人赔礼道歉对社会公众可产生以下作用:一是弥补公众健康权损失。通过侵权人赔礼道歉,有利于社会公众缓解因生态服务功能减损造成的精神压力及紧张情绪,恢复精神层面的美学享受;二是提高公众环保法治意识。通过公布侵权人赔礼道歉内容,社会公众进一步认识到环境侵权行为在法律上应受惩罚,在道德上应受谴责,有利于提升环保法治权威,营造保护环境的社会氛围;三是发挥社会监督作用,促进公众参与。社会公众通

---

① 参见陈泉生:《可持续发展与法律变革·21世纪法制研究》,法律出版社2000年版,第381页。

② 参见范纪强:《"赔礼道歉"民事责任的司法困境及其破解》,载《中国应用法学》2018年第3期。

过不同媒体渠道"见证"侵权人赔礼道歉，是对公众环境知情权、参与权这一权利束的保障，有利于激发公众监督环境侵权行为的热情和意识，促进环境治理社会参与能力提升。

二、路径：完善环境民事公益诉讼赔礼道歉责任的"形"与"理"

鉴于环境民事公益诉讼赔礼道歉责任的适用仍存在理念与形式上的不足，对此，有必要从实体与程序双维度进行完善与优化。

（一）三维度加强裁判文书说理，明确赔礼道歉内涵与功能

裁判文书强化说理可从三个角度展开。

1. 阐释赔礼道歉的政策意义

表明要求被告履行赔礼道歉责任是一种公开宣示，即微观层面能够更加鲜明地体现生态环境保护领域的利益衡量，更加明晰地划定民事行为在环境保护领域的"红线"，使社会公众对生态环境侵权行为有更加生动的认识；宏观层面通过以最严格的制度保护生态环境，彰显新时代生态文明建设的重要地位，凸显生态环境保护是千年大计，涉及代内公平与代际公平，保护生态环境不仅是个人义务，更是全社会的责任这一价值导向。

2. 明确赔礼道歉在三个层面的法律内涵

一是界定责任性质。赔礼道歉责任是一种必须由本人实施的行为给付责任，具体到环境侵权领域，可要求侵权人通过口头、书面或其他形式向社会公众表示歉意，并同步作出环境保护承诺，本案中，即明确要求六被告人本人当庭进行口头道歉。二是阐明针对的受损法益。裁判说理中应阐明环境侵权行为损害公众精神性环境权益，对于公众该受损法益，侵权人应进行赔礼道歉，判决主文中亦应对此予以明确。三是全面评价赔礼道歉的多重法律作用。即对被告使其因环境侵权行为在名誉上受到法律惩罚，同时又可修复受损社会关系；对公众可救济其在精神层面不可量化的利益损害，并震慑潜在侵权人实现环境保护一般预防。

3. 体现生态环境保护领域的道德要求

基于中国传统文化中的"天人合一"思想与当代的"人与自然是生命共同体"理念，保护生态环境其实已融入社会的道德观与价值观之中，绿色应当是民事行为的底色。因此，裁判说理应注意从道德层面对侵权人进行教育，对社会公众进行引导：一是应明确环境侵权行为在道德上的可谴责性，可采

用"违反社会公德""破坏人与自然和谐""违反生态伦理"等表述方式,体现环境侵权行为的负面道德影响,使侵权人产生反思、改正的深层动力;二是可通过"良好生态环境是最普惠的民生福祉""环境就是民生"等表述方式感化社会公众,从而强化民事行为应当遵循绿色原则的内心确信,树立保护生态环境的公众意识。

(二)优化赔礼道歉责任承担模式,规范判决主文内容

1. 提升责任适用主动性,体现责任承担比例原则

因具有损害社会公共利益重大风险行为而涉诉的案件,即使原告未明确要求被告赔礼道歉,也应综合考虑被告作出侵权行为时的主观状态及造成的损害结果和社会影响,对原告进行释明,不应单纯因被告遭受行政处罚或履行了其他民事责任就免除其承担赔礼道歉责任的义务。判决主文中应将被告承担赔礼道歉责任的判项单独罗列,体现出对被告的名誉性惩罚,充分发挥赔礼道歉制度设计效果。与此同时,尽管因生态服务功能减损导致的公众精神性环境权益损失难以量化且本案中被告人已经当庭履行赔礼道歉,但若被告人通过媒体进行道歉,则根据环境侵权程度、范围等,法院仍可通过道歉渠道、媒体层级、履行期限、持续期间的综合适用进一步体现比例原则。

2. 明确侵权行为及道歉主体,丰富赔礼道歉履行方式

判决主文中应写明环境侵权的具体类型,如非法倾倒垃圾、非法捕捞水产品等,使社会公众更加明晰环境侵权种类,本案中,即将赔礼道歉所针对的行为具体为非法捕捞。与此同时,可将法人的赔礼道歉主体明确为法定代表人且不允许他人代替,尤其是当庭赔礼道歉的案件,由法定代表人进行,能够有效提升声誉罚的制裁作用。此外,为提升责任的履行效果,可进一步丰富赔礼道歉责任履行方式,除口头或书面形式外,还可要求侵权人散发一定数量的环保宣传材料、进行环保宣讲或参加一定场次的环保公益活动;侵权人为法人或其他组织的,可要求其发布环保公益广告、工作人员集体参观环保法治基地或在其向社会提供的产品及服务中附随环保标语、提示等,以进一步加大赔礼道歉的责任力度。

(三)丰富强制执行手段,提升赔礼道歉制度效能

1. 完善责任履行与环境征信制度的衔接

随着信用社会的到来,无论是对自然人还是法人,社会征信等级都至关

重要。目前，环境信用制度亦在日渐完善过程中，环境侵权后拒绝履行赔礼道歉责任，本质上是一种失信于法律、失信于社会的行为，可结合被执行人主观恶意程度，将拒不履行该责任的自然人、法人及其法定代表人降低社会信用评级或纳入环境信用黑名单，①并向社会公示，提高对该类主体后续生产许可或行政审批的审核标准，禁止其从事任何可能对生态环境造成风险的民事行为，直到公开进行赔礼道歉，以加重侵权人拒不履行的法律后果。

2.实施金钱给付的赔偿执行措施

私益诉讼中，受害人可向侵权人主张精神抚慰金，精神抚慰金虽以填平为原则，但精神损害的不可量化性仍使其具有一定的惩罚性质。私益诉讼中的精神损害赔偿可以为环境民事公益诉讼赔礼道歉责任的赔偿执行提供借鉴，②即在被告拒不赔礼道歉时，法院可对其按日进行处罚，将所得款项用于生态环境保护专项基金或由法院参照环境虚拟治理成本法等计算方式，直接在判决主文中写明"如被告拒不赔礼道歉，应向原告支付×××费用，原告应将该笔费用用于生态环境修复后的维护和改善"，并由法院监督原告该笔款项用途。通过金钱赔偿手段，进一步督促侵权人履行赔礼道歉责任。

（四）完善公众反馈渠道，实现诉讼参与闭环

1.双维度畅通公众意见反馈渠道

对于公众意见反馈，可从诉讼中与诉讼后两个维度进行优化：一是诉讼中，法院在宣判前可适当听取原告对被告赔礼道歉的相关要求，尤其是当庭赔礼道歉的案件，法院可以召集被告环境侵权行为影响范围内，一定数量的环保组织或公众代表到庭旁听案件审理，并于庭后就被告赔礼道歉内容询问、听取代表建议；二是诉讼后，可在被告刊登致歉信的媒体上同步附随意见反馈专栏或链接，根据案件社会影响大小，酌情收集一定期间内的公众反馈意见并进行筛选和整理，以便后续审理同类型案件时，完善对被告赔礼道歉内容的审核标准。

2.加强司法与社会监督的衔接

---

① 参见邓可祝：《论环境民事公益诉讼中的赔礼道歉——基于性质界定与功能优化的视角》，载《辽宁师范大学学报（社会科学版）》2021年第1期。

② 参见程欲民、丁吉生：《认真对待赔礼道歉——对赔礼道歉民事责任的反思》，载《探索社会主义司法规律与完善民商事法律制度研究——全国法院第23届学术讨论会获奖论文集》，人民法院出版社2011年版，第1140页。

判决作出后，对被告在致歉信中作出的"保证"应加强监督，避免该保证沦为"空口承诺"，影响法律权威与生态环境保护效果。被告违反保证内容再次进行环境侵权，说明其作出的赔礼道歉并非真心悔改，本质上亦无法弥补公众因环境侵权导致的精神性环境权益损失，是对赔礼道歉责任的整体违背，应视为拒绝履行。对此，审判机关与检察机关、行政机关、社会组织之间可在加强沟通的基础上，就作出保证的被告进行常态化监督，并设立社会公众投诉举报渠道，如发现被告违反承诺再次进行环境侵权，可采取将侵权人列入环境失信黑名单等方式对被告进行惩处。此外，如被告违反承诺后从事的环境侵权行为已经涉诉，则应将该违反情节作为环境侵权惩罚性赔偿的考量因素，加重被告赔偿责任。

【相关法律规范】

★《中华人民共和国刑法》

第三百四十条　违反保护水产资源法规，在禁渔区、禁渔期或者使用禁用的工具、方法捕捞水产品，情节严重的，处三年以下有期徒刑、拘役、管制或者罚金。

★《中华人民共和国野生动物保护法》

第三条　野生动物资源属于国家所有。

国家保障依法从事野生动物科学研究、人工繁育等保护及相关活动的组织和个人的合法权益。

★《中华人民共和国渔业法》

第三十条　禁止使用炸鱼、毒鱼、电鱼等破坏渔业资源的方法进行捕捞。禁止制造、销售、使用禁用的渔具。禁止在禁渔区、禁渔期进行捕捞。禁止使用小于最小网目尺寸的网具进行捕捞。捕捞的渔获物中幼鱼不得超过规定的比例。在禁渔区或者禁渔期内禁止销售非法捕捞的渔获物。

重点保护的渔业资源品种及其可捕捞标准，禁渔区和禁渔期，禁止使用或者限制使用的渔具和捕捞方法，最小网目尺寸以及其他保护渔业资源的措施，由国务院渔业行政主管部门或者省、自治区、直辖市人民政府渔业行政主管部门规定。

★《中华人民共和国民法典》

第一百七十九条　承担民事责任的方式主要有：

（一）停止侵害；

（二）排除妨碍；

（三）消除危险；

（四）返还财产；

（五）恢复原状；

（六）修理、重作、更换；

（七）继续履行；

（八）赔偿损失；

（九）支付违约金；

（十）消除影响、恢复名誉；

（十一）赔礼道歉。

法律规定惩罚性赔偿的，依照其规定。

本条规定的承担民事责任的方式，可以单独适用，也可以合并适用。

第一千一百六十八条　二人以上共同实施侵权行为，造成他人损害的，应当承担连带责任。

第一千二百二十九条　因污染环境、破坏生态造成他人损害的，侵权人应当承担侵权责任。

第一千二百三十五条　违反国家规定造成生态环境损害的，国家规定的机关或者法律规定的组织有权请求侵权人赔偿下列损失和费用：

（一）生态环境受到损害至修复完成期间服务功能丧失导致的损失；

（二）生态环境功能永久性损害造成的损失；

（三）生态环境损害调查、鉴定评估等费用；

（四）清除污染、修复生态环境费用；

（五）防止损害的发生和扩大所支出的合理费用。

27. 禁渔期内在长江流域重点水域非法捕捞水产品的，应依法追究刑事责任
——廖某甲、廖某乙等非法捕捞水产品，徐某、严某兰等掩饰、隐瞒犯罪所得案

【规则提要】

长江禁渔期内在长江流域重点水域使用禁用工具、方法捕捞水产品的，构成非法捕捞水产品罪。明知系非法捕捞所得的水产品，仍予以运输、收购、代为销售的，对非法捕捞水产品及掩饰、隐瞒犯罪所得等上下游犯罪进行全链条惩治。

【基本案情】

2020年9月25日至2020年10月5日，被告人廖某甲在明知长江上海段流域系禁捕期的情况下，仍组织廖某乙、杨某萍、何某珠、廖某丙、蒋某模、廖某丁、蒋某红、杨某林、何某花在长江上海段九段沙湿地国家级自然保护区内捕捞蛸蜞，共计9961.6千克，经某区发展和改革委员会认定，上述蛸蜞价值19万余元。同年9月26日至10月4日期间，廖某甲分别向徐某、严某兰、顾某兴、崔某龙、高某中、姚某良出售上述非法捕捞蛸蜞2226.5千克、2040千克、1000千克、400千克、1160千克、920千克。

2020年10月6日，公安机关根据线索在上海大治河水闸口附近将被告人廖某甲抓获，并在其驾驶的面包车内查获上述期间非法捕捞的蛸蜞1636.9千克（已于案发后放生）。次日公安机关将廖某乙、杨某萍、何某珠、廖某丙、蒋某模、廖某丁、蒋某红、杨某林、何某花抓获。同年10月14日被告人姚

某良主动向公安机关投案自首,同日公安机关将被告人徐某、严某兰、顾某兴抓获,次日将被告人崔某龙、高某中抓获。

【裁判】

上海铁路运输法院经审理认为,被告人廖某甲等10人在长江禁渔期内在长江流域重点水域非法捕捞水产品,违反了保护水产资源法规,且情节严重,其行为均构成非法捕捞水产品罪,判处被告人廖某甲有期徒刑九个月,违法所得予以追缴;判处其余9名被告人拘役四个月至五个月不等,查获的作案工具予以没收。被告人徐某、严某兰、顾某兴、崔某龙、高某中、姚某良明知是犯罪所得而予以收购,构成掩饰、隐瞒犯罪所得罪,分别判处拘役及有期徒刑六个月至七个月不等,并处罚金,违法所得予以追缴。

【评析】

本案系对长江流域非法捕捞、收购、运输、出售水产品行为全链条打击的案件,不仅呈现出涉案人数多、渔获物数量多、总价值高的特点,还涉及捕捞、运输、销售多个阶段。法院在审理中准确界定各被告人之间的分工关系,全面审查非法捕捞过程中的预谋、准备、捕捞、运输、销售等各个环节犯罪行为,对整个非法捕捞行为涉及共同犯罪构成、上下游行为定性等问题进行精准认定。对事先通谋后进行内部分工,分别实施非法捕捞、运输、销售等行为,以非法捕捞水产品罪的共犯论处;对明知是非法捕捞所得仍予以收购的收赃者,以掩饰、隐瞒犯罪所得罪定罪处罚,做到定罪量刑全面覆盖"捕、运、销"整个产业链条,实现全方位追责、全链条打击,最大力度保障长江流域禁捕工作顺利推进。

一、非法捕捞产业链的危害

非法捕捞行为严重破坏了水生生态系统的平衡。例如,使用电鱼、毒鱼、炸鱼等禁用工具进行捕捞,不仅直接导致鱼类资源减少,还会对水体中的浮游生物、底栖生物等造成致命伤害,从而影响整个食物链的完整性。此外,非法捕捞还可能改变水域的生物群落结构,导致繁殖受阻、栖息地破坏。非法捕捞行为对珍稀水生生物的生存构成威胁。例如，在长江流域，非法捕捞不仅捕捞普通鱼类，还捕捞底栖生物如螺丝蛤等，进一步加剧了生态系统的脆弱性。

非法捕捞过程中使用的泡沫箱、电鱼设备等工具，不仅对水生生物造成伤害，还会导致水体富营养化和重金属污染，对水环境质量产生长期负面影响。非法捕捞行为直接导致渔业资源的枯竭，破坏了渔业资源的可持续性。例如，过度捕捞导致鱼类繁殖能力下降，甚至出现某些鱼类种群消失的情况。非法捕捞形成的"捕捞－收购－运输－销售"一体化产业链，不仅涉及非法捕捞者，还涉及收购者、运输者和销售者，形成了黑色利益链条。这些非法捕捞所得的水产品流入市场后，可能进入餐饮场所甚至普通家庭餐桌，对公众健康构成潜在威胁。

非法捕捞行为的隐蔽性和复杂性增加了执法难度。例如，由于每笔交易都是私下完成，证据固定困难，使得打击非法捕捞行为面临巨大挑战。同时，为了维护生态平衡和打击犯罪，政府需要投入大量资源进行执法和修复工作。部分非法捕捞者因法律意识淡薄或追求短期利益铤而走险，甚至形成团伙作案、暴力抗法等现象，不仅破坏了法律权威，也严重威胁社会秩序。

非法捕捞水产品的上下游产业链不仅对生态环境造成了毁灭性破坏，还对社会经济秩序和公共利益构成了严重威胁。因此，必须通过全链条打击、加强法律宣传和执法力度，从源头遏制非法捕捞行为的发生，并通过司法手段实现对生态环境的系统修复和保护。

二、非法捕捞上下游行为的认定

在非法捕捞案件中，通常形成一个完整的侵权链条，各环节分工明确，构成共同侵权。在长江流域的非法捕捞案件中，检察机关通过全链条打击的方式，对非法捕捞、收购、运输、销售等各个环节进行追责，以确保打击的全面性和有效性。

非法捕捞上下游的界定主要涉及非法捕捞犯罪链条中的不同环节，包括捕捞、运输、收购、销售等。在司法实践中，这些环节往往形成一个完整的犯罪链条，各环节之间联系紧密。上游行为通常指的是直接参与非法捕捞活动的行为，如使用禁用工具或方法进行捕捞。例如，在长江流域，非法捕捞的上游行为可能包括使用电鱼、毒鱼、炸鱼等方法进行捕捞。上游行为是整个犯罪链条的起点，其行为人通常是直接实施非法捕捞的人员。下游行为则涉及非法捕捞后的后续处理，如收购、运输、销售非法捕捞的水产品。例如，某些案件中，犯罪嫌疑人可能并不直接参与捕捞，而是通过收购、销售非法捕捞的渔获物来获利。下游行为的成立通常要求上游行为构成犯罪，才能进一步追究下游行为的责任。

三、上下游犯罪链条中的量刑

在非法捕捞案件中，各环节的行为人可能构成共同犯罪。司法实践中，法院会根据各环节行为人的分工和作用，精准认定其责任。由于上下游行为之间的协作紧密程度不同，会对上下游行为的责任进行区分处理。

在量刑方面，非法捕捞上下游犯罪的量刑标准也有所不同。一般来说，上游行为的量刑会较重，因为其直接导致了非法捕捞的发生；而下游行为的量刑相对较轻，但若情节严重（如掩饰、隐瞒犯罪所得），也可能受到严厉处罚。非法捕捞上下游的界定不仅涉及行为环节的具体划分，还涉及法律适用和责任认定的复杂性。司法机关需要根据案件具体情况，准确区分上下游行为，并依法进行量刑。具体来说，上游行为通常指的是非法捕捞活动本身，非法捕捞水产品罪是指违反保护水产资源法规，在禁渔区、禁渔期或者使用禁用的工具、方法捕捞水产品，情节严重的行为。目的是通过非法手段获取水产品，直接侵害国家对水产资源的管理秩序。其核心在于非法捕捞行为本身，即直接侵犯了国家对水产资源的保护法规。结果是非法捕捞了水产品，造成水产资源的损失。而下游行为则涉及非法捕捞水产品的收购、运输和销售。掩饰、隐瞒犯罪所得罪是指明知是犯罪所得及其产生的收益而予以窝藏、转移、收购、代为销售或者以其他方法掩饰、隐瞒的行为。目的是隐瞒犯罪所得及其收益，防止其被追缴或用于其他非法用途，间接影响司法机关的正常执法活动。其核心在于对犯罪所得及其收益进行掩饰或隐瞒，以妨碍司法机关追究上游犯罪。结果是犯罪所得及其收益被成功掩饰或隐瞒，使得司法机关难以追查到上游犯罪。

在一些案例中，上游捕捞者与下游买家之间可能存在一定的买卖默契，但未必有事前的共谋。因此，在法律上，仅凭买卖关系难以认定下游行为人构成共犯。然而，如果能够通过证据间接证明下游行为人参与了掩饰、隐瞒犯罪所得，则可能被追究相关法律责任。掩饰、隐瞒犯罪所得罪与非法捕捞水产品罪之间的法律界限主要体现在犯罪行为的性质、目的和结果上。前者侧重于对犯罪所得及其收益的掩饰或隐瞒，后者则侧重于非法捕捞行为本身。

共同犯罪在非法捕捞案件中的认定标准和责任划分方法主要依据《刑法》第二十五条的规定，即二人以上共同故意犯罪。具体来说，共同犯罪的责任划分需要根据各被告人在犯罪中的角色、作用以及所起的作用大小分别定罪量刑。

在非法捕捞水产品案件中，共同犯罪的认定标准包括以下几个方面：一是所有参与者必须有共同的犯罪意图，即明知是非法捕捞行为但仍然参与其中。二是参与者之间存在明确的分工，例如，有人负责组织、指挥，有人负责实施具体的捕捞行为等。三是所有参与者在实施犯罪过程中有共同的行动，即在时间和空间上存在协作关系。

在责任划分方面，法院会根据各被告人在犯罪中的具体作用进行区分：主犯即组织、领导犯罪集团或者在共同犯罪中起主要作用的人。这些人通常承担最重的责任，并且按照所犯全部罪行处罚。从犯即在共同犯罪中起次要或辅助作用的人。这些人通常承担较轻的责任，并且可以根据其具体情节适当减轻处罚。其他参与者即对于那些虽然参与了犯罪活动但作用较小的人员，法院也会根据其具体贡献和影响进行量刑。此外，法院在审理非法捕捞案件时还会考虑以下因素：非法捕捞的数量、对生态环境的影响、使用禁用的渔具或方法捕捞水产品的情节、对水生资源的危害程度。

四、打击非法捕捞全链条犯罪措施

在执法过程中，执法部门往往需要协调上下游的执法行动，以形成有效的打击链条。例如，在长江流域的专项整治行动中，公安机关和农业农村部门密切配合，对重点水域及其上下游进行巡查和执法。这种上下游联合执法模式有助于全面遏制非法捕捞行为的发生。

为了有效协调执法部门之间的合作，以打击非法捕捞的全链条，可以采取以下措施：

一是建立联合执法机制，各地农业综合行政执法机构应集中力量开展联合执法和交叉执法，对跨界、交界水域违法行为实现严查严打，推动重点水域执法监管。例如，上海市青浦区通过长三角一体化农业联合执法，打破行政边界，形成合力。二是加强信息共享与沟通，建立联席会议制度、执法联络员制度、联合巡查机制、协作共治机制、应急协同机制和信息共享机制等。三是强化案件移送与侦办工作，水产（渔政）部门和公安机关要密切执法协作，共同推动非法捕捞涉刑案件的移送和侦办工作。四是实施全链条打击，从非法捕捞、运输、经营等重点环节入手，深挖系列案件，推进全链条打击。五是加强宣传教育，通过多途径全方位禁捕退捕宣传和规范垂钓文明捕捞的宣传，公布一批非法捕捞、非法垂钓的典型案件，形成打击非法捕捞的强大震慑态势。六是建立长效机制，健全禁捕监管成效考核评价体系和激励约束制度，共同推进行刑衔接形成执法闭环。七是建设智能化监控体系建设，如通过遥感卫星组成的"渔政天眼"系统，实现重点水域每隔一段时间扫描更新，长江干线布设智能摄像头，配备 AI 识别算法，准确率实现大幅提升。

法院在办理非法捕捞水产品犯罪案件时，应坚持宽严相济刑事政策，准确区分罪责，分类处理，从源头上斩断非法捕捞的利益链条。法院应深入追查非法捕捞人员历次作业情况、渔获物去向，对"捕捞 – 收购 – 运输 – 销售"全链条进行打击。对于使用"电、毒、炸"手段或"绝户网"等破坏水生生物资源的禁用钓具钓法的行为，应予以严厉打击，并通过典型案例进行宣传教育，提升民众法治意识。同时，法院与行政执法部门协作，持续推进认罪认罚从宽制度与增殖放流等生态修复有效衔接。通过前端预防、中端打击、末端修复的全程闭环管理，形成"不敢捕、不能捕、不想捕"的治理格局。

【相关法律规范】

★《中华人民共和国刑法》

第三百四十条　违反保护水产资源法规，在禁渔区、禁渔期或者使用禁用的工具、方法捕捞水产品，情节严重的，处三年以下有期徒刑、拘役、管制或者罚金。

第六章　探索生态环境资源案件专业化审判

28. 对于无力承担生态环境损害赔偿责任的刑事附带民事公益诉讼被告，可以劳务代偿方式替代修复
——王某泉非法捕捞水产品刑事附带民事公益诉讼案

【规则提要】

1. 人民法院审理破坏环境资源保护刑事案件，对于无业、家庭生活困难、无力承担生态环境赔偿责任的附带民事公益诉讼被告，可判决其通过环境保护公益劳动方式替代履行部分生态环境损害赔偿责任。

2. 人民法院判决"劳务代偿"替代履行方式时，应在判决中明确环境保护公益劳动的期限、内容、属地监管责任等，确保劳务代偿工作价值量等值于生态环境损害赔偿费用。

3. "劳务代偿"计算标准可按侵权行为发生时上一年度城镇单位就业人员平均工资折算。

【基本案情】

2022年3月10日2时许，被告人王某泉在上海市内陆水域禁渔期间，驾

船至上海某镇河道内，使用事先准备的长杆网兜、逆变器、电瓶等工具，通过电脉冲的方式电击捕捞水产品。公安机关根据线索，于当日3时30分许将其抓获，并当场查获电捕鱼工具及渔获物22.9千克。王某泉到案后如实供述了上述犯罪事实。

经中国水产科学研究院某水产研究所评估，涉案渔具为一种采用电脉冲方式进行辅助捕捞（电捕的一种）的兜状抄网，作业方法为电捕。经上海市某区农业农村委员会认定，涉案水域为内陆自然水域。根据《非法捕捞案件涉案物品认（鉴）定和水生生物资源损害评估及修复办法（试行）》的规定，王某泉非法捕捞水产品行为造成水生生物资源损害费用1万余元。涉案渔获物已做无害化处理。

另查明，某检察院组织检察公益诉讼公开听证，综合考量王某泉初次犯罪、劳动能力、家庭经济困难、承担责任意愿等因素，王某泉可以提供有益于生态环境公益保护的劳动方式折抵有关水生生物资源损害费用，替代修复生态环境。经听证，王某泉应承担水生生物资源损害费用500元，用于购买鱼苗增殖放流，修复受损生态环境。其余1万余元的损害赔偿费用以提供生态环境公益劳动方式进行折抵，参照2021年度上海市全口径城镇单位就业人员平均工资（日人均工资375元）作为折算标准，劳动代偿时限为20余天。某检察院向上海铁路运输法院提起刑事附带民事公益诉讼，认为被告人王某泉的行为破坏了国家渔业资源和水生生态系统，损害了社会公共利益。综合考量王某泉初次犯罪、劳动能力、家庭经济困难、承担责任意愿等因素，请求依照相关法律判令：（1）王某泉赔偿水生生物资源损害费用500元，用于购买鱼苗增殖放流，修复生态环境。（2）王某泉履行28天的生态环境公益劳动，以替代承担水生生物资源损害费用，由协执单位上海市某区司法局管理和指导。如未履行上述生态环境公益劳动，则仍应承担相应的水生生物资源损害费用。（3）王某泉公开向社会公众赔礼道歉。

【裁判】

法院生效裁判认为：被告人王某泉在上海市内陆水域禁渔期内使用禁用工具、方法非法捕捞水产品，违反了保护水产资源法规，且情节严重，构成非法捕捞水产品罪。公诉机关的指控成立。王某泉到案后能如实供述自己的罪行，愿意接受处罚，具有一定悔罪表现，依法可以从轻处罚。

关于附带民事公益诉讼部分，某检察院在提起本案附带民事公益诉讼之前进行了公告，公告期内未有法律规定的机关和有关组织提起民事公益诉讼。某检察院提起本案附带民事公益诉讼主体适格，程序合法。根据《渔业法》第三十条第一款规定，禁止在禁渔区、禁渔期进行捕捞。禁止使用电鱼等破坏渔业资源的方法进行捕捞。禁止使用禁用的渔具。《民法典》第一千二百二十九条规定，因污染环境、破坏生态造成他人损害的，侵权人应当承担侵权责任。本案王某泉在上海市内陆水域禁渔期内使用禁用渔具，采取电捕的禁止方法非法捕捞，破坏了水生生态系统，既对渔业资源造成直接损害，又造成涉案水域水生生物生长发育受阻、繁殖终止、栖息地破坏等间接损害，最终造成水生生物资源损失1万余元，损害了社会公共利益，应当承担生态环境修复、赔偿损失、赔礼道歉等侵权责任。鉴于王某泉家庭经济困难、初次犯罪等因素，公益诉讼起诉人组织检察公益诉讼公开听证，听证会上王某泉愿意根据其经济能力赔偿500元，并愿意以提供生态环境公益劳动的方式折抵剩余的损害赔偿费用。该方案经公益诉讼起诉人和公益诉讼被告一致同意，且在该方案中对王某泉需参加的生态环境公益劳动天数，按侵权行为发生时上一年度上海市城镇单位就业人员平均工资折算，具有一定的合理性和可行性，法院予以支持。法院最终判决：被告人王某泉犯非法捕捞水产品罪，判处拘役4个月；供犯罪所用的本人财物予以没收；王某泉于判决生效后30日内赔偿因非法捕捞水产品所造成的水生生物资源损害费用500元，用于购买鱼苗增殖放流，修复生态环境；责令王某泉在判决生效后1年内履行28天的生态环境公益劳动，以替代承担水生生物资源损害费用1万余元，由属地某区司法局代为协助管理和执行。如未履行上述生态环境公益劳动，则仍应承担上述水生生物资源损害费用；王某泉就非法捕捞行为向社会公众公开赔礼道歉。

一审宣判后，各方当事人未上诉，检察机关未抗诉，该案判决已经发生法律效力。

【评析】

本案系上海法院判决的首例以提供生态环境公益劳动的方式折抵损害赔偿费用的案件。"劳务代偿"是生态环境民事公益诉讼中一种替代性修复的责任承担方式,是践行生态环境恢复性司法理念的生动体现。劳务代偿责任承担方式存在执行成本高、监管难、耗时耗力、程序烦琐等问题,在司法实践中并非承担生态环境损害赔偿的优先选项。然而在一些情形下,"劳务代偿"的效果最佳。一方面,"劳务代偿"能够解决侵权人无力支付赔偿金额问题,减轻了侵权人的经济压力,进而提升侵权人履行赔偿责任的积极性;另一方面,"劳务代偿"往往由相关专业单位协助执行,侵权人配合度高,执行效果较好。通过采取补植复绿、公益劳动、环保法治宣传等劳务代偿方式,让生态环境"破坏者"变为"守护者",以现身说法的形式生动宣传环保法治意识,传递出生态环境保护的强烈信号,效果显著,警示教育意义重大。

一、"劳务代偿"替代履行方式的适用条件

《最高人民法院关于审理环境民事公益诉讼案件适用法律若干问题的解释》第二十条第一款规定:"原告请求修复生态环境的,人民法院可以依法判决被告将生态环境修复到损害发生之前的状态和功能。无法完全修复的,可以准许采用替代性修复方式。"替代性修复方式一般包括补植复绿、增殖放流、劳务代偿、技改抵扣、碳汇认购等。如《最高人民法院关于审理森林资源民事纠纷案件适用法律若干问题的解释》第二十条规定:"当事人请求以认购经核证的林业碳汇方式替代履行森林生态环境损害赔偿责任的,人民法院可以综合考虑各方当事人意见、不同责任方式的合理性等因素,依法予以准许。"第二十一条则规定:"当事人请求以森林管护、野生动植物保护、社区服务等劳务方式替代履行森林生态环境损害赔偿责任的,人民法院可以综合考虑侵权人的代偿意愿、经济能力、劳动能力、赔偿金额、当地相应工资标准等因素,决定是否予以准许,并合理确定劳务代偿方案。"但并非所有案件都适宜判决适用"劳务代偿"履行方式,生态修复应因地制宜。在具体案件中适用"劳务代偿"履行应坚持严格审查标准,需综合考量直接修复可行性、赔偿金额、侵权人经济状况、主观意愿、后续监督等多重因素。

（一）生态环境无法直接修复

对于因污染大气、水等具有自净功能的环境介质导致生态环境损害，且原地修复已无可能或没有必要的情况，可适用"劳务代偿"。如在倾倒毛垃圾致土壤遭受污染案件中，更适宜进行直接修复，将填埋的毛垃圾清理出来，再运用物理、化学等修复方法将土壤恢复至基线水平以上。但如本案，非法捕捞水产品导致涉案水域水生生物生长发育受阻、繁殖终止、栖息地破坏等损害，通过简单的直接修复措施很难直接恢复生态环境，此时更适宜采用替代修复。

（二）一般适用于赔偿金额较小的案件

"劳务代偿"一般适用于赔偿金额较小的案件。侵权人通过"劳务代偿"的方式更有可能在合理时间内完成赔偿责任，而不会对其生活造成过大负担；并且"劳务代偿"的折抵方式和期限相对容易计算和安排，能够更直观地体现赔偿责任的履行。如果赔偿金额较大，"劳务代偿"的时间和工作量可能过于庞大，导致执行和监管难度大幅增加，甚至可能影响侵权人的正常生活和工作，执行效果不佳。

（三）适用"劳务代偿"具有合理性

"劳务代偿"的适用前提之一便是侵权人具有劳动能力，但家庭经济条件困难，无法通过金钱赔偿的方式来修复被损害的生态环境资源，其自愿通过"劳务代偿"的形式承担责任。为及时修复受损生态环境，避免执行不能，判决家庭经济条件不佳的侵权人通过"劳务代偿"替代修复有利于提升侵权人履行赔偿责任的积极性，实现环境资源审判政治效果、法律效果、社会效果和生态效果"四个效果"相统一。但要注意的是，在确定适用"劳务代偿"前，须充分调查和评估侵权人的劳动能力、经济能力等实际情况。本案系通过侵权人所在村委会出具的情况说明来判断侵权人的经济情况。

（四）具有明确的"劳务代偿"履行方案和协助执行单位

应当对照金钱赔偿的数额，按照一定的计算标准（如上一年度上海市社会职工年平均工资）确定"劳务代偿"的方式、工时、期限等，并在判决前确定协助执行的单位，如村委会、居委会、环保部门、司法局等。判决后，仍须对劳务代偿履行过程进行监督和确认。法院应全程跟踪侵权人"劳务代偿"情况，及时评估确认。

二、"劳务代偿"的折算标准

不同地区的法院在适用"劳务代偿"的裁判中均有不同的折算标准，主要有以下几种情形。

一是参照侵权行为发生时上一年度侵权地城镇单位就业人员平均工资折算，如本案系按侵权行为发生时上一年度上海市城镇单位就业人员平均工资折算。

二是按照非全日制工作的最低小时工资标准折算，如浙江省丽水市中级人民法院（2024）浙11民初20号调解书主文第二项载明，被告张某自愿承诺在2025年8月底前提供总计585小时的环境公益劳动，[①]由丽水市遂昌县某乡某村村委会负责日常监督和管理，到期由丽水市中级人民法院组织确认验收；若其未按约定内容提供环境公益劳动，自愿支付未履行部分的环境公益劳动时长对应的赔偿款。

三是量化公益劳动的价值，如广东省广州市从化区人民法院（2023）粤0117刑初142号判决书判决"以'劳务代偿'方式清偿，按公益活动200元/次计算，参加广州市从化区林业和园林局安排的公益活动78.5次，每次工作时间不少于6小时；参加从化区吕田镇安山村民委员会安排的公益活动79次，每次工作时间不少于6小时"。又如，吉林省通化市中级人民法院（2020）吉05民初95号判决书中，"公益劳务代偿"以小时或天为计算单位，根据吉林省2019年度国民经济农、林、牧、渔行业平均工资，结合当地劳务用工的价格等情况，拟按每小时25元至50元，每天200元至400元计算。

四是实践中也有法院并不明确"劳务代偿"折抵标准，判决书较为笼统。如安徽省舒城县人民法院（2024）皖1523刑初280号案件，直接判决"具体'劳务代偿'时间及方式由舒城县人民检察院与陆某尚协商确定"。又如，云南省云县人民法院（2023）云0922刑初242号案件判决"具体方式为李某旺与云县某甲村委会签订《公益性服务协议》，提供无偿的法治宣传、道路清扫、卫生维护等服务。以上劳务在判决生效后三年内完成，并由云县某乙村委会对其进行监督……"。

[①] 根据《丽水市人民政府关于调整全市最低工资标准的通知》（2024年3月22日）的规定，自2024年1月1日起，丽水市非全日制工作的最低小时工资标准为20元，"劳务代偿"期间最低小时工资标准如有调整，自调整之日起按最新标准执行。

对此，我们认为，在明确准许公益诉讼被告通过"劳务代偿"的方式替代金钱损害赔偿的履行后，法院应当在裁判文书中明确"劳务代偿"的具体抵扣标准，以便后续具体执行。至于选取何种标准，是当地职工最低工资标准，抑或当地职工平均工资标准，只要合理即可。一方面，过高的抵扣标准在一定程度上会超出社会对同一劳务提供所支付的报酬或薪金，从而使公益诉讼被告的实际劳务远低于应缴纳的金钱损害赔偿的相应价值，进而造成公益诉讼被告逃避惩罚，使公益诉讼的目的落空。另一方面，较低的抵扣标准则会使公益诉讼被告实际提供的劳务价值高于折抵价值，易使被告产生负面情绪，进而不利于判决的执行以及思想的改造教育。

值得注意的是，2024年5月在上海召开的长三角地区环境资源审判适法统一研讨会也对此问题进行了研讨，明确原则上采用行为人所在地的上年度职工月平均工资标准。该标准较为稳定统一，易于确定，故在司法实践中普遍采用该标准。本案即适用上述标准，案涉损害赔偿费用参照2021年度上海市全口径城镇单位就业人员平均工资（日人均工资375元）作为折算标准。

三、"劳务代偿"的具体执行

为防止"劳务代偿"判决流于形式，保证"劳务代偿"的真正落地，具体执行也十分关键。

（一）确定后期"劳务代偿"的协助执行机关

本案判决主文即确定属地司法局为协执机关。在司法实践中，"劳务代偿"的协助执行单位还可以由服务社会的公益性组织、相关行政机关、社区基层组织或其他适宜协助执行"劳务代偿"的机构等担任。"劳务代偿"协执单位的选定可以由法院确定，也可以由公益诉讼起诉人与法院共同确定，应综合考量侵权人自身条件、协执单位具体情况等因素，从有利于执行的角度确定。协执单位应当如实记录其侵权人劳务完成情况，定期反馈工作进度。

（二）需合理安排工作内容

工作内容可结合个案案情、赔偿义务人的自身条件及社区矫正等具体因素来确定，包括植树造林、环保法律宣传、巡林、巡河、道路养护、生态志愿服务等。工作内容可以直接在判决书中载明固定，可以由协执机关后续按照实际具体安排。

(三)"劳务代偿"的终结

在"劳务代偿"过程中,如果侵权人出现无故迟到早退、消极怠工、不服从管理等情形,经提醒或警告仍不改正的,法院可以决定终结"劳务代偿"工作,并要求其按照原赔偿责任继续支付赔偿金。同时,"劳务代偿"履行完毕后,"劳务代偿"即告终结。

本案生效后,法院向属地司法局制发《委托协助函》,"因被告人王某泉户籍及居住地均在××区,并拟在你局管理下进行社区矫正,你局对执行本案以'劳务代偿'的方式弥补生态环境损害的判决内容,具有管理优势和便利。经与你局协商,现决定委托你局,按照我院判决书中的判决主文第四项'劳务代偿'内容代为协助管理和执行。请将执行结果及时函复我院,感谢配合"。执行完毕后,该司法局按时复函。

【相关法律规范】

★《中华人民共和国民法典》

第一百七十九条 承担民事责任的方式主要有:

(一)停止侵害;

(二)排除妨碍;

(三)消除危险;

(四)返还财产;

(五)恢复原状;

(六)修理、重作、更换;

(七)继续履行;

(八)赔偿损失;

(九)支付违约金;

(十)消除影响、恢复名誉;

(十一)赔礼道歉。

法律规定惩罚性赔偿的,依照其规定。

本条规定的承担民事责任的方式,可以单独适用,也可以合并适用。

第一千二百二十九条 因污染环境、破坏生态造成他人损害的,侵权人应当承担侵权责任。

29. 为准确认定污染环境专业性事实，可通知鉴定人出庭作证或有专门知识的人出庭提出专业意见
——蔡某波、彭某祥等污染环境案

【规则提要】

污染环境类案件涉及的专业性问题判断，包括确定污染物性质、生态环境损害的范围与程度、生态环境修复方案及判定因果关系等，多依赖于司法鉴定意见。人民法院可通知鉴定人出庭作证，或者通知有专门知识的人出庭就鉴定意见和专业问题提出意见，以准确认定专业性事实。

【基本案情】

2020年8月中下旬至9月初，某环境能源有限公司现场主管被告人蔡某波，利用该公司对承租的本市某区地块西侧荒地进行平整垫高之机，指挥公司员工被告人郑某应、陈某等人，驾驶铲车、卡车、挖机，将该公司存放于涉案地块西侧厂房底楼内的大量未经分拣的装修垃圾运至该地块西侧荒地进行倾倒、填埋，再将三合土等建筑垃圾覆盖于上。同年9月5日至7日，蔡某波再次指挥郑某应、陈某，重复上述倾倒填埋工作。其间，公司股东兼财务主管被告人彭某祥明知填埋垃圾一事，仍提供通风报信等帮助。经侦查，公安机关于同年10月12日立案，后陆续抓获4名被告人。

经鉴定，本案中的填埋物为以塑料袋、织物等为主的垃圾，属于《刑法》第三百三十八条规定的"其他有害物质"，致使地下氨氮、化学需氧量等超过基线水平，造成了环境损害，导致公司财产损失51万余元。

案件审理过程中，法院依法要求鉴定人出庭对司法鉴定意见进行说明。被告人彭某祥的辩护人对本案定罪的司法鉴定意见的适用标准问题、基线水平确定问题、鉴定认定事实与逻辑分析问题、司法鉴定程序问题以及鉴定样本与勘探监测问题提出异议，认为司法鉴定意见有误，申请有专门知识的人出庭对司法鉴定意见进行质询。其余被告人的辩护人对案件基本事实的认定均无异议，但提出被告人初犯、偶犯且愿意缴纳赔偿金、罚金等建议从轻处罚。

【裁判】

法院生效裁判认为：被告人蔡某波违反国家规定，伙同彭某祥指使郑某应、陈某非法倾倒其他有害物质，严重污染环境，致使公私财产损失30万元以上，其行为均构成污染环境罪。关于被告人彭某祥的辩护人提出的关于鉴定意见的异议，上海铁路运输法院就司法鉴定意见的争议问题咨询了全国环境损害司法鉴定机构登记评审专家库（国家库）专家、上海市环境科学研究院教授，其向本院出具了《〈司法鉴定意见书〉和辩护人对〈司法鉴定意见书〉质证意见之间主要争议问题的判断分析》。法院结合案件已查明事实、本案争议鉴定意见书的出具单位和评估人员的资格资质，且出庭进行质证等方面，认为辩护人关于此项辩护意见并无详细证据证明，案涉司法鉴定意见认定事实正确、适用标准合理、鉴定程序合法，能够作为定案证据，对其鉴定结论，予以采纳。综上，判处陈某、郑某应、彭某祥、蔡某波拘役六个月至有期徒刑一年不等，并处罚金。宣判后，被告人彭某祥不服，提出上诉。上海市第三中级人民法院作出二审判决，驳回上诉，维持原判。该案判决已经发生法律效力。

【评析】

本案与一般庭审不同，除原有的诉讼参与人，增加了"鉴定人"和"有专门知识的人"两个席位，是鉴定人和有专门知识的人同时出庭的案件。其特殊之处在于通过鉴定人、有专门知识的人参加庭审，委托环境鉴定专家出具意见等形式审查司法鉴定意见，准确认定案件事实，增强裁判的公信力，对破坏环境资源案件中司法鉴定意见的审查具有借鉴意义。

污染环境犯罪案件对司法鉴定意见的认定处理，有别于一般刑事案件。因其涉及较多专业性问题，污染物性质、环境损害的范围与程度、生态修复方案等确定以及因果关系判定都是依赖司法鉴定去解决的专业性问题。比如，对于污染物性质、是否严重污染环境以及公私财产损失大小往往取决于司法鉴定意见，因而司法鉴定意见成为此类案件的关键性定罪证据，被告人对鉴定意见是否认可，直接关系到是否承认构成犯罪。本案的主要争议焦点也在于司法鉴定机构出具的鉴定意见书能否作为定案证据，作出的司法鉴定意见是否正确。

一、鉴定意见书能否作为定案证据的判断

诉讼活动中，因案件本身具有情况复杂、原因叠加、损害后果隐蔽等特性，导致在司法实践中需要依靠专业意见认定事实。专业意见包括鉴定意见和专家意见等，[1]可以使专业人士通过专业知识、技术或资源为诉讼的事实认定、裁量依据、修复赔偿方案等提供具有参考价值的、专业有效的支持。

（一）关于申请鉴定人、有专门知识的人出庭的法律依据

《刑事诉讼法》第一百九十二条第三款规定："公诉人、当事人或者辩护人、诉讼代理人对鉴定意见有异议，人民法院认为鉴定人有必要出庭的，鉴定人应当出庭作证。经人民法院通知，鉴定人拒不出庭作证的，鉴定意见不得作为定案的根据。"《最高人民法院关于全面加强环境资源审判工作为推进生态文明建设提供有力司法保障的意见》规定："充分发挥专家在环境资源审判工作中的作用。建立环境资源审判专家库，在审理重大疑难案件、研讨疑难专业问题、制定规范性文件时，充分听取专家意见。可以聘请环境资源领域的专家担任特邀调解员，运用专业技术知识促使当事人自觉认识错误，修复环境，赔偿损失。保障当事人要求专家出庭发表意见的权利，对于符合条件的申请及时通知专家出庭就鉴定意见和专业问题提出意见。"《最高人民法院关于适用〈中华人民共和国刑事诉讼法〉的解释》第二百四十九条第一款规定：

---

[1] 参见王灿发、张天泽：《环境诉讼中鉴定意见与专家意见证明力研究》，载《中国司法鉴定》2021年第5期。

"公诉人、当事人或者辩护人、诉讼代理人对证人证言有异议,且该证人证言对定罪量刑有重大影响,或者对鉴定意见有异议,人民法院认为证人、鉴定人有必要出庭作证的,应当通知证人、鉴定人出庭。"

(二)鉴定意见的审查和认定

《最高人民法院关于适用〈中华人民共和国刑事诉讼法〉的解释》第九十七条和第九十八条针对刑事诉讼中鉴定意见的审查和认定作出了非常明确的规定,对鉴定意见应当着重审查以下内容:(1)鉴定机构和鉴定人是否具有法定资质;(2)鉴定人是否存在应当回避的情形;(3)检材的来源、取得、保管、送检是否符合法律、有关规定,与相关提取笔录、扣押清单等记载的内容是否相符,检材是否可靠;(4)鉴定意见的形式要件是否完备,是否注明提起鉴定的事由、鉴定委托人、鉴定机构、鉴定要求、鉴定过程、鉴定方法、鉴定日期等相关内容,是否由鉴定机构盖章并由鉴定人签名;(5)鉴定程序是否符合法律、有关规定;(6)鉴定的过程和方法是否符合相关专业的规范要求;(7)鉴定意见是否明确;(8)鉴定意见与案件事实有无关联;(9)鉴定意见与勘验、检查笔录及相关照片等其他证据是否矛盾,存在矛盾的,能否得到合理解释;(10)鉴定意见是否依法及时告知相关人员,当事人对鉴定意见有无异议。鉴定意见具有下列情形之一的,不得作为定案的根据:(1)鉴定机构不具备法定资质,或者鉴定事项超出该鉴定机构业务范围、技术条件的;(2)鉴定人不具备法定资质,不具有相关专业技术或者职称,或者违反回避规定的;(3)送检材料、样本来源不明,或者因污染不具备鉴定条件的;(4)鉴定对象与送检材料、样本不一致的;(5)鉴定程序违反规定的;(6)鉴定过程和方法不符合相关专业的规范要求的;(7)鉴定文书缺少签名、盖章的;(8)鉴定意见与案件事实没有关联的;(9)违反有关规定的其他情形。

本案中,被告人彭某祥的辩护人提出司法鉴定存在受理日期、受理编号、鉴定材料出具日期之间矛盾,司法鉴定机构现场调查及照片造假,未对涉案地块实质进行调查和检测,送检人不符合规定等异议。为进一步查明案件事实,法院在庭审中邀请有专门知识的人出庭并对鉴定意见提出质询。对此,上海铁路运输法院认为,其能够作为定案证据的理由如下:首先,司法鉴定机构于2020年10月16日受理公安机关的鉴定委托,因案件复杂,需要进行鉴定前期准备工作以及要求委托方提供必要的《物探报告》《应急监测报告》等鉴定材料，在2021年2月前期准备工作完备后进行鉴定案件信息录入和编号。《物探报告》《应急监测报告》受理日期、鉴定案件录入编号日期晚于委托鉴定受理日期，并不违反强制性规定。其次，鉴定机构提供的现场照片与物探雷达作业照片具有相同显示内容，能够反映出鉴定机构对涉案地块进行了现场调查，辩护人亦无证据证明现场照片存在造假。再次，在鉴定委托确认书上存在送检人和送检单位确认人两人信息以及公安机关出具的送检人为两名办案民警的《情况说明》，均能证明公安机关委托送检符合法律规定要求。最后，具有相应资质的机构接受委托，对涉案地块垃圾填埋进行物探勘察及应急监测，在此基础上由司法鉴定机构进行环境损害鉴定，符合实践操作情况，并不违反法律规定。因此，《鉴定意见书》从证据形式上具有证据效力，能够作为本案定案证据。

二、有专门知识的人可到庭对鉴定意见进行说明

"有专门知识的人"可以通俗理解为"专家"，是"诉讼辅助人"的角色，是在某一专业领域具有专门的知识或者经验，为充分保护当事人的合法权益，依据自身的专业知识就诉讼中的专业性问题作出分析，发表关于技术方面的论证意见的人。有专门知识的人出庭最主要的作用是对鉴定人作出的鉴定意见提出意见，为当事人填补知识盲区。与鉴定人区分如下：（1）从法律地位上看，鉴定人是诉讼参与人，有专门知识的人是非诉讼参与人。（2）从意见性质上看，鉴定人的鉴定意见是法定证据形式之一，可以作为定罪量刑的依据。有专门知识的人提供的意见非法定证据，但也可以作为证据使用。（3）从参加诉讼方式上看，鉴定人是由公检法机关指派或聘请，有专门知识的人是法院根据当事人申请，认为有必要的通知出庭。（4）从庭审的参与人数上看，鉴定人没有人数限制，出庭发表意见的有专门知识的人一般不超过2人。本案在邀请专家参与、提供专业意见方面，专家是经过独立专业论证后向法院提交意见书，由法官综合案件事实等考量在审理中充分释明，鉴定意见书认定事实正确、适用标准合理、鉴定程序合法，能够作为本案定案证据。为查明涉案污染环境等专门性事实，法院通知鉴定人出庭接受质询，对鉴定意见争议问题作解释说明，并依当事人申请准许有专门知识的人出庭发表意见，各方围绕鉴定意见及专业问题充分对质，最大限度保障各诉讼参与人的诉讼

权利,为查明案件事实奠定坚实基础。本案的法庭审理契合环境资源审判专门化体系建设的要求,是丰富环境资源案件专门性事实查明方法的又一有效实践,不仅有助于推动相关企业和从业人员提高法律意识,按照规定分类、处理垃圾,也有助于引导人民群众落实垃圾分类制度,爱护生态环境。

【相关法律规范】

★《中华人民共和国刑法》

第三百三十八条 违反国家规定,排放、倾倒或者处置有放射性的废物、含传染病病原体的废物、有毒物质或者其他有害物质,严重污染环境的,处三年以下有期徒刑或者拘役,并处或者单处罚金;情节严重的,处三年以上七年以下有期徒刑,并处罚金;有下列情形之一的,处七年以上有期徒刑,并处罚金:

(一)在饮用水水源保护区、自然保护地核心保护区等依法确定的重点保护区域排放、倾倒、处置有放射性的废物、含传染病病原体的废物、有毒物质,情节特别严重的;

(二)向国家确定的重要江河、湖泊水域排放、倾倒、处置有放射性的废物、含传染病病原体的废物、有毒物质,情节特别严重的;

(三)致使大量永久基本农田基本功能丧失或者遭受永久性破坏的;

(四)致使多人重伤、严重疾病,或者致人严重残疾、死亡的。

有前款行为,同时构成其他犯罪的,依照处罚较重的规定定罪处罚。

30. 对宣告缓刑的污染环境犯罪被告人，可同时判处禁止令
——瞿某军、连某涛等污染环境案

【规则提要】

被告人排污或者处置危险废物造成环境污染被判处承担刑事责任并宣告缓刑的，可同时判处禁止令，限制一定期限从业资格，预防其再犯罪损害生态环境。

【基本案情】

被告人瞿某军是某区域虾塘的实际控制人，经时某（另案处理）与本案被告人朱某胜等签订《虾塘还耕协议》，约定用"毛垃圾"填埋虾塘。而后，王某孙（另案处理）因有"毛垃圾"需要处置，经与时某联系，约定将上述虾塘作为卸点，由时某向王某孙收取每车700元的费用。同时，王某孙经与被告人连某涛联系，约定由连某涛帮助王某孙将"毛垃圾"运至上述虾塘，并由连某涛向王某孙收取每车约1500元的运输费。2016年8月至10月间，连某涛组织土方车司机，帮助王某孙共计运输900余车混有生活垃圾、建筑垃圾等未经分拣的"毛垃圾"至上述虾塘。时某安排人员在现场将涉案"毛垃圾"倾倒填埋于虾塘内，并安排被告人朱某胜等人负责现场管理。同时，瞿某军还安排被告人祝某兵等在现场对土方车进行计数。

经司法鉴定科学研究院鉴定，填埋的混合固体废物为"其他有害物质"，造成公私财产损失为1200余万元。

在被告人祝某兵、朱某胜被陆续抓获后，被告人瞿某军经公安机关传唤

到案,被告人连某涛主动至公安机关投案。四被告人到案后均如实供述了自己的罪行。

2019年11月28日,四被告人与某区生态环境局签订《生态环境损害赔偿协议》,约定由相关各方共同承担因污染行为造成的生态环境损害赔偿责任,并已由相关单位支付赔偿费用押金共计2000万元。

【裁判】

法院生效裁判认为:四被告人违反国家规定,共同非法倾倒其他有害物质,致使公私财产损失100万元以上,严重污染环境且后果特别严重,其行为均已构成污染环境罪。在共同犯罪中,被告人瞿某军起主要作用,系主犯;被告人连某涛、朱某胜、祝某兵起次要作用,系从犯,应当从轻或者减轻处罚。瞿某军、连某涛犯罪后自动投案,如实供述自己的罪行,是自首,依法可以从轻处罚;朱某胜、祝某兵到案后亦能如实供述自己的罪行,依法可以从轻处罚。案发后,各责任方自愿承担生态环境损害赔偿责任,并已由相关单位支付相关费用共计2000万元,故对四被告人可以酌情从轻处罚。综合本案各被告人的犯罪事实、性质、情节和对社会的危害程度,法院对被告人瞿某军从轻处罚,对其余三名被告人减轻处罚。

综上,判决被告人瞿某军、连某涛、朱某胜一年九个月至三年九个月的有期徒刑,并处罚金;判决被告人祝某兵缓刑一年六个月,并处罚金,禁止被告人祝某兵在缓刑考验期限内从事与排污或者处置危险废物有关的经营活动。

宣判后,被告人没有上诉,检察机关未抗诉,判决已发生法律效力。

【评析】

固体废物污染防治一头连着减污,一头连着降碳,是生态文明建设的重要内容,也是打好污染防治攻坚战的重要任务。我国生态文明建设进入了以降碳为重点战略方向、推动减污降碳协同增效、促进经济社会发展全面绿色转型、实现生态环境质量改善由量变到质变的关键时期。但是,非法倾倒固废垃圾现象仍时有发生，需要通过严厉制裁，促进固废垃圾处理不断趋于规范。比如，本案中虽然各被告人自愿提前缴纳2000万元，用于垃圾清运处置和环境修复工程，但是考虑到其多次实施非法倾倒行为，对基本农田造成的环境损害较大，除判处罚金和监禁刑外，对判处缓刑的被告人附加处以"缓刑禁止令"，禁止在缓刑考验期内从事与排污或者处置危险废物有关的经营活动，即处以资格刑。环境资源刑事"缓刑禁止令"，不同于《刑法》第三十七条之一规定的"从业禁止"对职业性犯罪人在刑罚执行完毕后，再从事特定职业的限制，也有别于《最高人民法院关于生态环境侵权案件适用禁止令保全措施的若干规定》中"诉讼保全禁止令"对生态环境侵权人在民事行为保全裁定基础上单独制作禁令的要求。司法实践中，容易将"禁止令"与"从业禁止"混淆使用或认为两者属于同一概念。

一、禁止令与从业禁止的概念

禁止令与从业禁止均限制与剥夺了被判刑的犯罪分子从事特定活动或者特定职业的权利或资格，两者都属于非刑罚性措施。禁止令是《刑法修正案（八）》增设的规定。[①] 根据上述规定，法院对判处管制或者宣告缓刑的犯罪分子，可以根据犯罪情况，同时禁止其在管制执行期间或者缓刑考验期内从事特定活动，进入特定区域、场所，接触特定的人。2011年《最高人民法院、最高人民检察院、公安部、司法部关于对判处管制、宣告缓刑的犯罪分子适用禁止令有关问题的规定（试行）》(以下简称《禁止令规定》)对禁止令的具体内容作出了规定。从业禁止是《刑法修正案（九）》增设的规定。[②] 根据上述规定，从业禁止是法院对利用职业便利实施犯罪或者实施违背职业要求特

[①] 《刑法修正案（八）》第二条规定："在刑法第三十八条中增加一款作为第二款：'判处管制，可以根据犯罪情况，同时禁止犯罪分子在执行期间从事特定活动，进入特定区域、场所，接触特定的人。'……增加一款作为第四款：'违反第二款规定的禁止令的，由公安机关依照《中华人民共和国治安管理处罚法》的规定处罚。'"《刑法修正案（八）》第十一条规定："将刑法第七十二条修改为：……宣告缓刑，可以根据犯罪情况，同时禁止犯罪分子在缓刑考验期内从事特定活动，进入特定区域、场所，接触特定的人……"

[②] 《刑法修正案（九）》第一条规定："在刑法第三十七条后增加一条，作为第三十七条之一：'因利用职业便利实施犯罪，或者实施违背职业要求的特定义务的犯罪被判处刑罚的，人民法院可以根据犯罪情况和预防再犯罪的需要，禁止其自刑罚执行完毕之日或者假释之日起从事相关职业，期限为三年至五年。'被禁止从事相关职业的人违反人民法院依照前款规定作出的决定的，由公安机关依法给予处罚；情节严重的，依照本法第三百一十三条的规定定罪处罚。'其他法律、行政法规对其从事相关职业另有禁止或者限制性规定的，从其规定。'"

定义务犯罪的人，除依法判处刑罚外，还可以根据犯罪情况和预防再犯罪的需要，禁止其自刑罚执行完毕之日或者假释之日起从事相关职业。

二、禁止令与从业禁止的区分

（一）目的不同

禁止令是对管制犯、缓刑犯具体执行监管措施的完善，其目的主要在于促进犯罪分子在管制执行期间或者缓刑考验期内的教育矫正，有效维护社会秩序。而从业禁止是禁止从事相关职业的预防性措施，其目的在于预防犯罪分子在刑罚执行完毕或者假释后利用职业和职务之便再次犯罪。

（二）内容不同

禁止令的内容更广，包括禁止从事特定活动，进入特定区域、场所，接触特定的人。根据《禁止令规定》第二条的规定，人民法院可以单独禁止其中一项内容或者同时禁止几项内容。另外，根据《禁止令规定》第三条第三项的规定，利用从事特定生产经营活动实施犯罪的，禁止从事相关生产经营活动。从业禁止的内容是禁止从事相关职业。可见，禁止令也有禁止从业的内容，容易在适用时与从业禁止混淆。

（三）适用对象不同

禁止令适用无特别对象要求。从业禁止适用于利用职业便利实施犯罪或者实施违背职业要求特定义务的犯罪分子。如果犯罪分子所实施的犯罪，与职业没有关系、没有违背特定义务要求，则不能适用从业禁止。同时，《刑法》第三十七条之一第三款规定："其他法律、行政法规对从事相关职业另有禁止或者限制性规定的，从其规定。"据此，对于其他法律、行政法规对从事相关职业已有禁止或者限制性规定的，不再适用《刑法》规定的从业禁止，而由相关部门作出处理即可。

（四）适用时间不同

禁止令在刑罚执行期间同时执行，可以与管制执行期间、缓刑考验期限相同，也可以更短。从业禁止自犯罪分子刑罚执行完毕之日或者假释之日起开始执行，期限为三年至五年；其他法律、行政法规对其从事相关职业另有禁止或者限制性规定的，从其规定。

（五）违反后果不同

违反禁止令的，由公安机关依照《治安管理处罚法》的相关规定处罚；

被宣告缓刑的犯罪分子违反禁止令且情节严重的，应当撤销缓刑，执行原刑罚。违反从业禁止的，由公安机关依法给予处罚；情节严重的，可以构成拒不执行判决、裁定罪。情节严重，主要是指违反人民法院从业禁止决定，经有关方面劝告、纠正仍不改正的，因违反从业禁止决定受到行政处罚又违反的，或者违反从业禁止决定且在从业过程中又有违法行为等情况。

三、环境资源刑事审判中"缓刑禁止令"的适用

《刑法》第七十二条第二款规定："宣告缓刑，可以根据犯罪情况，同时禁止犯罪分子在缓刑考验期限内从事特定活动，进入特定区域、场所，接触特定的人。"《刑法》第七十三条规定："拘役的缓刑考验期限为原判刑期以上一年以下，但是不能少于二个月。有期徒刑的缓刑考验期限为原判刑期以上五年以下，但是不能少于一年。缓刑考验期限，从判决确定之日起计算。"以上两条是明确了缓刑适用条件，规定法院可以对缓刑人员附加禁止令，限制其从事与犯罪行为相关的活动。《禁止令规定》细化了禁止令的适用情形，强调禁止令需与犯罪行为的性质、情节相关联。

（一）适用条件

适用条件归纳有三：第一，环境资源刑事"缓刑禁止令"主要针对环境资源类犯罪，如污染环境罪、非法采矿罪、非法占用农地罪、盗伐林木罪、非法捕捞水产品罪等。第二，适用需要满足犯罪行为与特定活动或区域直接相关，比如，禁止进入自然保护区、禁止从事采矿活动等，或者行为人存在再犯风险，通过禁止令进行预防犯罪。第三，禁止内容具有可执行性和针对性。

（二）实践要点

在司法实践过程中，在适用禁止令时需要考量以下几点：一是与犯罪行为的关联性，应当注意禁止令的内容需与犯罪直接关联，避免过度限制个人权利。二是与缓刑考验期的匹配性。禁止令的期限不得超过缓刑考验期。三是执行与监督。要由社区矫正机构、公安机关、行业主管部门共同监督，违反禁止令的，可以撤销缓刑并收监执行原判刑罚。

本案中，一审判决禁止被告人祝某兵在缓刑考验期限内从事与排污或者处置危险废物有关的经营活动是禁止令的正确适用。一旦被监管对象违反了禁止令内容，则将会面临被治安处罚或者撤销缓刑收监执行的后果。因此，

本裁判对于进一步加强和规范司法机关与行政管理机关对社区矫正工作协同治理，有效避免漏管的同时，也为正在缓刑考验期间的被告人增加了一道"紧箍咒"，对守护国家生态资源安全、提升辖区群众环保法治意识具有重要作用。

环境犯罪具有危害潜伏期长、损害较难修复等区别于传统刑事犯罪的特征，有时按现行的刑罚体制来惩治环境犯罪已经难以实现刑罚目的，通过附加处以一定期限限制其从业资格，是更加严厉的制裁。该类处罚充分体现了刑罚的惩治与预防功能，具有很强的针对性，一旦相关从业人员实施相关犯罪，将可能丧失继续从业的资格，有利于从根本上限制其再犯能力，降低其再次实施环境犯罪的风险，对于相关从业人员具有普遍的警示意义。

【相关法律规范】

★《中华人民共和国刑法》

第三十七条之一　因利用职业便利实施犯罪，或者实施违背职业要求的特定义务的犯罪被判处刑罚的，人民法院可以根据犯罪情况和预防再犯罪的需要，禁止其自刑罚执行完毕之日或者假释之日起从事相关职业，期限为三年至五年。

被禁止从事相关职业的人违反人民法院依照前款规定作出的决定的，由公安机关依法给予处罚；情节严重的，依照本法第三百一十三条的规定定罪处罚。

其他法律、行政法规对其从事相关职业另有禁止或者限制性规定的，从其规定。

第七十二条　对于被判处拘役、三年以下有期徒刑的犯罪分子，同时符合下列条件的，可以宣告缓刑，对其中不满十八周岁的人、怀孕的妇女和已满七十五周岁的人，应当宣告缓刑：

（一）犯罪情节较轻；

（二）有悔罪表现；

（三）没有再犯罪的危险；

（四）宣告缓刑对所居住社区没有重大不良影响。

宣告缓刑，可以根据犯罪情况，同时禁止犯罪分子在缓刑考验期限内从事特定活动，进入特定区域、场所，接触特定的人。

被宣告缓刑的犯罪分子，如果被判处附加刑，附加刑仍须执行。

第七十三条 拘役的缓刑考验期限为原判刑期以上一年以下，但是不能少于二个月。

有期徒刑的缓刑考验期限为原判刑期以上五年以下，但是不能少于一年。

缓刑考验期限，从判决确定之日起计算。

第三百三十八条 违反国家规定，排放、倾倒或者处置有放射性的废物、含传染病病原体的废物、有毒物质或者其他有害物质，严重污染环境的，处三年以下有期徒刑或者拘役，并处或者单处罚金；情节严重的，处三年以上七年以下有期徒刑，并处罚金；有下列情形之一的，处七年以上有期徒刑，并处罚金：

（一）在饮用水水源保护区、自然保护地核心保护区等依法确定的重点保护区域排放、倾倒、处置有放射性的废物、含传染病病原体的废物、有毒物质，情节特别严重的；

（二）向国家确定的重要江河、湖泊水域排放、倾倒、处置有放射性的废物、含传染病病原体的废物、有毒物质，情节特别严重的；

（三）致使大量永久基本农田基本功能丧失或者遭受永久性破坏的；

（四）致使多人重伤、严重疾病，或者致人严重残疾、死亡的。

有前款行为，同时构成其他犯罪的，依照处罚较重的规定定罪处罚。

31. 行政机关认定被处罚人具有逃避改正的主观故意的，应提供充分证据证明
——某重工机械有限公司诉某区生态环境局行政处罚案

【规则提要】

1. 行政相对人收到行政机关责令改正决定后，需积极改正违法行为，整改结果将对是否实施处罚或处罚幅度轻重产生影响。行政处罚决定认定、记载了整改情况，即已成为处罚认定事实的一部分，人民法院在行政诉讼中应对其展开审查。

2. 行政机关认定被处罚人具有逃避改正的主观故意，据此作出行政处罚的，应提供充分证据证明。证据不足以证明被处罚人具有前述主观故意的，行政处罚属认定事实不清，证据不足，人民法院应予撤销。

【基本案情】

2020年4月14日，被告某区生态环境局执法人员对原告某重工机械有限公司（以下简称某机械公司）生产地实施检查，发现该公司从事粉碎移动机加工生产，未依法向生态环境部门报批环境影响评价文件，配套环保设施未建成。当日立案后，被告某区生态环境局于同月22日对原告进行了调查询问，原告提交了授权委托书，委派王某代表该公司全权处理涉案事宜，办理完成后授权失效。询问过程中，王某承认该公司未依法向生态环境部门报批环境影响评价文件，配套环保设施未建成。同年5月25日，被告作出《责令改正决定书》，认为该公司行为违反了《建设项目环境保护管理条例》第十五条规定，责令立即改正；同时，作出行政处罚听证告知书，认为该公司涉

案行为违反了前述第十五条规定，依据《建设项目环境保护管理条例》第二十三条第一款规定拟予以罚款，告知可要求听证。同月 27 日，原告所在生产场所门卫签收了前述两份材料，后该公司同日提出要求举行听证。2020 年 6 月 5 日，被告制作了行政处罚听证通知并送达于王某。此后，原告进行工商登记变更，法定代表人由苏某忠变更为孙某升，住所变更为上海市 J 区；同月 18 日，A 公司成立，住所为上海市 F 区，法定代表人为孙某升。2020 年 6 月 29 日，被告组织了听证，苏某忠参加听证并提交两张盖有原告公章的生产场所照片并表示"已搬空"。同年 7 月 15 日，被告执法人员现场复查，发现该址内已无原告公司，现场进行生产的是 A 公司，该公司主要生产设备与原告的相似。被告认为，在涉案生产场所生产的 A 公司与原告原法定代表人为同一人，认定原告未整改，遂于 2020 年 7 月 22 日作出被诉行政处罚决定，载明被处罚单位为原告，经营地址、注册地址、法定代表人载明的均为工商变更前的内容。被告提交的罚款幅度裁量表格显示，该局从"对环境影响程度""整改情况""配合调查取证的情况"及"对社会影响程度"等四方面要素对涉案配套环保设施未建成行为确定了不同处罚裁量比例。其中"整改情况"分为三档："未采取整改措施""主动采取整改措施""停产且采取整改措施"，并分别对应不同的裁量比例。被告某区生态环境局对原告某机械公司整改情况确定为"未采取整改措施"，并根据其他要素综合确定拟罚款金额。原告不服，提起本案诉讼，请求撤销前述行政处罚决定。

【裁判】

法院生效裁判认为：原告在从事粉碎移动机加工生产中存在焊接、喷漆等工作环节，确应依法向生态环境部门报批环境影响评价文件，在配套环保设施未建成情形下主体工程即投入正式生产，有违法律规定。但根据当事人争议及案件审理情况，有两个问题还需要进一步分析。

第一，关于被告认定原告未整改是否准确，证据是否充分的问题。行政处罚决定书中载明了原告是否整改的事实及其认定，且被告在确定拟处罚金额时制作的裁量幅度表格中也含有整改情况，故整改的相关事实及其认定已经是被诉行政处罚决定认定事实的一部分，亦关系到后续处罚金额的确定。

被告在涉案行政处罚决定书及庭审答辩过程中认为原告在处罚期间变更了法定代表人及住所地，而仍在涉案生产场所实际进行生产的A公司法定代表人与原告原法定代表人系同一人，且A公司生产设备与原告被查处时的主要生产设备相似，同时，原告也未在企业登记信息变更后的注册地进行生产，故原告系通过转让股权、变更法定代表人等方式掩盖违法事实，借此逃避处罚，故认定原告未整改。对此，法院认为，对于被处罚人主观故意的判断需要有充分证据证明，被告以涉案两家公司法定代表人一致、生产设备相似及未在登记信息变更后的注册地生产为由认定原告具有借企业登记信息变更逃避处罚的故意并属未整改之情形，认定思路并不严谨，依据并不充分。

第二，涉案行政处罚决定书中被处罚人信息的表述问题。被告在作出处罚前已经获知原告的法定代表人、住所地等登记信息已发生变更，但处罚决定书中载明的经营地址、注册地址及法定代表人仍系变更前的相关信息，亦明显有误。综上，被诉行政处罚决定认定事实不清，证据不足，涉案处罚决定书的送达程序亦有不当，应予撤销。法院遂依照《行政诉讼法》第七十条第一项、第三项之规定，判决撤销了被诉行政处罚决定。一审宣判后，双方当事人均未上诉，该案判决已经发生法律效力。

【评析】

2021年《行政处罚法》于2021年7月15日施行。在修订内容中，新增的主观过错相关规定尤为引人注目，但对其具体运用似乎并不明确。事实上，在修订之前，对于行政处罚中是否以行为人存在主观过错为要件，理论界、实务界均有争议。2021年《行政处罚法》确立了无主观过错免罚原则，"在过与罚之间确立了一个相对明确的对应关系"[①]，是行政法治原则不断深化的体现。本案中，被告以涉案两家公司法定代表人一致、生产设备相似及未在登记信息变更后的注册地生产为由，认定原告具有借企业登记信息变更逃避处罚的故意并属未整改之情形，进而作出处罚，即涉及行政处罚案件中当事人主观过错的认定问题。

---

① 黄海华：《新〈行政处罚法〉制度创新的理论解析》，载《行政法学研究》2021年第6期。

一、行政处罚主观过错条款的理解

2021年《行政处罚法》第三十三条第二款规定："当事人有证据足以证明没有主观过错的，不予行政处罚。法律、行政法规另有规定的，从其规定。"该行政处罚主观过错条款体现了国家治理现代化理念，行政法治"不再限于单纯追求行政效率，更要促进民主、保障人权、维护公平正义、体现规则理性"①。确定其意涵，不仅对新法规定理解有意义，同时，对于修订前的执法和司法审查也具有意义，行政处罚中的主观过错问题一直存在，法律原理并无区别。

对于该条款的理解，可从以下几个角度展开：首先，主观过错条款仍以过错推定为行政处罚基本归责形式。换言之，行政机关基于调查所得客观证据，可以推定拟被处罚人主观上有过失或者故意，而不需要在每个案件中都针对拟被处罚人的行为做主观过错的认定。这系基于不影响执法效率的实际考虑，不应也无法苛求行政机关花大量精力去探明、分析每一个个案中被处罚人的主观状态。其次，该条款为拟被处罚人提供了主观无过错豁免处罚的权利。在拟被处罚人能够举证证明其不具有过错时，行政机关可以免除其法律责任，当然证明标准应达到"足以证明"。最后，该条款的重要法律意义在于：立法上明确了主观过错的有无可以成为是否予以处罚的标准之一。这就为行政处罚是否需要考察主观过错要件的争论提供了一锤定音的法律定论。某种意义上也说明，2021年《行政处罚法》正式生效前的执法实践中不能因法律未明确规定主观过错条款而拒绝考察拟被处罚人的主观状态。

具体到执法过程，一般而言，行政机关无须专门针对拟被处罚人有无过错进行证据采集或认定（当然，如果在调查过程中已能发现拟被处罚人不具有主观过错的，应直接不予处罚），"只要行为人有违反法定义务的事实存在，处罚机关就可以推定义务违反者具有过错"②。在拟作出处罚听取当事人陈述、申辩程序中，行政相对人提出无主观过错的，行政机关则应进行审核并作出是否具有主观过错的认定。若相对人主观上确实不存在故意或过失，则一般不予行政处罚。

---

① 方军：《论构成应受行政处罚行为的主观要件》，载《中国法律评论》2020年第5期。
② 江必新：《论应受行政处罚行为的构成要件》，载《法律适用》1996年第6期。

二、行政处罚主观过错类型化及其举证责任分配

行政处罚实践中，当事人主观过错情形比较多样，并不仅包括2021年《行政处罚法》第三十三条第二款有关当事人主动提出其无主观过错的情形。例如，本案中就是被告主动认定原告有逃避处罚的主观过错而作出行政处罚。因此，有必要对被处罚人主观过错的考量情形作类型化区分。

根据主观过错的提出、认定主体的不同，可以将行政处罚领域中主观过错情形细分为以下几种：一是行政机关在调查过程中发现当事人不具有主观过错；二是行政处罚程序中，当事人提出其无主观过错，行政机关最终认定其无主观过错而不予处罚；三是在行政处罚程序中，当事人提出其无主观过错，行政机关经审查认定其有主观过错而予以处罚；四是行政机关在行政处罚程序中主动认定当事人具有主观过错并给予行政处罚。

上述四种情形下，一旦涉诉，相关的举证责任及要求也是不同的。前两种情况下，① 被告均需对当事人不具有主观过错提供充分证据予以证明，区别在于第一种情况下，证据主要基于行政机关的调查。第二种情况下，被告证据主要应系当事人提出无主观过错时所提交于被告的证据。第三种情况下，被告需证明拟被处罚人提出的证据不足以证明其不具有主观过错。第四种情况下，行政机关应提供充分证据证明被处罚人具有主观过错。本案即属于第四种情形，被告在处罚决定中主动认定原告具有逃避整改的主观过错并给予行政处罚，被告在诉讼中就需要对认定原告具有主观过错承担举证责任。

三、行政处罚认定主观过错情况属案件认定事实的一部分

被告在本案中提出一个观点，认为作出行政处罚的案件事实是原告未依法向生态环境部门报批环境影响评价文件，在配套环保设施未建成情形下主体工程即投入正式生产，而是否整改不属于案件认定事实。原告也无从轻或减轻处罚情节，即使对是否整改的认定存在瑕疵，也不会对被诉行政处罚决定合法性造成影响。

对此问题，根据前文分析，行政处罚中的主观过错情形是不同的，一般情况下行政机关作出行政处罚无须专门认定违法行为人主观过错，自然法院

---

① 认定当事人不具有主观过错而不予处罚，该当事人一般不会提起诉讼，但若案件有第三方的，其对不予处罚决定不服，可以提起行政诉讼。

在行政诉讼中也无须将当事人主观过错作为认定事实进行审查。但如果行政机关认定了相关当事人无主观过错或有主观过错，则对此认定即已成为认定事实的一部分，甚至是比较重要的案件事实，自然应成为后续行政诉讼审查的一环。

再回到本案，行政机关在作出行政处罚时应综合考量违法的事实、性质、后果、情节等因素，正确、适当地确定行政处罚的种类、幅度。对原告主观状态的判断影响是否整改的认定，进而关乎处罚裁量，甚至是否予以处罚。被告基于原告具有逃避整改的主观故意而认定原告未整改，而被告罚款幅度裁量表格显示其作出涉案处罚决定系从"对环境影响程度""整改情况"等多方面要素确定处罚裁量比例。具体"整改情况"显然关系到后续处罚金额的确定，且涉案行政处罚决定书中载明了原告是否整改的事实及其认定，故整改的相关事实及其认定已经是被诉行政处罚决定认定事实的一部分，被告的抗辩不能成立，法院理应对该部分事实认定是否准确、证据是否充分进行审查。

四、对认定当事人有逃避整改主观过错应采取高度盖然性证据审查标准

如上文所述，行政机关在处罚决定中主动认定当事人具有主观过错并给予行政处罚的，应提供充分证据证明被处罚人具有主观过错，"其如果提供不出证明相应事实情况的证据，则应承担败诉风险及不利后果"①。目前，《行政诉讼法》及相应司法解释中均未规定证明标准问题，不同的行政案件会涉及不同的证明标准，如"明显优势证明标准""优势证据标准""排除合理怀疑标准""高度盖然性标准"等。对此，行政机关既然在行政处罚程序中认定了当事人具有主观过错并据此确定处罚幅度，而主观过错又是一个相当主观的判断，那么在后续行政诉讼中，行政机关对其关于当事人具有主观过错的认定，应提供充分证据证明，并达到"高度盖然性标准"，即法院经审查证据并结合相关事实，能够确定相对人主观上有过错是具有高度可能性的。

本案中，被告的主观过错认定思路不能成立，相应举证责任未完成。原告认为其已搬离，应认定其已经整改，而被告在涉案行政处罚决定书及庭审

---

① 姜明安主编：《行政法与行政诉讼法》，北京大学出版社、高等教育出版社2019年版，第463~464页。

答辩过程中认为原告在处罚期间变更了法定代表人及住所地，而仍在涉案生产场所实际进行生产的 A 公司法定代表人与原告原法定代表人系同一人，且两家公司的主要生产设备相似，同时，原告也未在企业登记信息变更后的注册地进行生产，故原告系通过转让股权、变更法定代表人等方式掩盖违法事实，借此逃避处罚，故认定原告未整改。被告作出上述认定的证据仅有原告及 A 公司企业信用信息及原告变更后的营业执照中住所地的现场照片。工商变更登记、股权转让是企业经营过程中的行为，并且企业不在住所地实际生产经营也是十分常见的，原告在庭审中也指出了其新的实际经营地。同时，原告原法定代表人与涉案生产经营地上的 A 公司法定代表人一致，也不能认定原告就是在逃避整改。被告证据并不能证明原告工商变更的一系列行为是为了逃避改正或处罚，具有主观恶意。被告认定思路并不严谨，证据并不充分。

综上，行政机关在处罚程序中一般无须考量当事人主观过错问题，当然，也可应当事人要求或依照职权对主观过错进行认定。行政处罚案件中当事人主观过错情形多样，相应的举证责任要求不同。对于被告认定当事人具有主观过错并予处罚的，其应提供充分证据证明，否则，法院应认定被诉处罚决定认定事实不清，证据不足。

【相关法律规范】

★《建设项目环境保护管理条例》

第十五条　建设项目需要配套建设的环境保护设施，必须与主体工程同时设计、同时施工、同时投产使用。

第二十三条　违反本条例规定，需要配套建设的环境保护设施未建成、未经验收或者验收不合格，建设项目即投入生产或者使用，或者在环境保护设施验收中弄虚作假的，由县级以上环境保护行政主管部门责令限期改正，处 20 万元以上 100 万元以下的罚款；逾期不改正的，处 100 万元以上 200 万元以下的罚款；对直接负责的主管人员和其他责任人员，处 5 万元以上 20 万元以下的罚款；造成重大环境污染或者生态破坏的，责令停止生产或者使用，或者报经有批准权的人民政府批准，责令关闭。

违反本条例规定，建设单位未依法向社会公开环境保护设施验收报告的，由县级以上环境保护行政主管部门责令公开，处5万元以上20万元以下的罚款，并予以公告。

32. 环境行政公益诉讼中诉讼请求全部实现的，可裁定终结诉讼
——某区人民检察院诉某镇人民政府不履行环境监管职责行政公益诉讼案

【规则提要】

1. 在环境行政公益诉讼中，诉讼请求全部实现，国家利益或者社会公共利益得到恢复或者维护，检察机关申请终结诉讼的，人民法院可予准许。

2. 人民法院对检察机关提出的终结诉讼申请要进行全面实质性审查，确认诉讼请求是否全部实现，并在裁定书中详细载明事实及证据、审查认定过程以及裁判理由等，强化释法说理，彰显公信力。

【基本案情】

2023年3月21日、3月27日，某区人民检察院（以下简称某区检察院）现场调查发现，某市某区某镇海塘×号河（以下简称案涉河道）存在沿岸污水超标排放、河边搭建棚舍养殖鸡鸭、河道漂浮垃圾的情形，河水散发臭味。2023年4月7日，某区检察院向某镇人民政府（以下简称某镇政府）制发检察建议书，要求其切实履行监管职责，对案涉河道污染问题及时进行整改。同年5月24日，某镇政府向某区检察院回复称，对案涉河道污染问题已

整治完成，并提交了整改前后照片及检测报告。2023年5月30日，某区检察院至现场对某镇政府履行职责情况进行跟进调查，发现案涉河道沿岸搭建棚舍养殖鸡鸭、河道漂浮垃圾的情况已经整改，但生活污水直排问题未得到整改，河道北侧排污口仍排出带有泡沫的污水，散发异味，河道污染问题未得到根本解决。某区检察院认为，社会公共利益受到损害的情况仍然持续存在，故诉至法院。

审理中，某镇政府积极履行法定职责，对案涉河道污染问题进行全面整改。在完成整改后，委托专业机构对案涉河道进行检测。经检测，案涉河道水样溶解氧、高锰酸盐指数、氨氮、总磷符合《地表水环境质量标准》（GB3838-2002）Ⅴ类水标准限值。后续，人民法院会同公益诉讼起诉人某区检察院、被告某镇政府至案涉河道现场进行查看，并对现场整改情况进行拍照留存，确认被告已依法全面履行河道管理和环境保护监管职责，案涉河道自然生态已得到恢复，公共利益受损的情形已经消除。2024年6月27日，某区检察院向法院提交《终结诉讼申请书》，认为诉讼请求全部实现，故申请对该案件终结诉讼。

【裁判】

法院生效裁判认为：本案诉讼过程中，某镇政府已积极采取整改措施。经法院、某区检察院、某镇政府勘查现场，发现检察建议、诉讼请求中提出的未履职情形已整治完毕，案涉河道沿岸污水超标排放问题得到有效解决，河道自然生态恢复。现公益诉讼起诉人某区检察院以公共利益受损的情形已经消除，诉讼请求全部实现为由申请终结本案诉讼，于法无悖，遂裁定终结诉讼。

【评析】

《行政诉讼法》第二十五条第四款的规定标志着我国行政公益诉讼作为一项法律制度正式确立。"公益诉讼制度最为直接的实体目的就是确认、恢复和实现公共利益，维护社会对法治社会及司法制度的信心"①。通过对实践案例梳理分析发现，存在检察机关诉讼请求实现后向人民法院申请终结案件，人民法院裁定终结诉讼的情形。②终结诉讼这一结案方式在检察机关诉讼请求全部实现的情形下能否适用，如何适用，都需要进行系统化的检视。通过本案厘清在诉讼请求实现下终结诉讼这一结案方式的适用规则，有助于确定行政公益诉讼中诉讼请求实现后的审查内容，重塑诉讼请求实现后的审查标准和结案方式。

一、诉讼请求全部实现情形下可裁定终结诉讼

终结诉讼是指在诉讼过程中，因出现特殊情形，使得诉讼无法进行或者没有必要继续进行，基于"不告不理"的原则，受诉法院不再对案件进行审判并以裁定诉讼终结的方式结束诉讼程序。《最高人民法院、最高人民检察院关于检察公益诉讼案件适用法律若干问题的解释》中并未对终结诉讼的情形作出规定，《最高人民法院关于适用〈中华人民共和国行政诉讼法〉的解释》第八十八条③规定了终结诉讼的情形，但主要是针对诉讼主体资格丧失，诉讼无法继续进行的情形。实践中，也有法院在适用终结诉讼时引用的法律条款是上述司法解释的第八十八条、第一百零一条第一项和第四项以及《最高人民法院、最高人民检察院关于检察公益诉讼案件适用法律若干问题的解释》第二条之规定。④结合上述情形，我们以为，当案件诉讼请求全部实现，达到无继续诉讼的必要性时，人民法院即可裁定终结诉讼。

本案中，被告已经全面履行法定职责，检察机关提起的公益诉讼已达到"无必要"的程度，故检察机关没有变更诉讼请求为确认行政机关原怠于履职

---

① 王福华：《公益诉讼的法理基础》，载《法制与社会发展》2022年第2期。
② 2024年12月30日，最高人民法院、最高人民检察院联合发布第二批行政公益诉讼典型案例，在第六个案例安徽省安庆市宜秀区人民检察院诉安庆市宜秀区文化和旅游局不履行娱乐场所监管职责公益诉讼案中，人民法院在审理中积极沟通督促行政机关依法及时履职，在行政机关已经采取有效措施履行监管职责的情形下，依法裁定终结诉讼。同时，人民法院还通过发送司法建议的方式，助推行政机关建立监管长效机制，充分保障未成年人的权益。
③ 《最高人民法院关于适用〈中华人民共和国行政诉讼法〉的解释》第八十八条规定："在诉讼过程中，有下列情形之一的，终结诉讼：（一）原告死亡，没有近亲属或者近亲属放弃诉讼权利的；（二）作为原告的法人或者其他组织终止后，其权利义务的承受人放弃诉讼权利的。因本解释第八十七条第一款第一、二、三项原因中止诉讼满九十日仍无人继续诉讼的，裁定终结诉讼，但有特殊情况的除外。"
④ 参见上海市崇明区人民法院（2023）沪0151行初2号行政裁定书。

行为违法，或是撤回起诉，而是基于公益诉讼目的已全部实现，另行建议法院裁定终结诉讼，体现行政公益诉讼协同之诉、督促之诉的制度特点，彰显检察公益诉讼的目标导向和双赢多赢共赢的价值追求，是行政公益诉讼起诉后，较为理想的结案方式。

二、行政公益诉讼中诉讼请求实现后终结诉讼实质审查标准

行政公益诉讼的对象是行政机关的违法行为或不履职行为，且该行为使国家利益或社会公共利益处于受损状态。与一般的行政诉讼系双方当事人对立、诉讼结果也仅能约束案件的当事人不同，行政公益诉讼并不是双方当事人之间的对立，其诉讼结果也不是仅对案件当事人发生法律效力。因此，对于行政机关纠正违法行为或者已经履行职责依然需要进行实质审查，来确认诉讼请求是否全部实现，以此确保国家利益或者社会公共利益得到充分维护。

（一）审查主体：人民法院对诉讼请求是否全部实现进行实质审查

无论是国家利益还是社会公共利益是否得到维护、检察机关的诉讼请求是否实现都应当由人民法院全面审查确定。检察机关终结诉讼的申请系向人民法院提出，人民法院具有审查和裁判权。人民法院要积极沟通督促行政机关依法及时履行法定职责，在行政机关已经采取有效措施履行监管职责的情形下，需要进一步进行审查判断。

（二）审查内容：被诉违法行为是否纠正或履职是否合法

在行政公益诉讼中，法院对检察机关终结诉讼申请的审查，不仅要针对申请本身，更应围绕行政机关对被诉违法行为的纠正或被诉后的履职是否已达到合法标准，且这种纠正或履职已使国家利益、社会公共利益的损害得到合理、有效的控制，否则，人民法院应当及时作出裁判。[①] 如前所述，行政公益诉讼具有客观性特点，更关注的是违法行为是否得到纠正，履职是否达到合法标准。行政公益诉讼中诉讼请求实现后的审查内容包括：

1. 被诉违法行为得到纠正或者履行法定职责达到合法标准

该种情形类似在检察机关就行政机关违法行使职权提起行政公益诉讼后，行政机关改变了原来的违法行政行为。值得注意的是，该改变违法行政行为要达到合法的程度，因此，法院要对改变后的行政行为的合法性进行审查认

[①] 参见杨寅：《论行政公益诉讼审理制度的完善》，载《政治与法律》2022年第5期。

定，保证国家利益或者社会公共利益得到维护，避免产生新的违法行为，引发衍生争议，这符合《行政诉讼法》解决行政争议目的。其与一般行政诉讼中对改变后的行为或者履职与否采取弱审查存在明显不同。根据《行政诉讼法》第七十条的规定，合法性审查要件包括是否有相应职权、认定事实是否清楚，证据是否确实充分，程序是否合法，适用法律法规是否正确，是否明显不当。在具体适用时，需要关注的特殊之处在于诉讼中纠正违法行为或者履职更关注职权、认定事实、适用法律、合理性等，程序合法性并非审查重点，理由在于：一是单纯程序上超期履职不宜认定为不合法。因为经过诉前程序，检察机关认为行政机关未履职或履职不到位而起诉，此时从检察建议提出履职到诉讼中主动履职到位，已经较长时间，一般超过法定履职期限，若因此认定履职不合法，则该种情形不符合行政公益诉讼督促行政机关履职的初衷。二是诉讼中改变违法行为并未包含改变程序违法的情形，更关注实体合法性的纠正。因此，审查纠正后的行政行为的合法性一般不再关注程序合法性问题。三是若因缺乏职权依据作出行政行为而予以纠正，一般是自动撤销该行政行为，也不涉及合法性审查。履职情形下，查清不属于行政机关职权即可，不再具有履职的可能和必要。

2. 实质判断标准为国家利益或者社会公共利益损害得到合理有效控制

除了满足合法性要件外，行政公益诉讼中诉讼请求实现后还要重点审查是否能够充分维护国家利益或者社会公共利益。这也是与一般行政诉讼的重要区别。具体审查判断要从两个维度展开：一是维护国家利益或者社会公共利益。"只有维护公共秩序、公共安全、公共利益，才能有自己的利益。"[①] 公共利益最大的特征，在于其内涵的不确定性，这主要表现在两个方面，即利益内容的不确定性和受益对象的不确定性。公共利益包括国家利益和社会公共利益，这也是《行政诉讼法》第二十五条第四款将二者区分规定的体现。也有学者认为，公共利益包括国家利益、不特定多数人利益和特殊保护的利益。[②] 公共利益与私益最大的区别在于，其代表的是不特定多数人所享有的利益。正因为公共利益代表的是不特定多数人所享有的利益，因而法律赋予检

---

① 《马克思恩格斯全集》(第2卷)，人民出版社1972年版，第609页。转引自薛天涵：《个人信息保护公益诉讼制度的法理展开》，载《法律适用》2021年第8期。
② 参见韩波：《公益诉讼制度的力量组合》，载《当代法学》2013年第1期。

察机关相应的监督权,让其能够提出检察建议,提起行政公益诉讼,从而填补行政机关服务与管理工作所不能保护的公共利益的空白,也可以起到防止行政权力被滥用而损害国家、社会公共利益的安全阀作用。[①]虽然行政公益诉讼是由检察机关提起的,其与诉讼并无直接的利害关系,而是代表公共利益,但这并不代表检察机关的任何诉讼请求都符合公共利益的需要,更不能以保护公益为借口侵犯合法私益。[②]二是不损害其他主体合法权益。在行政公益诉讼中,检察机关虽然代表国家提起公益诉讼,同样也会存在利害关系人、第三人,法院要审查是否损害其合法权益。比如,行政机关对第三人作出更重的处罚,因履职而对第三人作出处罚或者对相对人作出更轻的处罚而受害人不服的。该审查标准依然建立在前述合法性要件审查的基础上。如果纠正违法行为或者履行行为合法,则一般不宜认定为侵犯其合法权益。

本案中,某区检察院在履职过程中,发现案涉河道沿岸污水超标排放、损害河道环境,社会公共利益受到侵害。其依法向被告某镇政府制发诉前检察建议,督促其履行监管职责,某镇政府书面回复称全部整治完成。但某区检察院跟踪调查发现,案涉河道沿岸污水超标排放、河道水质受损的情形仍然存在。被告虽然采取整改措施并按期回复,但未完全改变河道受损情形,被告仍未依法履行职责,社会公共利益持续处于受侵害状态,故提起行政公益诉讼。

在案件审理过程中,被告某镇政府积极履行法定职责,对明沟暗渠进行整改,并铺设盖板,对雨污排水管道进行截污纳管;部分河岸进行整坡清理,并做了插板护栏;部分岸坡种植绿化和水生植物,防止雨污水和农业污水直排河道;并委托专业机构对案涉河道进行检测。后经人民法院、人民检察院现场走访,确认被告已依法全面履行河道管理和环境保护监管职责,社会公共利益受损的情形已经消除。

(三)审查方式:因案制宜运用现场勘查、专家咨询、听证、谈话等方式

要因案制宜综合运用各种方式确认诉讼请求已全部实现:一是对检察机关提交的证据进行充分审查,必要时以谈话、走访等方式听取行政机关、检

---

① 参见薛天涵:《个人信息保护公益诉讼制度的法理展开》,载《法律适用》2021年第8期。
② 参见秦前红:《检察机关参与行政公益诉讼理论与实践的若干问题探讨》,载《政治与法律》2016年第11期。

察机关的意见。二是通过现场勘查的方式对社会公共利益是否得到维护进行判断。尤其是在生态环境和资源保护类行政公益诉讼案件中，检察机关、行政机关和人民法院均到场判定环境是否修复，并留存证据。三是专家咨询或者专业鉴定。在一些疑难复杂、专业程度高的行政公益诉讼案件中，为了帮助法院更好地对案件进行审查，可以考虑引入专家对社会公共利益是否得以修复进行认定，必要时也可以委托鉴定。四是通过听证等方式接受公众监督。在一些社会关注度较高、容易引发舆情的行政公益诉讼案件中，还应当考虑以公众参与、公众决策的方式辅助判断公益是否得到充分维护。公开听证会是落实全过程人民民主的要求。可以通过召开听证会的方式让公众参与决策，为了让听证员直观地看到整改变化，在听证会之前，可以组织现场勘查，在听证过程中，甚至可以引入专家学者发表观点。审查的过程中要充分听取检察机关、行政机关和利害关系人的意见。尤其是检察机关或者行政机关提交的相关材料要交给对方当事人充分发表意见。

本案中，被告某镇政府积极履行法定职责，在完成整改后，委托专业机构对案涉河道进行检测。经检测，案涉河道水样溶解氧、高锰酸盐指数、氨氮、总磷符合《地表水环境质量标准》（GB3838-2002）V类水标准限值。后续，人民法院会同公益诉讼起诉人某区检察院、被告某镇政府至案涉河道现场查看，并对现场整改情况进行拍照留存，确认被告已依法全面履行河道管理和环境保护监管职责，案涉河道自然生态已得到恢复，社会公共利益受损的情形已经消除。

三、终结诉讼行政裁定书应载明审查内容、过程及结论意见

通过上述分析，行政公益诉讼中诉讼请求实现后人民法院裁定终结诉讼的优势已然清晰，但终结诉讼的裁定书内容应当如何确定，尚有待考量。我们以为，对于行政公益诉讼中人民法院裁定终结诉讼的文书撰写，应该与一般的行政诉讼有所区别，要详细载明人民法院对诉讼请求全部实现进行实质审查的内容，强化其作为公共产品的展示效果，来达成维护公共利益的效果。在诉讼请求实现的情况下，终结诉讼的裁定书记载应更为详细，格式应该予以统一，发挥裁定的指引作用，亦提升司法公信力。

结合本案裁定书的内容，我们以为，终结诉讼行政裁定书应当载明如下内容：在当事人诉称部分，公益诉讼起诉人应当在诉称中写明案件的事实和

理由，确认诉请内容是请求履行法定职责还是撤销某违法行政行为。在法院审理查明部分，应当写明线索发现，诉前检察建议发送及沟通回复的情况；写明行政机关履行相应法定职责或纠正违法行为的情况，如果人民检察院召开过听证会、现场论证会、专家咨询会的，一并予以写明；写明人民检察院、人民法院、行政机关到现场查看、确定是否充分履职或者纠正违法行为的过程以及起诉人申请终结诉讼的情况。在本院认为部分，应当对诉讼请求全部实现、国家利益或者社会公共利益得到维护进行充分释法说理。

四、余论

在诉讼请求全部实现情形下，检察机关不再坚持诉讼的，是应该裁定准予撤诉还是终结诉讼，两者如何进行区分仍然存在争议。根据《最高人民法院、最高人民检察院关于检察公益诉讼案件适用法律若干问题的解释》第二十四条的规定，在行政公益诉讼案件审理过程中，被告纠正违法行为或者依法履行职责而使人民检察院的诉讼请求全部实现，人民检察院撤回起诉的，人民法院"应当"裁定准许。由此观之，人民法院对于终结诉讼具有审查判断的空间，法院需要在当事人充分举证的基础上，对诉讼请求是否全面实现进行实质性审查，并在裁判文书中予以载明，从而将行政机关履行法定职责的相关事实固定下来，作为公共产品予以展示，能够真正实现行政公益诉讼的目的，达到多方共赢的效果，且在诉讼请求全部实现的情形下，无继续诉讼的必要，契合"终结"的含义。当然，随着检察公益诉讼立法的推进，[①]检察行政公益诉讼制度将更加完备。

【相关法律规范】

★《最高人民法院、最高人民检察院关于检察公益诉讼案件适用法律若干问题的解释》

第二条 人民法院、人民检察院办理公益诉讼案件主要任务是充分发挥

[①] 党的二十大报告提出要"完善公益诉讼制度"，2023年9月，《十四届全国人大常委会立法规划》将"'检察公益诉讼法'（'公益诉讼法'，一并考虑）"列入一类项目。2023年12月，全国人大监察和司法委员会正式启动检察公益诉讼立法程序，成立专门的立法领导小组，制定立法方案。检察公益诉讼立法驶入快车道。关于结案方式也将成为其中重要的一部分。参见潘剑锋：《检察公益诉讼立法重点问题探讨》，载《中国法律评论》2025年第1期。

司法审判、法律监督职能作用，维护宪法法律权威，维护社会公平正义，维护国家利益和社会公共利益，督促适格主体依法行使公益诉权，促进依法行政、严格执法。

33. 创设"三角桌法庭"，贯彻和合共生的生态修复理念
——某区生态环境局与星某贸易公司某处分公司生态环境损害赔偿协议司法确认案

【规则提要】

生态环境损害赔偿案件中，检察机关积极参与、主持磋商调解，生态环境主管部门与侵权行为人进行磋商后达成赔偿协议并向人民法院申请司法确认的，人民法院可以设置"三角桌法庭"，引入检察机关作为支持磋商机关参与司法确认程序，依法对赔偿协议进行审查。

【基本案情】

上海市某区某片区绿化带多年来无人养管，由绿化部门按照"三无绿地"对该绿化带以托管养护的形式进行养护管理。2022年8月，上海市某区人民检察院接举报，称该处有占绿毁绿行为。经过现场勘查和询问发现，上海市星某贸易有限公司某处分公司在此处经营的生鲜超市在绿化带内铺设大量木板供顾客踩踏或者临时堆放纸箱等物品，造成该处绿化带损毁严重，原覆盖的绿植被完全破坏，土层直接裸露。

随后，该区绿化和市容管理局将相关情况通报街道，街道综合执法队也对该公司进行立案调查，核实了损害绿化的行为。2023年2月7日，在上海市某区人民检察院的主持调解下，根据授权规定，某区生态环境局与上海

星某贸易有限公司某处分公司签订《生态环境损害赔偿协议》。协议约定：由该公司对其破坏的绿化带进行生态修复，包括绿化设施修复、绿化补种、绿化养护、增建绿化防护设施等，费用共计6万余元以及后期的修复评估。协议签订后，某区生态环境局和上海市星某贸易有限公司某处分公司共同向法院申请确认上述《生态环境损害赔偿协议》有效，上海市某区人民检察院作为支持磋商机关参与申请。

【裁判】

法院生效裁判认为：申请人主体适格，申请人双方为实现受损生态环境的修复和赔偿自愿达成的协议没有恶意串通、规避法律的行为，是双方真实意思表示，内容不违反法律法规强制性规定，且不损害国家利益、社会公共利益，应予以确认其合法有效。故依照《最高人民法院关于审理生态环境损害赔偿案件的若干规定（试行）》第二十条之规定，作出民事裁定，确认生态环境局与某公司达成的生态环境损害赔偿协议有效。

【评析】

本案是上海市首例引入支持磋商机关（检察机关）参与生态环境损害赔偿协议司法确认程序的案件。在检察机关的支持参与下，生态环境部门与案涉企业先行开展生态环境损害赔偿磋商，督促企业主动承担生态环境修复责任。本案创造性地设置"三角桌法庭"，法院、支持磋商机关、申请人各列一席，由法院确认协议效力，实现争议闭环解决，避免新的行政争议或者民事侵权诉讼发生，体现出法院、支持磋商机关、环保行政机关、义务人既在不同的角度，又在同一个维度上进行沟通，突出"和合共生"的生态环境保护理念，真正实现司法助推、多元共治。

一、设置"三角桌法庭"的理论支撑与实践探索

在司法实践不断发展的进程中，创新的审判模式和法庭设置逐渐进入人们的视野。"三角桌法庭"作为一种独特的法庭布局形式，正日益受到关注。它打破了传统法庭布局的模式，以一种全新的空间结构和互动关系，为特定

类型案件的审理带来了新的思路和解决方式。

（一）在生态环境损害赔偿司法确认案件中设置"三角桌法庭"的理论支撑

1. "平等对待"理念。三角桌法庭设计比较独特，从形式表现上三方处于平等位置，更能拉近各参与方的谈话距离，使之更好地交流、提高效率，能有效拉近各方情感距离、缓和情绪、凝聚共识。

2. "和合共生"理念。三角桌法庭由三个等边相围而成，具有稳定性，亦传递出参与三方聚力于生态环境修复的共同目标，方向相同。

3. "和而不同"理念。三方围绕生态环境修复的共同目标，但所处地位存在差异，环保行政机关和义务人属于申请人，检察机关属于支持磋商机关，法院属于司法确认方、程序主持方。因此，在三角桌法庭设计时法院背靠国徽、座椅稍高，凸显法院的不同地位。

（二）"三角桌法庭"在实践中的具体应用

"三角桌法庭"的设置在司法实践中主要应用于未成年人刑事案件中，这种布局既体现了对少年被告的特殊保护理念。"三角桌"庭审布局突出了法官的"审"，但又弱化了"被告人"的受审地位，体现了法官的居中裁决和控辩双方的平等。在我国一些地方法院已经对现有的刑事法庭布局进行了若干改变，针对未成年人刑事案件设置"三角桌"法庭布局，法官席位位于法庭国徽的正前方，法官席要高于其他席位。书记员席位置于法官席正前，控辩双方席位分列法官席位左右前方，构成"八字形"。与控辩双方席位等距。例如，河南法院刑事法庭布局调整如下：审判台列于审判法庭正后方，书记员席列于审判台正前方。公诉人席、被害人席并肩设立，列于审判台前方右侧。辩护人席、被告人席并肩设立，列于审判台前方左侧。控、辩双方席位呈八字形，面向旁听席。控方申请出庭的证人、鉴定人，其席位列于公诉人席一侧；辩方申请出庭的证人、鉴定人，其席位列于辩护人席一侧，均面向审判台。庭审时允许被告人和律师坐在一起，可以随时沟通，并与公诉人席正面相对，分列审判席两侧，将"四方格"变为"三角形"。

二、设置三角桌法庭的具体思路与设计

本文研究设置三角桌法庭的案件仅限于检察机关在发挥公益诉讼职能过程中组织环保行政机关和义务人通过磋商的形式达成生态环境损害赔偿协议，进而申请法院对协议进行司法确认的情形，这也是目前实践达成生态环境损害赔偿协议的绝大部分的情形。

（一）三角桌法庭的设置样式介绍

三角桌法庭的场地架构基本上参照当前一般的法庭模式，仅在法庭席位等形式上做一定改变。按照等边三角形的形状设置各方的席位，法院一方席位设置在背靠法庭国徽一侧，检察机关一方席位设置在法院一方左侧，申请人（环保行政机关和义务人）双方设置同桌席位，位于法院一方右侧。

（二）设置三角桌法庭的依据

首先，司法确认案件的性质决定了法院在其中并不需要进行审判，而是对相应内容进行审查，核心内容还是协议双方的自愿原则和意思自治表示，各方参与人之间具有一定的平等色彩，三角桌法庭更能体现这一特色。

其次，根据《民事诉讼法》的体系设置及相应规定，确认调解协议案件属于特别程序，而生态环境损害赔偿磋商协议司法确认案件属于确认调解协议案件范围内的一种案件类型，应适用特别程序的相关规定。由此，在司法确认案件的法庭设置上可以选择设置适应特别程序进行的法庭形式，以便于案件审理。

最后，根据《民事诉讼法》《行政诉讼法》的相关规定，检察机关具有开展民事公益诉讼、行政公益诉讼的职能，其在履职过程中组织环保行政机关和义务人达成生态环境损害赔偿磋商协议，属于依法履职的内容，进而其作为支持磋商机关参与到后续的司法确认程序中，与现行法律规定并不冲突、与法律规定并无不悖。

（三）在生态环境损害赔偿司法确认案件中设置三角桌法庭的意义与价值

1."和合共生"理念的契合性

"和合共生"理念源远流长，蕴含着深刻的哲学思想。在生态环境保护等领域，这一理念强调各主体之间相互依存、和谐共处、共同发展。在"三角桌法庭"的设置中，这一理念得到了生动体现。以生态环境损害赔偿协议司法确认案件为例，法院、申请人（环保行政机关和义务人）以及支持磋商的检察院围坐在三角桌旁。从不同角度来看，法院作为司法裁判者，秉持公正、中立的立场；环保行政机关代表公共利益，肩负着维护生态环境的职责；义务人是损害行为的实施者，需要承担相应的修复责任；检察院则起到监督和支持磋商的作用。然而，尽管各主体角色不同，但在生态环境修复这一共同目标下，他们处于同一维度，共同协作。这种模式传达出各方并非处于对立的对抗关系，而是朝着修复受损生态环境的方向共同努力，体现了"和合共生"的理念，有助于形成强大的合力，推动生态环境问题的解决。

2. 恢复性司法理论在生态环境修复案件中的体现

恢复性司法理论是对传统报应性司法的一种反思和发展。传统报应性司法侧重于对犯罪行为的惩罚，而恢复性司法更加关注犯罪行为对被害人、社区以及社会关系造成的损害，并致力于通过各种方式恢复被破坏的社会关系和修复受损的权益。"三角桌法庭"在生态环境损害赔偿案件中的应用与恢复性司法理论高度契合。在这类案件中，法庭不再仅仅关注对损害行为的制裁，更重要的是通过司法确认生态环境损害赔偿协议，促使义务人对受损的生态环境进行修复。通过这种方式，将生态环境修复作为核心目标，强调对受损生态环境的恢复，使受到破坏的生态系统尽可能恢复到受损前的状态，体现了恢复性司法理论在实践中的应用。

3. 提高纠纷解决效率的需求

在司法实践中，提高纠纷解决效率是一个重要的追求目标。对于生态环境损害赔偿等复杂案件，如果采用传统的诉讼模式，可能会面临程序繁琐、周期漫长等问题，导致生态环境损害无法及时得到修复。"三角桌法庭"模式下，通过司法确认程序，法院能够快速对生态环境损害赔偿协议进行审查，赋予协议法律效力。在这个过程中，各方主体能够在同一空间内进行高效沟通和协商，减少了信息传递的环节和时间成本。同时，检察机关作为支持磋商机关参与其中，也有助于加快案件的处理进程，使生态环境损害纠纷能够更快速、有效地解决，提高了司法资源的利用效率。

（四）关于环保行政机关和义务人同坐一席的问题

生态环境损害赔偿磋商协议司法确认案件与一般民事调解协议司法确认案件具有共性，但也有特性。民事调解协议中双方当事人属于民事争议的对抗方，通过调解达成了一定的相互妥协。而生态环境损害赔偿磋商协议中环保行政机关和义务人本质上不是纠纷的争议方，不存在争议的对抗性，双方签署磋商协议是为了修复受损生态环境的共同目标，都是义务付出方。这一本质区别决定了环保行政机关和义务人可以为了同一个目标同坐一席。

（五）关于检察机关作为一方主体参与司法确认程序的问题

此类案件中检察机关是作为支持机关磋商参与，更是因为根据法律授权行使公益诉讼的职能，作为公共利益的代表参与。检察机关参与司法确认程序也便于其根据司法确认情况履行公益诉讼职能，监督环保行政机关履行环保职能。此外，允许检察机关参与能起到鼓励积极性的作用，此类案件往往前期磋商组织工作是由检察机关进行的，且实践中若缺乏检察机关的监督，环保行政机关履行环保磋商职责的积极性不强。为了推进受损环境修复，加强生态环境保护，应允许并鼓励检察机关作为一方主体参与到司法确认程序过程中。

【相关法律规范】

★《中华人民共和国民事诉讼法》

第二百零六条　人民法院受理申请后，经审查，符合法律规定的，裁定调解协议有效，一方当事人拒绝履行或者未全部履行的，对方当事人可以向人民法院申请执行；不符合法律规定的，裁定驳回申请，当事人可以通过调解方式变更原调解协议或者达成新的调解协议，也可以向人民法院提起诉讼。

★《最高人民法院关于审理生态环境损害赔偿案件的若干规定（试行）》

第二十条　经磋商达成生态环境损害赔偿协议的，当事人可以向人民法院申请司法确认。

人民法院受理申请后，应当公告协议内容，公告期间不少于三十日。公告期满后，人民法院经审查认为协议的内容不违反法律法规强制性规定且不损害国家利益、社会公共利益的，裁定确认协议有效。裁定书应当写明案件的基本事实和协议内容，并向社会公开。

34. 创新执行方式，通过助力企业恢复经营保障判决履行
——某门窗公司污染环境刑事附带民事公益诉讼执行案

【规则提要】

在生态环境资源案件执行过程中，应以生态环境有效修复为目标，兼顾民营企业生存能力，实现善意文明执行。

【基本案情】

公诉机关某检察院指控被告人某门窗公司、被告人龚某华、贺某见、向某兵犯污染环境罪，于2018年6月7日向上海铁路运输法院提起公诉。同时，提起刑事附带民事公益诉讼。上海铁路运输法院审理后查明：某门窗公司主要从事铝合金门窗的生产加工，有危废产生。但该公司自2012年投产至今，在既没有申报环保部门的审批、也未配套相应环保设施的情况下擅自生产，同时私设暗管排污至公司外侧雨水窨井。2017年12月13日，上海市某区环境保护局对某门窗公司进行现场检查，经检测，该公司上述5个处理单元池内、总管排口处雨水沟渠内、东外侧雨水窨井内均检出锌、铬、锰等重金属，其中总管排口处雨水沟渠内废水中铬浓度为55.6mg/L（超标36.1倍）、六价铬浓度为46.5 mg/L（超标92倍），东外侧雨水窨井内废水中铬浓度为1.29mg/L，除油后清洗1号池中pH值为5.48，严重污染环境。经上海市环境科学研究院鉴定评估，某门窗公司排放的废水中检出的特征污染物与处理池中废水的特征具有高度关联性，违法排污行为对外环境地表水体造成环境损害，某门窗公司环境损害金额为36万余元，鉴定评估费2.5万元。

经审理，上海铁路运输法院依法判决被告单位某门窗公司犯污染环境罪，

判处罚金 10 万元；被告单位某门窗公司赔偿环境损害数额 36 万余元、鉴定评估费 2.5 万元等。判决生效后，因义务人某门窗公司未履行判决确定的支付钱款义务，上海铁路运输法院刑事审判庭移送执行。

【执行】

在案件执行过程中，执行法官通过网络查询系统对某门窗公司名下财产情况进行查询，但未查询到任何可供执行的财产。随即，执行法官至市场监督管理局依法查阅了某门窗公司工商登记档案材料，亦未查找到可供执行的财产线索。此后，执行法官又至某门窗公司住所地进行实地走访，发现某门窗公司早已停止生产经营，根本无法履行赔偿义务。此外，因某门窗公司法定代表人龚某华正处于服刑期间，执行法官依法提审了龚某华，其虽真诚悔过，但因某门窗公司已停止生产经营且个人名下也无银行存款，故无法履行赔偿义务。

案件的执行陷入非常困难的境地，但执行法官并未因此懈怠。此后，执行法官经与某检察院取得联系，发现某门窗公司早在公安机关及环保部门查处阶段已停止相关生产经营活动，但某门窗公司的一名股东在本案发生之后将原公司搬迁至浙江重新设立公司经营。后执行法官与某检察院原案件负责人员决定联手对某门窗公司的原主要投资人龚某华进行调查。

某门窗公司原主要投资人龚某华面对执行法官和检察官的调查，在知晓相关利害关系之后，表示虽然其平时不直接参与经营，也不是公司本次违法行为的直接责任人和赔偿义务人，但其作为大股东坚决吸取这次事件的教训，愿意代公司接受惩罚和履行赔偿义务。但龚某华提出某门窗公司作为一家成立多年的铝合金生产企业，相关产品在市场上还是具有不错销路和较高占有率。如果能恢复相关产品的生产重返市场，赔偿款的履行也就可以解决，因此，诚恳请求执行法院能给予其一定的时间和空间。

在详细听取了龚某华重新投资、异地选址、更新设备、新招工人等一系列计划后，经慎重评估，并与某检察院协商，执行法官决定同意龚某华的请求，分期履行赔偿款项，共同持续监控、评估某门窗公司的恢复生产情况及赔偿能力，帮助真诚悔过、守法经营的企业重返市场。最终，某门窗公司书

第六章 探索生态环境资源案件专业化审判

面承诺,以分期履行的方式每月向执行法院缴付 5 万元款项。最后,被执行人某门窗公司对全部赔偿款和罚金等款项共计 49 万余元已履行完毕。

【评析】

本案是公安部、原环保部、最高人民检察院联合重点关注的长江流域污染案件,也是上海市污染环境领域刑事附带民事公益诉讼首例判决。本案判决是否能得以及时执行,社会关注度非常高。上海铁路运输法院对本案的执行非常重视,认真研判案情、积极作为,在法检联合执行下,不仅善意、文明地完成案件执行,同时助推了涉案民企恢复造血功能。

一、规范引导,全程监督

本案执行之初就以环境的有效修复为目标,兼顾民营企业生存能力,在案件的执行过程中,执行法官不仅考虑的是将赔偿款项执行到位,而且在调查到投资人在异地重新设厂后,还对新企业的生产情况以及废弃物的排放进行评估、监控,确保重新设立的企业对环境无任何污染。因此,为避免新成立的公司再次走污染环境的老路,执行法官特地至设立在异地的新企业进行实地约谈企业负责人员,要求新设立的企业的生产设备、废水处理上要符合国家标准,不得对周围环境造成污染。并强调如果新的企业再次对周围土地、水源造成污染,会再次触犯《刑法》,将受到更为严重的刑罚。企业负责人员向执行法官作出保证,企业坚决吸取污染环境的教训,而且代价非常严重,新的企业绝对不走污染环境的老路。在执行法官的规范引导和持续的监控下,新企业在异地运营一段时间后,相关产品获评了当地"绿色企业产品"的称号。

二、落实善意文明执行理念,助推民营企业重回规范经营轨道

执行中,执行法官了解到允诺代替被执行人支付相关赔偿款项的原投资人重新设立的企业经营刚刚起步,不仅每月要支付工人的工资,还在推动相关符合国家标准的产品重返市场。为避免对某门窗公司的征信、贷款以及招录员工等方面带来很多不利影响,确保本案的相关赔偿款项有效落实,经慎重评估,执行法官决定对被执行人某门窗公司暂不使用限制措施,并同意某门窗公司分期履行所有赔偿款项。最后,被执行人某门窗公司已将全部赔偿

款和罚金履行完毕。

【相关法条】

《中华人民共和国民事诉讼法》

第二百三十五条　发生法律效力的民事判决、裁定，以及刑事判决、裁定中的财产部分，由第一审人民法院或者与第一审人民法院同级的被执行的财产所在地人民法院执行。

法律规定由人民法院执行的其他法律文书，由被执行人住所地或者被执行的财产所在地人民法院执行。

第二百四十一条　在执行中，双方当事人自行和解达成协议的，执行员应当将协议内容记入笔录，由双方当事人签名或者盖章。

申请执行人因受欺诈、胁迫与被执行人达成和解协议，或者当事人不履行和解协议的，人民法院可以根据当事人的申请，恢复对原生效法律文书的执行。

第二百六十四条　被执行人未按判决、裁定和其他法律文书指定的期间履行给付金钱义务的，应当加倍支付迟延履行期间的债务利息。被执行人未按判决、裁定和其他法律文书指定的期间履行其他义务的，应当支付迟延履行金。

第七章 深化生态环境协同治理

35. 非诉解纷机制挺在前面,依托专业调解高效化解环保纠纷
——某工业公司诉某区城市管理行政执法局、某区人民政府行政处罚及行政复议案

【规则提要】

践行新时代"枫桥经验",依托人民法院与司法局共同设立的联合调解委员会,促进和支持先行调解,实质解决行政机关在法定幅度内实施罚款引发的行政纠纷。

【基本案情】

某区城市管理行政执法局(以下简称某区城管局)对某工业公司作出行政处罚决定,认定该公司在 A 地实施建设项目需要配套建设的环境保护设施未建成即投入工业气体储存的行为,违反《建设项目环境保护管理条例》的相关规定,故对该公司罚款。某工业公司不服,向某区人民政府(以下简称某区政府)提起行政复议,复议机关决定对上述处罚决定予以维持。某工业公司认为其从事的经营行为并未造成大气污染、水污染、噪声污染等环境问题,且建设项目已停止运行,不会造成新的环境污染,故起诉至法院,请求

判决撤销上述行政处罚决定和行政复议决定。

【调解结果】

法院立案期间，为实质性解决行政争议，经各方当事人同意，依托与某区司法局共同设立的联合调解委员会，委派对环境保护有专业特长的调解员开展先行调解工作。法院指导法官与调解员沟通后，考虑到该案件系行政机关享有自由裁量权的案件，双方存在调解可能性，故由调解员与双方当事人多次联系、深入沟通，了解案件基本情况，摸清双方底线。经对化解方案进行多次沟通，逐步缩小差距，最终，各方当事人达成一致意见。某工业公司不再坚持诉讼，纠纷得到高效妥善解决。法院于2020年7月7日作出行政裁定书，准予原告某工业公司撤回起诉。

【调解指引】

环保纠纷先行化解是发扬新时代"枫桥经验"预防纠纷、化解矛盾的重要方式。法院在环保纠纷集中管辖之初，即将环保解纷工作向前延伸，聘任了具备环保专业背景的调解员，为环保纠纷先行化解提供了坚实保障。经了解，某工业公司对行政处罚决定认定的违法事实并无异议，但认为其从事的经营行为并未造成大气污染、水污染、噪声污染等环境问题，希望某区城管局综合考虑其行为危害后果、经营状况等降低处罚金额；某区城管局、某区政府则认为行政处罚认定事实清楚、法律适用正确、处罚金额符合法定幅度。考虑到双方对行政处罚认定事实、执法程序等均无异议，法院从实质性解决行政争议的角度对行政机关基于其自由裁量权所处罚款数额进行了调解，主要从以下几个方面展开实质解纷工作。

一是依托专业调解，排摸案件情况。作为涉环境资源案件集中管辖法院，为适应环境资源专业化审判机制建设的需要，坚持将非诉讼纠纷解决机制挺在前面，法院建立了一支包含退休行政庭法官、退休环保局干部等在内的特邀调解员队伍，针对涉环境资源行政争议开展专业性调解工作。收案伊始，法院即坚持调解优先的原则，重视先行调解引导分流工作，以书面方式向当事人充分释明调解省时、节费、促和等有利双方的优势，引导、鼓励和支持当事人积极选择行政和解的非诉讼方式解决争议。征得当事人同意后，法院依托与某区司法局共同设立的联合调解委员会，在对案件类型及调解员专业背景进行筛选后，将案件分配到对环境资源案件有专业特长的调解员名下，对案件基本情况进行细致摸排。调解员与某工业公司多次联系沟通后，某工业公司向调解员讲述了其单位的困境，对于罚款确实无力承担，且案涉建设项目已停止运行，不会造成新的环境污染，并提供了相应证据以证实企业当前的经营困境。

二是明确化解思路，调解有理有节。通过前期排摸，调解员充分掌握了案件的事实情况及双方的争议点。考虑到双方仅对处罚金额存在较大争议，对行政处罚认定事实、执法程序等均无异议，本案存在较大和解可能性，如双方当事人能和解解决，既可以有效节约司法资源，又能促进矛盾纠纷实质性化解、一次性解决，防止程序空转。在了解某工业公司经营困境后，在法院指导法官的参与下，调解员一方面从法律角度向某工业公司阐明涉环保行政处罚法定要件及处罚幅度要求，降低其不合理的心理预期；另一方面向某区城管局释明，行政执法过程中在运用自由裁量权时，要把握好"度"，既要有处罚违法行为的"力度"，也要充分考虑被处罚人违法次数、主观故意、危害后果、改错表现等情节，彰显执法"温度"。

三是实质解决争议，优化营商环境。在听取调解员意见后，当事人双方均表示希望和解解决本案，但此时双方针对罚款金额及支付方式仍存在较大争议。调解员多次就化解方案与双方当事人进行沟通，摸清双方心理底线，逐步缩小处罚金额的差距；并及时联系法院财务部门，协调罚款的支付方式，确保和解方案能顺利落地。经多次协调化解，某区城管局同意减免部分罚款，某工业公司向法院申请撤回起诉，成功使本起环保纠纷及时止步，既确保了环境违法行为得到有效惩治，又降低了当事人诉讼成本，促进小微企业快速回到正常经营轨道，恢复生机。本案纠纷的一次性解决，满足了当事人公正、高效、实质解决行政争议的多元司法需求，有效发挥人民法院定分止争、保障合法权益、促进社会治理的职能作用，为打造新时代环保纠纷化解新模式进行了积极探索。

【相关法律规范】

★《中华人民共和国行政诉讼法》

第六十条 人民法院审理行政案件，不适用调解。但是，行政赔偿、补偿以及行政机关行使法律、法规规定的自由裁量权的案件可以调解。

调解应当遵循自愿、合法原则，不得损害国家利益、社会公共利益和他人合法权益。

第六十二条 人民法院对行政案件宣告判决或者裁定前，原告申请撤诉的，或者被告改变其所作的行政行为，原告同意并申请撤诉的，是否准许，由人民法院裁定。

36. 依托环境保护"枫桥经验"实践基地巡回审判化解环保行政纠纷
——舒某球诉某区生态环境局行政处罚案

【规则提要】

针对辖区生态环境资源类争议多发的情况，人民法院依托环境保护"枫桥经验"实践基地开展巡回审判，实现纠纷就地就近化解。

【基本案情】

2024年1月，某区生态环境局（以下简称某区生环局）对舒某球作出行政处罚决定，认为其进行废旧泡沫塑料加工生产，有废气产生，是未依法取得排污许可证排放污染物的违法行为。因此，依据《排污许可管理条例》《上海市生态环境行政处罚裁量基准规定》相关规定，对舒某球进行了罚款。舒某球不服，提起本案诉讼，请求撤销上述行政处罚决定。

【调解结果】

上海铁路运输法院在审理过程中发现本案可以依托与某区司法局和某区生环局共建的环境保护"枫桥经验"实践基地协调化解。通过巡回审判及承办法官积极沟通，原告舒某球表明其意识到自己的错误、应当遵守环境保护法律法规的态度，并且提出其经济困难的现实问题，希望可以降低处罚金额。某区生环局在考虑到舒某球承认存在违法行为，并主动采取整改措施，又是首次因环境违法被处罚的实际情况，在上海铁路运输法院的沟通协调下，为实质性解决行政争议，根据处罚与教育相结合原则及《行政处罚法》关于从轻减轻处罚的规定，同意将罚款金额适当降低，双方达成调解协议。上海铁路运输法院于2024年8月29日作出行政调解书。

【调解指引】

本案的原告正是在该区域从事废旧泡沫塑料生产加工的个人，在未取得排污许可证的情况下排放了有害废气，环保部门检查时发现其违法行为对其进行行政处罚，由于处罚金额过高原告提起了行政诉讼。在审理过程中，法院对被告环保部门行政行为的职权依据、法律依据进行了审查，对双方提供的证据材料进行了质证。考虑到本案被告适用了行政裁量权，原告存在实际情况和困难，法院征得各方当事人同意，遂尝试从实质化解争议的角度推动案件处理，主要从以下几个方面开展工作。

一是将环境保护"枫桥经验"实践基地作为案件协调化解的抓手。合议庭在承办该案时，曾召开专业法官会议，参会法官建议合议庭通过此前建立的环境保护"枫桥经验"实践基地实质化解行政争议。承办人以此为抓手推进案件协调化解工作，当即联系被告某区生环局，通过沟通，考虑到本案的违法行为发生地是工业工厂集中发展的区域，为了更好地将环境保护理念予以推广、使环境资源违法行为的惩处更加规范，到当地进行调解。

环境保护"枫桥经验"实践基地的建立，是上海铁路运输法院在环境资源审判实践中的积极探索，更是深入贯彻习近平生态文明思想和习近平法治思想，积极践行新时代"枫桥经验"，强化"抓前端、治未病"，推进生态文明建设的有力实践。"枫桥经验"的内涵不断丰富，随着时代变迁而发展、随着理念进步而创新，但其坚持法治思维、走群众路线、以人为本、团结大多数人维护社会和谐稳定的实质没有变。将"枫桥经验"应用在环境保护中，不仅提升了基层环境治理能力和治理体系现代化，也为环境保护提供了新的思路和方法，特别是在推动公众参与、法治与环保协同作用以及创新社会治理模式等方面作用显著。一方面，推进司法与行政有效衔接、聚合各方智慧和力量、强化生态环境领域争议纠纷预防和生态环境修复前端治理；另一方面，将争议纠纷消弭在基层、化解在当地，也是共建共治共享的治理格局的体现。

二是将"法答网"作为解决法律适用问题、化解矛盾纠纷的一大"利器"。本案的协调化解工作思路缘起于承办法官在法答网的提问。法院在审理过程中，就案件审理难点的问题在法答网上进行了提问，上海市高级人民法院行政庭给出了具有裁判指引意义的答复意见。通过法答网咨询答疑，一方面，解决了法官需要明确的案件难点问题，另一方面，也确立了审理思路，推进案件解纷工作。

三是将"处罚与教育相结合"原则作为调解工作开展的核心原则。《行政处罚法》第六条规定："实施行政处罚，纠正违法行为，应当坚持处罚与教育相结合，教育公民、法人或者其他组织自觉守法。"所谓处罚与教育相结合，是指行政机关实施行政处罚，在惩罚违反行政管理秩序的公民、法人或者其他组织的同时，也要教育违法行为人以及其他公民、法人或者其他组织吸取教训，不再实施违法行为。坚持处罚与教育相结合，是行政机关实施行政处罚应当遵循的一项重要原则。本案在办理过程中法院同样充分考虑了处罚与教育相结合的原则。通过双方的调解，一方面，使行政相对人深刻认识错误，谨防类似环境违法问题再发生，尊重了法律权威；另一方面，行政机关也秉持了人文关怀，在办案过程中做到了既体现执法力度，又彰显执法温度，实现了行政效能最大化。

在调解过程中，上海铁路运输法院基于法庭调查和辩论，认定案件事实清楚，考虑行政相对人的实际承受能力、认错态度、主动配合整改、消除危害后果等，建议行政机关积极行使处罚裁量权、酌情调整罚款数额。经双方当事人沟通，最终达成一致意见。对于环境领域的行政诉讼案件，法院与行政部门的最终目的都是解决行政争议。合理运用好诉前、诉中、诉后的每一个节点，将协调化解纠纷、避免矛盾再次发生的意念贯穿到办案的全过程，是法官应当做到的。本案充分运用调解，从根本上化解纠纷、消除矛盾，实现了法律效果和社会效果的统一，成为环境保护"枫桥经验"实践基地成立以来，化解生态环境领域争议纠纷在基层的首例实践，为推进司法与行政有效衔接、深化环境保护社会综合治理提供了有力探索。承办法官将法庭搬到"当地"，将纠纷化解在基层，增强了普通老百姓对司法公信力的信任感。

【相关法律规范】

★《中华人民共和国行政诉讼法》

第六十条　人民法院审理行政案件，不适用调解。但是，行政赔偿、补偿以及行政机关行使法律、法规规定的自由裁量权的案件可以调解。

调解应当遵循自愿、合法原则，不得损害国家利益、社会公共利益和他人合法权益。

37. 法院协同多部门疏通历史保护建筑污水排入排水管网许可证办理堵点，根本上解决排水造成的行政纠纷
——某发餐饮有限公司诉某水务局行政处罚案

【规则提要】

人民法院在审理环资行政案件过程中，抓住问题产生根源，协同多个

职能部门，推动相对人就历史保护建筑雨污未分离问题予以整改，引导其依法办理污水排入排水管网许可证，一次性解决纠纷，避免程序空转。

【基本案情】

上海某发餐饮有限公司（以下简称某餐饮公司）系一家从事餐饮活动企业。2022年2月，某水务局现场执法检查发现，某餐饮公司实施了未经许可向城镇排水设施排水的行为，遂责令该公司立即停止上述违法行为，30日内整改完成并申请取得污水排入排水管网许可证。而后，某餐饮公司因未按时完成整改，被某水务局作出罚款的行政处罚。某餐饮公司认为，其已认识到行为违法性，但因租赁的经营房屋系历史保护建筑，没有进行过雨水、污水管道分离，难以在短时间内完成整改并取得排水许可证。某餐饮公司遂起诉至上海铁路运输法院，请求法院撤销相关行政处罚决定。

【调解结果】

审理过程中，某餐饮公司明确表示已认识到其行为的违法性，并已积极采取行动，联系相关市政部门进行整改，但因历史遗留问题无法完成整改，造成水务执法部门仍需依法罚款。为实质性化解环保纠纷，法院针对雨水、污水管道混用的关键问题，协调水务执法、市政等部门主动履职，进行雨水、污水管道分离，截污纳管。经多方共同努力，某餐饮公司最终完成排水整改，并依法取得污水排入排水管网许可证。法院依法组织原、被告双方协调沟通，水务执法部门根据某餐饮公司已认识到其行为的违法性并积极完成整改，取得排水许可证实际情况，结合过罚相当原则，最终，同意适当降低处罚金额，某餐饮公司申请撤诉。法院作出行政裁定书，准予原告某餐饮公司撤回起诉。

【调解指引】

本案系法院协同相关职能部门有效化解环保行政纠纷的典型案例。审理过程中，合议庭发现个案的审结无法实现环保行政纠纷的实质性化解，原告仍然无法完成排水整改，取得污水排入排水管网许可证，类似的行政处罚仍有可能继续发生。遂尝试从实质化解纠纷的角度去推动案件处理，主要从以下几个方面展开工作：

一是找准问题症结，聚焦环保解纷关键点。本案涉及无证排水问题，原告系从事餐饮活动企业，根据《城镇排水与污水处理条例》第二十一条规定，应当向城镇排水主管部门申请领取污水排入排水管网许可证。第二十二条规定，排水户申请领取污水排入排水管网许可证的，排放口的设置需符合城镇排水与污水处理规划的要求。合议庭经多次与原告、被告沟通，了解案件背景、争议焦点和原告的实质诉求。原告明确表示其已采取积极行动办理排水许可证，但因历史遗留问题，租赁经营地无雨水、污水分流管道，无法在30日内整改完成并设置相应接驳口井，以达到排水许可证申领条件。被告亦表示作出行政处罚的目的在于纠正环境违法行为，督促原告尽快申请取得污水排入排水管网许可证合议庭考虑到本案的复杂情况，遂决定从解决雨水、污水管道混用这一办理许可证堵点入手开展实质性协调化解工作。

二是协同职能部门，全链条解决排水难题。本案涉及历史保护建筑，根据《上海市优秀历史建筑修缮（装修改造）设计方案审批管理办法》规定，对其进行房屋的修缮、地面的改造，均需经业主单位及相关部门批准及报备。合议庭积极沟通联系水务、市政等相关职能部门，共同研究案涉历史保护建筑雨水、污水管道分离改造方案。在法院及相关职能部门的协助与指导下，原告积极配合，最终完成雨水、污水管道分离整改，而后顺利申请取得排水许可证，使得企业经营排水纳入法治轨道，实现环境保护的长效治理。

三是进行居中协调，以处罚合理性为切入口。诉讼过程中，原告提出已认识到其行为的违法性，并积极配合整改，但整改相关费用总计近50万元，近年原告经营非常困难，如再罚款，原告难以承受。为推动本案纠纷的实质性化解，法院主动发挥居中协调作用，从行政处罚的合理性中寻求纠纷化解的契合点，主动跟原被告沟通，综合考虑原告已认识到其行为的违法性并积极完成整改，取得排水许可证实际情况，结合过罚相当原则，被告同意适当降低处罚金额，本案环保处罚纠纷得到实质性化解。

【相关法律规范】

★《中华人民共和国行政诉讼法》

第六十二条 人民法院对行政案件宣告判决或者裁定前，原告申请撤诉的，或者被告改变其所作的行政行为，原告同意并申请撤诉的，是否准许，由人民法院裁定。

★《城镇排水与污水处理条例》

第二十一条 从事工业、建筑、餐饮、医疗等活动的企业事业单位、个体工商户（以下称排水户）向城镇排水设施排放污水的，应当向城镇排水主管部门申请领取污水排入排水管网许可证。城镇排水主管部门应当按照国家有关标准，重点对影响城镇排水与污水处理设施安全运行的事项进行审查。

排水户应当按照污水排入排水管网许可证的要求排放污水。

第二十二条 排水户申请领取污水排入排水管网许可证应当具备下列条件：

（一）排放口的设置符合城镇排水与污水处理规划的要求；

（二）按照国家有关规定建设相应的预处理设施和水质、水量检测设施；

（三）排放的污水符合国家或者地方规定的有关排放标准；

（四）法律、法规规定的其他条件。

符合前款规定条件的，由城镇排水主管部门核发污水排入排水管网许可证；具体办法由国务院住房城乡建设主管部门制定。

38. 通过长三角环境资源审判适法统一机制实质化解涉固体废物行政处罚争议
——某汽车服务公司诉某区生态环境局、某区人民政府行政处罚及行政复议案

【规则提要】

人民法院在审理环境资源案件过程中，可通过长三角适法统一工作机制，解决法律适用疑难问题，推进行政争议的实质性解决。

【基本案情】

某区生态环境局作出行政处罚决定书，认定某汽车服务公司提供更换车辆油液等维修保养服务过程中会产生废矿物油（HW08900-214-08），该公司有将废矿物油提供给无危险废物经营许可证的个人从事经营活动的行为。该行为违反了《固体废物污染环境防治法》第八十条第三款的规定，根据该法第一百一十二条第一款第四项、第二款和《上海市生态环境行政处罚裁量基准规定》的规定，决定对某汽车服务公司处以罚款。原告某汽车服务公司认为，其已尽最大努力避免废机油被盗，无主观违法故意，客观上未造成任何危害后果，且其违法行为情节轻微，某区生态环境局所作处罚过重，故向某区人民政府申请行政复议。某区人民政府作出《行政复议决定书》，认定前述行政处罚决定合法，决定予以维持。原告不服该复议决定，遂提起诉讼，请求撤销行政处罚决定及行政复议决定。

【调解结果】

上海铁路运输法院在审理中全面考虑了原告某汽车服务公司的主观故意、客观经营状况、本次违法的社会危害性及高额罚款后续可能引发的社会矛盾等因素。原告某汽车服务公司系小微企业，经营项目为民生所需，其承认涉案行为违法性，且已积极完成整改，因所涉违法处置的废矿物油数量较少，又是首次因环境违法被处罚，若处以高额罚款势必导致其经营难以为继。为实质性解决行政争议、优化营商环境、帮扶小微民营企业纾困解难，法院根据处罚与教育相结合原则，积极搭建沟通桥梁，与两被告协商实质化解行政争议之策。同时，借助长三角地区环境资源审判适法统一研讨会平台提出该问题并进行讨论，研讨会达成一致意见，可以根据情节重新裁量，减轻处罚。经过多方共同努力，被告某区生态环境局同意调整罚款数额，某区人民政府亦无异议。经各方自愿协商同意，涉案行政处罚罚款数额变更，案件争议顺利调解，公司得以恢复正常经营，事后当事公司送来锦旗表示感谢。

上海铁路运输法院作出行政调解书，被告某区生态环境局对原告某汽车服务公司作出的行政处罚决定书主文罚款内容进行变更，减少处罚数额；原告某汽车服务公司于一定期限内向被告某区生态环境局缴纳罚款。

【调解指引】

民营经济是推进中国式现代化的生力军，是高质量发展的重要基础。对中小微企业既要发挥其增强市场活力、扩大就业、改善民生的重要作用，又要督促其依法、规范经营，切实保护生态环境。本案原告作为小微企业，经营项目为民生所需，经营利润有限，其已认识到自身错误、承认所涉行为违法性，认为罚款金额过高，希望减轻处罚。审理过程中，上海铁路运输法院深入贯彻优化法治化营商环境相关要求，坚持依法履职，在依法监督、支持生态环境部门严格执法的同时，多措并举推进争议实质化解，促进实现生态环境、企业发展、社会治理"多赢"局面。遂未简单"一判了之"，而是尝试从提供延伸式司法服务、实质化解争议的角度去推动案件协调处理，主要从以下几个方面展开工作。

一是探明实质诉求，找准矛盾症结。合议庭一方面向原告了解本案法律诉求背后的真实利益诉求，原告陈述其已认识到涉案行为的违法性，愿意接受处罚，在被查处后也及时整改并承诺以后不会再发生类似情形，提起本案诉讼的原因在于其系小微企业，主要从事洗车服务，维修保养业务较少，利润微薄，经营困难，若被处以巨额罚款将导致破产，劳动者将失去就业岗位，引发更大的社会矛盾，故请求予以减轻处罚。另一方面搭建沟通桥梁，力争取得共识。法院在了解原告的真实诉求后即着手开展调解，多次同被告某生态环境局进行沟通，组织双方开展协调化解工作，在原告某汽车服务公司充分认识到自身错误主动整改，并写下承诺书保证不会再犯后，某区生态环境局同意适当调整罚款数额。

二是争取外力支持，协商化解方案。本案中，被告某区生态环境局对原告的涉案违法行为处以罚款在其法定裁量基准范围内。但该罚款于原告而言压力过大，有可能致其破产，故法院借助行政案件庭审、旁听、讲评"三合一"活动，通过府院良性互动机制与被告某区生态环境局和某区人民政府协商化解方案。庭审中，各方当事人均表示愿意协调化解该案。被告某区生态环境局经综合考量，根据处罚与教育相结合原则及《行政处罚法》关于从轻减轻处罚的规定，拟将罚款数额调整，原告当庭表示同意该协调化解方案并积极缴纳罚款。

三是借助研讨平台，实现适法统一。环境资源审判法律适用统一是推动长三角一体化高质量发展的重点。长三角地区环境资源审判适法统一研讨会明确，就固体废物污染环境的行政处罚案件，在法定罚款金额明显过高的情况下，行政机关应考虑过罚相适应原则，对违法情节显著轻微的情形酌情减轻处罚。应依据违法行为的事实、性质、情节、主观过错等加以判断，对于社会危害程度确实较轻，违法次数少，甚至是首次违法，行为人已认识到自身错误、主动消除危害后果的，可以依法酌情减少罚款金额。本案中，涉违法处置的废矿物油数量较小，且原告已积极完成整改，又是首次因环境违法被处罚，如仍对原告处以高额罚款，则起罚点过高，不符合过罚相当、处罚与教育相结合的原则。法院不仅要依法监督、支持生态环境部门严格按照法定权限和程序对中小微企业进行监管，加强对破坏生态环境行为的整治；还要关注民生,促进生态环境部门在监管中做到"放管得当",避免"一罚了之",帮助中小微企业求得生存,并进入健康、规范的良性发展之路。

【相关法律规范】

★《中华人民共和国固体废物污染环境防治法》

第八十条 从事收集、贮存、利用、处置危险废物经营活动的单位,应当按照国家有关规定申请取得许可证。许可证的具体管理办法由国务院制定。

禁止无许可证或者未按照许可证规定从事危险废物收集、贮存、利用、处置的经营活动。

禁止将危险废物提供或者委托给无许可证的单位或者其他生产经营者从事收集、贮存、利用、处置活动。

第一百一十二条 违反本法规定,有下列行为之一,由生态环境主管部门责令改正,处以罚款,没收违法所得;情节严重的,报经有批准权的人民政府批准,可以责令停业或者关闭:

(一)未按照规定设置危险废物识别标志的;

(二)未按照国家有关规定制定危险废物管理计划或者申报危险废物有关资料的;

(三)擅自倾倒、堆放危险废物的;

(四)将危险废物提供或者委托给无许可证的单位或者其他生产经营者从事经营活动的;

(五)未按照国家有关规定填写、运行危险废物转移联单或者未经批准擅自转移危险废物的;

(六)未按照国家环境保护标准贮存、利用、处置危险废物或者将危险废物混入非危险废物中贮存的;

(七)未经安全性处置,混合收集、贮存、运输、处置具有不相容性质的危险废物的;

(八)将危险废物与旅客在同一运输工具上载运的;

(九)未经消除污染处理,将收集、贮存、运输、处置危险废物的场所、设施、设备和容器、包装物及其他物品转作他用的;

（十）未采取相应防范措施，造成危险废物扬散、流失、渗漏或者其他环境污染的；

（十一）在运输过程中沿途丢弃、遗撒危险废物的；

（十二）未制定危险废物意外事故防范措施和应急预案的；

（十三）未按照国家有关规定建立危险废物管理台账并如实记录的。

有前款第一项、第二项、第五项、第六项、第七项、第八项、第九项、第十二项、第十三项行为之一，处十万元以上一百万元以下的罚款；有前款第三项、第四项、第十项、第十一项行为之一，处所需处置费用三倍以上五倍以下的罚款，所需处置费用不足二十万元的，按二十万元计算。

★《中华人民共和国行政诉讼法》

第六十条　人民法院审理行政案件，不适用调解。但是，行政赔偿、补偿以及行政机关行使法律、法规规定的自由裁量权的案件可以调解。

调解应当遵循自愿、合法原则，不得损害国家利益、社会公共利益和他人合法权益。

39. 通过厘清行政机关法定职责并督促履职整改，确保国家利益、社会公共利益得到完全维护
——某区人民检察院诉某镇人民政府履行环境监管职责行政公益诉讼案

【规则提要】

人民法院在审理环境行政公益诉讼案件过程中，应坚持通过个案审理实现类案治理，形成法检协同治理工作机制，共同推动生态环境突出问题有效化解。

【基本案情】

2023年5月23日,公益诉讼起诉人某区人民检察院(以下简称某区检察院)发现,某区某堆场内部堆放大量黄沙、砂石等建筑材料,车辆往来运输时产生大量扬尘。公益诉讼起诉人某区检察院认为,被告某镇人民政府(以下简称某镇政府)作为属地基层政府,应当对本行政区域内大气环境质量负责,并对辖区内堆场作业产生扬尘并污染环境的行为负有行政处罚职责。为督促被告某镇政府依法履行职责,2023年6月12日公益诉讼起诉人向被告制发并送达检察建议书,建议其依法履行监督管理职责,对涉案堆场未采取有效防扬尘措施予以处理,消除扬尘污染隐患,修复受损生态环境。同年8月2日,被告某镇政府向公益诉讼起诉人某区检察院回复称,在对涉案堆场现场检查过程中已要求堆场负责人采取建筑材料装卸作业时及时开启雾炮机、未装卸时防尘网要覆盖到位、保障出入口车辆喷淋设施正常使用、加大场地内洒水频次等扬尘治理手段,且经多次复查,认为涉案堆场均已按照要求整改完毕,扬尘污染已经消除。收到复函后,公益诉讼起诉人某区检察院于同月10日、15日、22日三次前往现场进行检查,发现涉案堆场扬尘污染依然存在,故诉至法院。

另查明,被告某镇政府于2023年10月19日作出行政处罚决定书,决定对涉案堆场承租人上海某臻企业管理有限公司罚款12000元。同日,该公司缴纳了前述罚款。

此外,2023年11月3日,法院会同公益诉讼起诉人及被告共同至涉案堆场查看。涉案堆场地面已作硬化处理,周边已设置围栏,物料上方均覆盖防尘网,配备的雾炮机均在正常使用。2023年11月28日,公益诉讼起诉人某区检察院作出撤回起诉决定书,认为被告已经依法履行职责,其诉讼请求已全部实现,故决定撤回起诉。

【调解结果】

本案通过审理明晰了行政履职的法律争议,以此为基础向当事人进行了释明，督促被告进行全面整改，最终实现个案行政公益争议的实质性化解。

上海铁路运输法院于 2023 年 12 月 22 日作出行政裁定书，准予上海市某区人民检察院撤回起诉。

【调解指引】

在环境行政公益诉讼案件审理中，要紧扣国家利益、社会公共利益得到切实维护的制度宗旨，积极贯彻行政争议实质性化解理念，促进社会治理制度效能充分释放，确保生态环境得到有效保护。作为环资案件集中管辖法院，上海铁路运输法院高度重视环境行政公益诉讼案件的办理，坚持通过个案审理实现类案治理，探索形成法检协同治理工作机制，携手检察机关共同推动生态环境突出问题有效化解。

一是依法公正高效审理，厘清行政机关履职法律症结。通过开庭审理，确定案件争议焦点在于某镇政府是否具有以及是否已经依法履行其环境职责。对此，法院根据《上海市城市管理综合行政执法条例》及《上海市街道办事处乡镇人民政府首批行政执法事项目录清单》等规定，及时厘清有关固体废物污染防治、大气污染防治等方面的行政职责，为后续争议化解与社会治理打下基础。

二是积极督促被告整改，努力实现行政公益争议实质性化解。注重践行新时代"枫桥经验"，坚持生态保护优先的同时，积极贯彻行政争议实质性化解理念，努力实现双赢多赢共赢。结合行政公益诉讼案件特质，从落实生态环境公共利益大局着眼，在受理案件后及时阅卷、开庭，同步启动协调化解工作，向当事人及时释明法律规定及职责争议。某镇政府表示接受法院意见，立即启动整改工作。后告知法院，涉案堆场地面已作硬化处理，周边设置了严密围栏，物料上方均覆盖防尘网，配备的雾炮机均在正常使用，且被告也已对相关责任主体的环境违法行为作出行政处罚。

三是构建整改确认机制，切实保护公共利益。人民检察院提起行政公益诉讼的前提是行政机关违法行使职权或不作为致使国家利益或社会公共利益受到侵害，且其起诉时应提交上述利益受到侵害的证明材料，相关诉讼请求的目的也在于督促行政机关依法履行职责。行政公益诉讼的起诉前提、起诉条件及诉讼请求的目的均一再说明，该类诉讼司法审查有其自身特点，相较于普通行政诉讼，其更关注国家利益或公共利益是否受到侵害，可否通过诉讼予以维护。同时，按照《最高人民法院、最高人民检察院关于检察公益诉讼案件适用法律若干问题的解释》第二十四条的规定，在行政公益诉讼案件审理过程中，被告纠正违法行为或者依法履行职责而使人民检察院的诉讼请求全部实现，人民检察院撤回起诉的，人民法院应当裁定准许。因此，在行政公益诉讼案件审理中，被告在诉讼过程中已经依法履职而使检察机关的诉讼请求得到全部实现、国家利益或公共利益得到完全维护是检察机关撤回起诉以及人民法院裁定准许撤诉的前提。在获知被告已整改完成的情况后，为确定公益诉讼诉请内容是否得到全部实现，本案采取了法检共同确认环境保护职责完整履行的做法，即由法院以及检察机关共同至现场进行查勘，共同查看行政机关整改完成情况，以确保公共利益得到切实维护。经现场确认，被告已按照诉讼请求完成了全部整改事项，检察院提交了撤诉决定，法院裁定准许撤诉，案结事了，公共利益得到有效维护。

四是注重裁判效果延伸，积极推动类案问题的社会治理。案件审结后，积极延伸审判职能，注重发挥个案裁判的社会治理效用，及时至被告处召开行政公益诉讼座谈会、交流会。将法院审理中发现的行政机关违法履职或未依法履职等情况向被告进行全面反馈，对个案背后的社会治理问题进行提示，并提出了相关建议，实现了生态环境领域矛盾纠纷的前端治理，取得了审理一案规范一片的效果。

【相关法律规范】

★《中华人民共和国行政诉讼法》

第二十五条　行政行为的相对人以及其他与行政行为有利害关系的公民、法人或者其他组织，有权提起诉讼。

有权提起诉讼的公民死亡，其近亲属可以提起诉讼。

有权提起诉讼的法人或者其他组织终止，承受其权利的法人或者其他组织可以提起诉讼。

人民检察院在履行职责中发现生态环境和资源保护、食品药品安全、国有财产保护、国有土地使用权出让等领域负有监督管理职责的行政机关违法行使职权或者不作为，致使国家利益或者社会公共利益受到侵害的，应当向行政机关提出检察建议，督促其依法履行职责。行政机关不依法履行职责的，人民检察院依法向人民法院提起诉讼。

★《最高人民法院、最高人民检察院关于检察公益诉讼案件适用法律若干问题的解释》

第二十四条　在行政公益诉讼案件审理过程中，被告纠正违法行为或者依法履行职责而使人民检察院的诉讼请求全部实现，人民检察院撤回起诉的，人民法院应当裁定准许；人民检察院变更诉讼请求，请求确认原行政行为违法的，人民法院应当判决确认违法。

40. 发挥多元合力实质化解地铁噪声污染纠纷
——陈某余、袁某华诉某投资有限公司、地铁某运营有限公司
噪声污染责任纠纷案

【规则提要】

人民法院在审理污染环境类案件过程中，可以借助政府和社会的多方力量，实质化解纠纷。

【基本案情】

2015年3月，原告陈某余、袁某华与被告上海某投资有限公司（以下简称某投资公司）签订《上海市商品房预售合同》，购买了位于上海市某小区房屋。该房屋临近上海地铁某号线站点，地铁轨道与小区直线距离约50米。2016年11月，原告入住后发现地铁运行产生的噪声严重影响其生活，尤其是

夜间噪声超标。原告自行检测发现，房屋内的噪声分贝值超出《声环境质量标准》（GB3096-2008）规定的限值。原告认为上海地铁某号线的运行噪声构成了噪声污染。

上海地铁某号线北段工程项目一期于2009年获准进行试运行，于2015年经原环保部环境保护验收合格后正式投入使用，被告上海地铁某运营有限公司（以下简称地铁某公司）是其运营管理单位。该线某站段为高架路段，地铁每日运营时段为早上5时许至夜间23时许。原告居住小区位于该线南侧。2013年12月，某投资公司取得该小区所在地土地使用权并获准用于建设，2014年获得建设工程规划许可，2016年9月项目竣工。该项目未经环保检测和验收。涉案小区以北紧邻地铁某号线某站段，小区规划红线与地铁轨道直线距离为30米。

2020年7月，原告向上海铁路运输法院提起诉讼，要求两被告立即采取有效措施排除噪声污染，并赔偿自其购房之日起至噪声污染消除之日止的损失。被告某投资公司辩称，原告购房时已知晓地铁噪声，且公司已采取降噪措施，噪声主要来源于地铁运行，公司无法控制。被告地铁某公司辩称，地铁某号线在小区建设前已通过环保验收，噪声达标，原告应承担一定的容忍义务。

【调解结果】

在案件审理过程中，上海铁路运输法院坚持"审理一案，治理一片"的办案理念，着眼于案件背后群众的急难愁盼问题，让某投资公司明确自身责任，并争取地铁某公司及相关管理部门支持。最终经过多方共同努力，某投资公司同意在涉案小区对应的地铁轨道线旁出资增设声屏障，并已与相关单位达成一致。原告的噪声污染问题得到根本性解决，原告放弃了其他诉讼请求，向法院申请撤回了起诉。

上海铁路运输法院于2021年9月6日作出民事裁定，准予原告陈某余、袁某华撤回起诉。

【调解指引】

原告在上海铁路运输法院提起噪声污染责任纠纷诉讼,要求被告采取降噪措施并赔偿损失。在审理过程中,合议庭发现此案表面上系一起噪声污染责任纠纷,但背后涉及居民生活环境改善和地铁运营管理的复杂关系,个案实现案结事了难度较大,还可能引发新的诉讼。遂尝试从实质化解争议的角度推动案件处理,主要从以下几个方面展开工作。

一是明晰法律关系,找准矛盾症结。合议庭一方面向原告了解到其核心诉求是改善居住环境,降低地铁噪声对日常生活的影响;另一方面向房屋开发商某投资公司释明法律关系,力争取得共识。根据《环境噪声污染防治法》的规定,某投资公司作为小区建设单位,负有减轻、避免交通噪声影响的法定义务,而地铁某公司作为地铁运营单位,已通过环保验收,噪声达标。

二是确定审理思路,明确案件处理方向。针对本案情况,仅从噪声污染责任角度进行审理显然难以实现当事人的核心诉求,可能引发新的诉讼乃至信访。因此,合议庭决定聚焦当事人核心诉求开展协调化解工作,通知约谈被告某投资公司和地铁某公司,沟通案件中存在的噪声问题,了解声屏障安装的难点、堵点,研究符合法律规定的具体操作办法。

三是争取外力支持,协商化解方案。合议庭要求地铁相关企业加入纠纷的实质解决工作中。一方面,由法院做好原告释明工作,避免矛盾升级和引发更多涉诉案件。另一方面,在法院和相关部门的共同指导下,由某投资公司出资在涉案小区对应的地铁轨道线旁增设声屏障,并与地铁相关企业协商具体实施方案。最终,某投资公司同意出资增设声屏障,原告的噪声污染问题得到根本性解决。

【相关法律规范】

★《中华人民共和国民法典》

第一千一百六十六条　行为人造成他人民事权益损害,不论行为人有无过错,法律规定应当承担侵权责任的,依照其规定。

第一千二百二十九条 因污染环境、破坏生态造成他人损害的,侵权人应当承担侵权责任。

后 记

习近平总书记深刻指出"用最严格制度最严密法治保护生态环境"[①],强调"保护生态环境必须依靠制度、依靠法治"[②]。人民法院环境资源审判是生态环境法治工作的重要组成部分。在我国绿色低碳转型的关键攻坚期,司法力量正以"最严格制度最严密法治"的实践,为生态环境保护构筑起坚实的法治屏障。为总结经验、提炼规则,特编撰《生态环境资源案件审理指引》。本书所选的 40 个案例都来自上铁法院审判实践,由编辑委员会集体讨论确定。案例坚持展现司法实践的多元维度,涵盖环资刑事、民事、行政及公益诉讼领域,充分体现环境资源案件"三合一"审判机制的创新价值。从污染防治攻坚到绿色低碳转型,从生物多样性保护到推进碳达峰碳中和目标实现,所选案例既呼应国家战略需求,又立足长三角生态协同治理实践。

本书着重实践兼顾理论,紧扣以下功能定位:一是对司法工作者的参考价值。本书所选的案件均具有一定代表性,撰写过程也查阅了大量资料,反映了环境资源司法实践中的"通说",可以为相似案件的审理提供参考。二是对行政机关环保执法的指引价值。书中的行政案例不仅涉及行政行为的合法性审查要件,还有生态环境协同治理、化解行政争议的内容,对于提升行政执法规范化水平和源头预防行政争议具有借鉴意义。三是对研究者的资料价值。我们在编写过程中也发现生态环境资源案件的处理存在模糊领域,规范缺失、相互矛盾、标准不一等现象时有出现,这些问题都需要进一步完善。本书提供的鲜活样本,希望能够为相关领域的研究提供一些帮助。四是对社

[①][②] 习近平总书记 2018 年 5 月 18 日在全国生态环境保护大会上的讲话。

会公众环保意识的引领价值。本书语言力求简洁明了，着重于辨法析理，个案编写遵循"提要—案情—处理—分析"的逻辑，且以规则为标题，便于读者查找。

  本书由上铁法院组织编写，院长余冬爱担任主编，副院长肖伟琦担任副主编。全书由王战资、周华、孙焕焕统一协调，编辑委员会集体讨论定稿。王战资、周华、孙焕焕、徐美娟、尹康妮、盖宇佳、周琪、杨建军、李艳杰、宋廷津、靳先德、陈红、陆彦蓉、李胜卡、陈佳音、金亚倩、田洋洋、王亚萌、王灿、赵霖昕参与编写。囿于水平所限，如有疏漏之处，敬请读者批评指正。

编 者

二〇二五年五月